Lust am Leben

Klaus W. Vopel

LUST AM LEBEN

Phantasiereisen für Optimisten

iskopress

Klaus W. Vopel: Lust am Leben.
Phantasiereisen für Optimisten
ISBN 978-3-89403-096-4
9. Auflage 2020
Copyright © iskopress, Salzhausen
Umschlaggestaltung:
Mathias Hütter, Schwäbisch Gmünd
Druck und Bindung: Wirmachendruck, Backnang

Bibliografische Information der
Deutschen Bibliothek
Die Deutsche Bibliothek verzeichnet diese Publikation in der
Deutschen Nationalbibliografie;
detaillierte bibliografische Daten sind im Internet
über http://dnb.ddb.de abrufbar.

Inhalt

Einleitung 9
Praktische Hinweise 15
Kapitel 1: Entspannung 19
   1. Mein Refugium 20
   2. Der fliegende Teppich 22
   3. Die Wolke 24
   4. Nach innen lächeln 25
   5. Himmel und Erde 28
   6. Energie sammeln 30
   7. Spannungen lösen 32

Kapitel 2: Unsere Verbindung mit der Natur 35
   8. In den Dolomiten 36
   9. Die See 39
  10. Die Sonne 41
  11. Die Sterne 42
  12. Der blaue Planet 44
  13. Eine kleine Welt 47

Kapitel 3: Genuss durch die Sinne 51
  14. Arabischer Garten 52
  15. Am Mittelmeer 55
  16. Verzauberte Insel 58
  17. Am Zuckerhut 60
  18. Reise nach Ägypten 62
  19. Aufmerksam essen 64

Kapitel 4: Unseren Körper lieben 69
  20. Mein Körper – mein Haus 70
  21. Musik des Körpers 72
  22. Liebevolle Aufmerksamkeit .. 74
  23. Freund meines Körpers 76
  24. Mein Gesicht 78
  25. Älter werden 80

Kapitel 5: Heilung 83
   26. Blätter auf einem Teich 84
   27. Sieben Blüten 86
   28. See der Gesundheit 88
   29. Türen öffnen und schließen 89
   30. Mit dem Körper denken 92
   31. Ein neuer Anfang 95

Kapitel 6: Quellen der Kraft finden 97
   32. Toscana 98
   33. Der Baum 100
   34. Inneres Licht 103
   35. Herbsttag 105
   36. Erschöpfung überwinden 107
   37. Erotische Energie 111

Kapitel 7: Innere Ressourcen 113
   38. Der Schatz im See 114
   39. Der Zauberberg 118
   40. Gandors Paradies 122
   41. Glückskekse 126
   42. Wie in Abrahams Schoß 129
   43. Liebe, Licht und Leichtigkeit 132

Kapitel 8: Selbstachtung 137
   44. Update 138
   45. Bei seinem Namen genannt werden 140
   46. Revision 144
   47. Hoffnung 147
   48. Unsere Macht zurückfordern 149
   49. Straße zu Schönheit und Weisheit 151

Kapitel 9: Gesunder Erfolg 153
   50. Reinigung 154
   51. Der Ballon 156
   52. Die Reise des Odysseus 158
   53. Negative Gedanken auswechseln 160
   54. Die Pyramide 163
   55. Zwei Spiegel 167

Kapitel 10: Wie uns Spitzenleistungen gelingen 169
    56. Den Panzer ablegen 170
    57. Die Angst begraben 172
    58. Sehr erfolgreich sein 175
    59. Hingebungsvoll arbeiten 178
    60. Kreativ sein 180

Kapitel 11: Vergeben 185
    61. Blüte aus Licht 186
    62. Liebe und Vergebung 190
    63. Versöhnung 193
    64. Mitgefühl und Vergebung 196
    65. Sich selbst vergeben 199

Kapitel 12: Aber die Liebe ist die größte... 203
    66. Sich geliebt fühlen 204
    67. Sich selbst lieben können 206
    68. Das Herz heilen 210
    69. Für das innere Kind sorgen 212
    70. Heilung und Liebe 217
    71. Einen alten Freund treffen 219

Einleitung

Jeder von uns ist hungrig nach Geschichten. Geschichten prägen unser Verlangen, unsere Gefühle und Ziele, unsere Einstellungen zum Leben, zum Körper, zum Profanen und zum Spirituellen, zu Gut und Böse.

Geschichten zeigen uns Menschen, die wir nachahmen, bewundern oder verachten können. Manche Geschichten, besonders solche, die wir früh im Leben hören, prägen uns so sehr, dass wir, ohne es zu wissen, nach ihnen unser Lebensskript schreiben.

Wir erleben heute eine Renaissance alter literarischer Formen wie Mythen und Märchen. Hierzu gehört auch die Science-Fiction sowie die spirituellen und psychotherapeutischen „Lehrgeschichten". Ich glaube, dass dieses Interesse nicht nur eine vorübergehende Vorliebe der New-Age-Bewegung ist. Dahinter steht vielmehr die Erkenntnis, dass wir für unsere sich so schnell verändernde Welt neue Mythen brauchen, da viele unserer klassischen Mythen keine geeigneten Wegweiser mehr sein können. Und wir können von Glück sagen, dass viele von uns heute kritischer geworden sind gegenüber der traditionellen Mythologie, von der Ilias bis zu Star Wars. Was macht die alte Mythologie so problematisch?

Die alte Mythologie kultiviert die zentralen Elemente der alten patriarchalischen Kultur, nämlich einen pyramidalen Aufbau der Welt mit männlichen Göttern oder männlichen Herrschern an der Spitze und mit den dazu passenden sozialpsychologischen Mechanismen in Form von Strafe, Angst und Leiden. Darum ist es zu begrüßen, dass immer mehr Menschen sich von dieser Ideologie lossagen, die so viel Ungerechtigkeit und Gewalt mit sich gebracht hat. Es ist ein gutes Zeichen, dass viele von uns auf der Suche sind nach einer neuen Mythologie, die ganz andere Werte in den Mittelpunkt stellt, nämlich Partnerschaft, Mitgefühl und eine Spiritualität, die weit genug ist, um auch unseren Körper einzubeziehen, wie sie der dominikanische Theologe Matthew Fox in seiner Schrift „All the Way Home. A Guide to Sensual, Prophetic Spirituality"[1] beschreibt.

Die Phantasiereisen in diesem Buch verstehen sich als Beitrag zu einer solchen neuen partnerschaftlichen Mythologie. Es sind kurze oder länge-

---

[1] Matthew Fox: *All The Way Home. A Guide to Sensual, Prophetic Spirituality*, Bear and Company, Santa Fé, 1981.

re Geschichten, die unseren Teilnehmern einen Erlebnisrahmen geben, um alte, dysfunktionale Lebensskripte durch kreative Experimente mit einer neuen Lust am Leben zu ersetzen.

1. Eine neue Definition von Kreativität

Heute hören wir immer wieder, dass wir fast alles neu erfinden müssen: unsere Firmen, unsere Schulen, unsere Spiritualität und sogar unsere Sexualität. Aber wenn wir schon unsere grundlegenden Werte und Institutionen neu erfinden wollen, dann müssen wir auch unsere Kreativität neu erfinden. Die traditionelle Definition von Kreativität entspricht der Herrschaftsideologie der alten Zeit. Diese schreibt Kreativität nur einer künstlerischen oder technologischen Elite zu, nicht jedoch uns gewöhnlichen Sterblichen. Diese ausgrenzende Definition von Kreativität passte zu einer Gesellschaft, in der Männer über Frauen herrschten und eine Elite von Männern an der Spitze stand. Aber in einer partnerschaftsorientierten Gesellschaft macht dies keinen Sinn mehr. Wir wissen, dass unser Überleben davon abhängt, dass wir alle unsere kreativen Kräfte mobilisieren.

Die neue Sicht der Kreativität geht davon aus, dass jeder Mensch die Fähigkeit zur Kreativität hat; sie kann gefördert oder behindert werden. Und vor allem kann sie in jedem Lebenszusammenhang ausgedrückt werden, nicht nur im Labor des Wissenschaftlers oder im Atelier des Künstlers. Seit einiger Zeit hat die Kunst selbst den Zauber des Alltäglichen entdeckt, und wir wissen aus eigener Erfahrung, dass es unsere gewöhnliche Kreativität ist, die wir Tag für Tag aufbringen und die unserem Leben Bedeutung und Würde geben kann.

Aber noch wichtiger sind die neuen Ziele der Kreativität. Ähnlich wie Daniel Goleman von „emotionaler Intelligenz" gesprochen hat, kennen wir heute eine soziale Kreativität, die sich ausdrückt in neuen, menschlicheren Institutionen, neuen Werten, neuen Mythen und neuen Impulsen für unsere soziale Evolution.

Riane Eisler[2] hat darauf hingewiesen, dass unsere alten Ikonen und Mythen vor allem den Tod zeigen, Strafe und Leid und nur wenig Bilder und Geschichten bieten, die Geburt, Sexualität und Lust feiern.

Die alten patriarchalischen Geschichten und Bilder bestimmen immer noch die Phantasie unserer kulturellen Wächter im akademischen, reli-

---

[2] Riane Eisler: *Sacred Pleasure. Sex, Myth and the Politics of the Body*, Harper San Francisco, 1996.

giösen, ökonomischen, pädagogischen und psychotherapeutischen Establishment.

Daher gehört es zu den großen kreativen Herausforderungen unserer Zeit, die traditionelle Idealisierung von Leid, Herrschaft und Strafe zu beenden und neue Bilder und Mythen zu entwickeln. Der schon erwähnte Theologe Matthew Fox drückt dies ganz unverblümt aus: „...an eschatological time demands our living in harmony with our sensuousness, for the alternative to a sensual spirituality is more of what we have: more repression and with it more oppression... Repression produces boredom in oneself and oppression of others." (a.a.O)

In diesem Sinne sind Phantasiereisen kleine Bausteine einer neuen Mythologie. Wenn wir unsere Teilnehmer zu Beginn einer Phantasie auffordern, „an einen ruhigen Platz, tief nach innen zu gehen", dann wenden wir uns an ihre innere Kreativität. Und wenn wir ihnen helfen, tief und erfrischend zu atmen, wenn wir sie anleiten, das Wunder ihres Körpers und die Vielfalt ihrer Sinne zu genießen, wenn wir sie ausdrücklich einladen, den eigenen Körper zu lieben, dann sind das wichtige Schritte. Wir reihen uns damit ein in die kreative Gruppe von modernen Schamanen, Psychotherapeuten und vielen Männern und Frauen, die alle eine Politik der Partnerschaft, der Liebe und der Lust am Leben verwirklichen wollen.

2. Die Liebe neu erfinden

Heute müssen wir versuchen, die Liebe von all ihren grausamen und pessimistischen Kontaminationen zu befreien, die sie in den Jahrtausenden der Geschichte des Patriarchats angenommen hat. Die stärksten Impulse für eine Neudefinition der Liebe im Sinne von Mitgefühl, Gewaltlosigkeit und Heilung kommen heute von mutigen Außenseitern in Medizin, Anthropologie, Psychotherapie und sozialen Befreiungsbewegungen.

So finden wir heute in der alternativen Medizin eine Reihe von Büchern über die heilende Kraft der Liebe. Stellvertretend für viele andere möchte ich Dean Ornish von der medizinischen Fakultät Yale nennen, der jahrelang mit einer Gruppe von Herzpatienten gearbeitet hat, die an einer lebensbedrohlichen Verengung der Herzkranzgefäße litten. Normalerweise können solche Erkrankungen durch Dilatation oder durch Bypass-Operationen behandelt werden. Dean Ornish[3] folgte seiner Intuition, als er diese schwerkranken Männer und Frauen zu einer Selbsthilfe-

---

[3] Dean Ornish: *Reversing Heart Disease*, New York, Random House, 1990.

gruppe einlud, weil er davon überzeugt war, dass die Unterstützung durch eine Gruppe diesen Menschen helfen würde. Und es zeigte sich, dass diese Hoffnung berechtigt war. Nachdem die Patienten aus ihrer seelischen Isolation und der damit verbundenen Einsamkeit herausgekommen waren, konnten sie einen anderen Lebensstil entwickeln, ihre Herzen wurden im wörtlichen Sinne weiter, in seelischer und in medizinischer Hinsicht, auch ohne medizinischen Eingriff.

Auf dieser Linie liegen Studien, die zeigen, dass liebevolles, hilfsbereites Verhalten gut ist für unsere Gesundheit. Dr. Dean Edell spricht in diesem Zusammenhang von „Helper's High". Durch altruistisches Verhalten werden Endorphine ausgeschüttet, die uns ein gutes Gefühl geben und stressbedingte Krankheiten, wie Kopfschmerzen, reduzieren.[4]

Ein neues Verständnis von Liebe regte auch die Arbeit einer Reihe von Familientherapeuten an, wie z.B. bei Mary Pipher[5] oder bei Betty Carter[6]. Die letztere zeigt, dass es im Kern das Machtgefälle zwischen Frau und Mann ist, das den meisten unserer Partnerprobleme zugrunde liegt. Nur die Bereitschaft zu liebevollem Verhandeln kann jene Intimität herbeiführen, nach der sich Tausende von Männern und Frauen sehnen. Immer mehr Menschen versuchen bewusst und entschieden neu zu lernen, wie sie lieben können.

Um eine neue Grammatik der Liebe zu lernen, gehen viele in Therapie, in Selbsthilfegruppen oder in all die Workshops, die das Ziel haben, diese Fertigkeiten unserer „emotionalen Intelligenz" zu vermitteln: aktives Zuhören, Selbstachtung und vor allem Empathie. Es macht Hoffnung, dass bei vielen Pädagogen das Bewusstsein wächst, dass sie auch für jene Dimensionen der Intelligenz verantwortlich sind, die im traditionellen Curriculum ausgelassen wurden, nämlich Sensitivität anderen gegenüber, Selbsterkenntnis, Intuition, Imagination und Verständnis für den eigenen Körper. Daniel Goleman spricht in diesem Zusammenhang sehr zutreffend von „Emotional Literacy", die von unseren Kindern erworben werden muss.

In diesem Sinne wollen wir auch die zwölf Kapitel dieses Buches als ein neues Curriculum verstehen, in dem es um neue Möglichkeiten der

---

[4] Dean Edell: *To Your Health*, in: *Edell Health Letter*, April 1991, 2.
[5] Mary Pipher: *Die intakte Familie. Wie wir lernen, wieder miteinander zu reden*, München, Heyne.
[6] Betty Carter: *Macht und Liebe*, Salzhausen, iskopress.

Liebe geht, der Liebe zu uns selbst und zu unserem Nächsten, der Liebe zur Natur und zu unserem Körper, gegen die Verherrlichung von Leid und Schmerz und für eine Spiritualität des Vergnügens.

3. Mini-Mythen für eine neue Kultur des Erlebens

Am schönsten ist es, wenn wir Phantasiereisen in einer Gruppe erleben und uns hinterher darüber austauschen können, was wir erlebt haben, welche neuen Gedanken und Möglichkeiten dadurch in uns angeregt wurden. Wenn wir dabei anderen Einblick in unser inneres Empfinden geben, dann ist das ein wunderbares Heilmittel gegen unsere moderne Isolation. Wir wissen seit geraumer Zeit, dass Phantasiereisen uns selbst und unsere Teilnehmer tief entspannen können, dass sie Stress reduzieren, dass sie uns besser atmen lassen und unsere Durchblutung fördern, dass sie im Gehirn Alphawellen erzeugen und die Integration beider Hemisphären fördern können. Dies alles sind bekannte Phänomene, die wir zu Recht für therapeutisch wertvoll halten.

Der Grund, weshalb so viele Menschen Phantasiereisen für unentbehrlich halten, liegt jedoch tiefer. Hier können wir beispielhaft erleben, wie es sich anfühlt, wenn wir unseren Körper „heiligen", wenn wir all die wunderbaren Möglichkeiten unseres Körpers erleben und verstehen, dass die begrifflichen Grenzen zwischen Körper, Geist und Herz künstliche Barrieren sind, die wir „heilen", d.h. zusammenbringen müssen.

Lange haben wir gelernt, dass Lust und Vergnügen mit Narzissmus zusammenhängen, mit Egoismus und Selbstsucht. Wir haben gehört, dass die Lust des einen der Schmerz des anderen wäre. Dies sind toxische Bestandteile einer autoritären Ideologie. Die Diffamierung der körperlichen Lust sollte Männer und Frauen gefügig machen, damit sie sich besser unterordneten, Eltern, Priestern, Lehrern und anderen Machthabern.

In Wirklichkeit sind die Dinge ganz anders verknüpft. Lust und Vergnügen können wir nur erleben, wenn wir bewusst, präsent und empfindend sind. Sensitive Präsenz ist die Voraussetzung für Empathie, mit deren Hilfe wir uns vorstellen können, was ein anderer Mensch fühlen mag.

Darum ist der Titel dieses Buches „Lust am Leben" auch ein Programm. Nur wenn wir unsere eigene Lebendigkeit und Ganzheit wieder entdecken, können wir darauf verzichten, andere auszubeuten, zu unterdrücken oder ihnen seelisch bzw. körperlich Gewalt anzutun. Auf diese Zusammenhänge hat die lange geführte Auseinandersetzung mit Co-Dependenz und dysfunktionalen Familien immer wieder hingewiesen.

Die Phantasiereisen dieses Buches lenken unser Erleben auf die positiven Möglichkeiten unserer Existenz. Natürlich wissen wir, dass wir selbst und unsere Teilnehmer weiterhin mit Leid und Schwierigkeiten zu kämpfen haben werden, aber mit diesen „kleinen Geschichten" öffnen wir ein Fenster zur Zukunft. In jeder Phantasiereise sind wir selber der mythologische Held, der erlebt, dass seine Heilung nicht durch Gewalt und Schmerz erfolgen kann, sondern durch Liebe und Lust.

In diesem Zusammenhang finde ich es sehr passend, dass wir von Phantasie-REISEN sprechen. Diese Bezeichnung weist uns darauf hin, dass wir mit ihrer Hilfe auf eine Reise gehen, die uns einer spirituellen, sinnlichen und sozialen Heilung näher bringt. Wenn wir auf die vielen ungelösten Probleme unserer Zeit blicken, dann wissen wir, dass dies eine sehr lange Reise mit ungewissem Ausgang sein wird. Aber ich bin fest davon überzeugt, dass sich diese Reise lohnt. Darum habe ich den Untertitel gewählt: „Phantasiereisen für Optimisten."

Klaus W. Vopel

Praktische Hinweise

1. Die richtige Atmosphäre

Achten Sie bitte darauf, dass Sie die Phantasiereisen in einem Raum durchführen, der geeignete Voraussetzungen bietet. Schließen Sie Türen und Fenster, damit keine störenden Geräusche in den Raum dringen. Sorgen Sie für eine gedämpfte Beleuchtung, weil Ihre Teilnehmer sich dann besser entspannen können. Wenn Sie die Beleuchtung nicht regeln können, ist es gut, wenn Sie eine kleine Lampe mitbringen, die hell genug ist, dass Sie den Text lesen können. Wichtig ist auch, dass die Raumtemperatur stimmt, denn wenn der Raum zu kalt ist, ist es für die Teilnehmer schwierig, sich zu entspannen und ihrer Phantasie freien Lauf zu lassen.

Die Teilnehmer können ihrer Imagination am besten folgen, wenn sie sitzen oder bequem liegen. Wenn die Teilnehmer lieber sitzen, dann sind feste Stühle mit einer hohen Lehne am geeignetsten. Sie helfen den Teilnehmern, ganz gerade zu sitzen, mit dem Rücken an der Stuhllehne. Die Füße sollen mit der ganzen Sohle den Boden berühren, die Knie sind leicht geöffnet. Unterschenkel und Oberschenkel bilden einen rechten Winkel. Auf jeden Fall sollen die Beine nicht übergeschlagen sein. Sie können den Teilnehmern erklären, dass ihre Wirbelsäule wie eine Art Blitzableiter funktioniert. Sie muss gerade sein, damit die Energieströme zwischen Kopf und Fußsohlen frei fließen können. Wenn die Stühle Armlehnen haben, sollen die Unterarme auf den Lehnen liegen, sonst auf den Oberschenkeln oder locker im Schoß.

Die bequemste Haltung ergibt sich, wenn die Teilnehmer auf dem Boden liegen. Darum ist es wünschenswert, dass der Raum mit Teppichen ausgelegt ist. Ein kleines Kissen für den Kopf hilft dabei, sich behaglich zu entspannen. Wenn Ihre Teilnehmer sich hinlegen möchten, dann sollten die Arme auf dem Boden liegen, entweder parallel zum Körper oder auch abgewinkelt. Achten Sie bitte darauf, dass die Teilnehmer im Liegen ihre Beine nicht übereinanderschlagen und auch die Arme nicht über der Brust kreuzen. Diese Haltung erschwert tiefes, ruhiges Atmen und die deutliche Wahrnehmung von Gefühlen.

Ihre Teilnehmer sollten lockere, bequeme Kleidung tragen. Sie können sie auffordern, Schuhe, Brillen und Schmuck abzulegen, damit sie leichter das Empfinden von Lockerheit und Freiheit haben können.

Es kann vorkommen, dass Sie eine Phantasiereise unter idealen Bedingungen starten und dann überrascht feststellen, dass plötzlich sehr laute Geräusche in den Raum eindringen. In diesem Falle ist es am besten, wenn Sie die störenden Geräusche in Ihre Anleitung integrieren und z. B. sagen: „Bemerke, wie die Geräusche des Fahrstuhls dir helfen können, dass du dich mehr und mehr entspannst. Immer, wenn du den Fahrstuhl hörst, kannst du dir die Erlaubnis geben, noch einen Schritt tiefer nach innen zu gehen..." Oder Sie sagen einfach: „Wenn deine Aufmerksamkeit von den Geräuschen abgelenkt wird, dann kannst du sie sanft zurückkehren lassen zum Klang meiner Stimme..."

2. Die Vorbereitung der Gruppe

Prüfen Sie bitte, welche Tageszeit für die Phantasiereise, die Sie ausgewählt haben, am geeignetsten ist. Besonders intensive Phantasiereisen gelingen in den Abendstunden am besten. Alle Phantasiereisen haben eine entspannende Einleitung, aber manchmal ist es gut, wenn es zuvor schon eine ruhige Zeit gibt, ca. 10 bis 20 Minuten. In dieser Zeit können Sie sanfte Musik spielen und die Teilnehmer auffordern, sich auf die Phantasiereise vorzubereiten.

Wenn Sie mit einer Gruppe arbeiten, die noch nicht vertraut ist mit Phantasiereisen, dann sagen Sie den Teilnehmern, dass Sie jederzeit die Augen öffnen und aus der Phantasiereise aussteigen können, wenn sie Unbehagen empfinden. Weisen Sie auch darauf hin, dass sie anfangs mit einzelnen Vorstellungen Schwierigkeiten haben können. Es kann auch vorkommen, dass einzelne Teilnehmer an irgendeinem Punkt Ihrer Stimme nicht mehr folgen und eine Zeit lang auf eigene Faust phantasieren, um dann vielleicht später wieder mit ihrer Aufmerksamkeit zurückzukehren. Erklären Sie ihnen, dass das völlig normal ist und dass das eigene Unbewusste in der Regel dafür sorgt, dass diese Zeit für den Einzelnen optimal genutzt wird. Wenn Ihre Teilnehmer dies wissen, müssen sie sich keine Vorwürfe machen, dass sie „unaufmerksam" sind.

3. Entspannung

Der beste Weg zur Entspannung führt über unseren Atem. Im Alltag aber atmen die meisten von uns flach, besonders, wenn wir unter Stress stehen oder Angst haben. Wenn wir ganz bewusst tiefer atmen, dann fallen alle Belastungen von uns ab, und unser Geist wird ruhig und frei. Je tiefer die Entspannung wird, desto langsamer werden Herzschlag und Atmung. Die beginnende Entspannung können wir an einer Reihe von körperlichen Anzeichen bemerken: Zuerst sind unsere Augenlider unruhig, ehe sie zur Ruhe kommen. Dann spüren wir vielleicht Wärme und ein Kribbeln in Händen und Füßen. Wenn wir tief entspannt sind, verlieren wir häufig unsere räumliche Orientierung und unser Zeitgefühl verändert sich. Wir können das Empfinden haben, dass Stunden vergangen sind, während wir nur ein paar Minuten messbarer Zeit durchlebt haben. Auch unser Körpergefühl verändert sich. Viele Menschen fühlen sich entweder federleicht, als ob sie schwebten, oder sie fühlen sich weich und schwer, als ob sie in warmen Sand am Strand einsänken. Das Gefühl von Leichtigkeit oder Schwere ist ein gutes Zeichen dafür, dass der Körper tief entspannt ist.

Am Ende jeder Phantasiereise finden Sie Vorschläge für die Rückkehr ins Alltagsbewusstsein; gleichwohl fühlen sich manche Teilnehmer nach einer Phantasiereise noch etwas benommen, müde oder noch nicht vollkommen orientiert. Das passiert um so leichter, wenn die Reorientierungsphase zu kurz ist. Achten Sie also darauf, dass Sie den Schlussteil der Phantasiereise sehr langsam sprechen. Geben Sie auf jeden Fall ein paar Minuten Zeit, ehe Sie mit einer Auswertung beginnen. Die Teilnehmer sollten Muße haben, sich innerlich umzustellen, im Raum herumzugehen, sich ans geöffnete Fenster zu stellen, um sich zu erfrischen usw.

4. Stimmlage und Tempo

Beginnen Sie laut genug, damit Sie von allen Teilnehmern gut verstanden werden. Mit der Zeit kann Ihre Stimme dann leiser und sanfter werden. Denken Sie daran, dass wir besser hören können, wenn wir entspannt sind. Sprechen Sie ruhig, freundlich, stetig und fließend, vielleicht sogar etwas monoton, aber bitte flüstern Sie nicht.

Am Ende der Phantasiereise können Sie wieder zu Ihrer normalen Sprechweise zurückkehren und etwas lauter sprechen. Das hilft den Teilnehmern, mit ihrer Aufmerksamkeit zurückzukehren. Wenn Sie mit einer großen Gruppe arbeiten, dann kann es ratsam sein zu verabreden, dass Ihnen die Teilnehmer ein Zeichen mit der Hand geben, was dann die Aufforderung für Sie ist, lauter zu sprechen. Teilnehmer mit beeinträchtigtem Gehör sollten ganz in Ihrer Nähe sitzen oder liegen.

Besonders wichtig ist Ihr Sprechtempo. Sprechen Sie die Phantasiereisen langsam, aber nicht so langsam, dass Sie Ihre Teilnehmer verlieren. Beginnen Sie in einem alltäglichen Sprechtempo und werden Sie langsamer, wenn die Teilnehmer entspannter sind. Manchmal müssen Sie Pausen machen, besonders an den Stellen, die durch … gekennzeichnet sind, am Ende von Absätzen, oder wo wir ausdrücklich die Dauer einer Pause vorschlagen. Wichtig ist, dass Sie die Gruppe immer gut im Auge haben. Die Körpersprache der Teilnehmer gibt Ihnen wichtige Hinweise, wie Sie vorzugehen haben. Manchmal müssen Sie eine Anweisung vielleicht wiederholen, wenn Sie bemerken, dass Ihnen die Teilnehmer nicht gefolgt sind, oder Sie müssen langsamer oder schneller sprechen, um sich mit der Gruppe zu synchronisieren.

5. Auswertung

Oft ist es empfehlenswert, dass die Gruppe anschließend Gelegenheit hat, über die Dinge zu sprechen, die die einzelnen Teilnehmer während der Phantasie erlebt haben. Dabei geht es nicht um eine psychologische Analyse. Wie nach einem anregenden Theaterstück sollten alle Gelegenheit haben, ihre Erlebnisse und Assoziationen mitzuteilen. Meist müssen Sie als Leiter wenig tun. Respektieren Sie Berichte und Kommentare, insbesonders auch dann, wenn einzelne Teilnehmer negative Reaktionen mitteilen. Diese Berichte können helfen, Respekt für das eigene Unbewusste zu entwickeln. Außerdem wird dadurch deutlich, wie unterschiedlich und vielfältig ein und dieselbe Phantasiereise von verschiedenen Menschen erlebt wird.

6. Eine permissive Haltung

Machen Sie deutlich, dass jeder Teilnehmer in seiner Phantasie nur die Dinge tun soll, die sich für ihn passend anfühlen. Jeder hat das Recht, Bilder oder Vorschläge auszulassen, auszuwechseln oder auch ganz aus der Visualisierung auszusteigen, wenn er sich unwohl fühlt. Betonen Sie, dass jeder von seinem Unbewussten beschützt wird und in der Lage ist, jederzeit in das Alltagsbewusstsein zurückzukehren.

In einigen Phantasiereisen sind ausdrückliche Hinweise enthalten, dass die Teilnehmer diese Imagination später auch selbst durchführen können. Weisen Sie die Gruppe jedoch darauf hin, dass dazu immer ein ruhiger Platz und Zeit ohne Störungen erforderlich sind. Visualisierungen sind gefährlich, wenn man Auto fährt oder Maschinen bedient, die die volle Aufmerksamkeit erfordern.

Diese Phantasiereisen geben Ihren Teilnehmern die Möglichkeit einer vertieften Selbsterfahrung. Sie sind nicht dazu bestimmt, die professionelle Hilfe zu ersetzen, die benötigt wird, wenn Ihre Teilnehmer ernste persönliche oder gesundheitliche Probleme haben.

Kapitel 1
Entspannung

1. Mein Refugium

Ziele: Diese Entspannungsphantasie benutzt die Technik der progressiven Entspannung und verbindet sie mit der Vorstellung, tiefer zu gehen und an einen sicheren Platz zu gelangen. Unruhige oder ängstliche Teilnehmer können hier üben, ihren Körper zu spüren, sich innerlich zu sammeln und frische Kraft zu schöpfen.

Anleitung: Entspannung ist ein geistiger Vorgang. Du kannst damit beginnen, indem du deine Augen schließt... Aber am Anfang wird es dir helfen, wenn du etwas mit deinem Körper machst. Du kannst einfach deine Schultern ein wenig bewegen. Das gibt dir ein behagliches Gefühl der Entspannung... (20 Sekunden)

Lass dieses Gefühl einer behaglichen Entspannung auch in deine Oberarme hineinfließen, durch deine Ellbogen bis in deine Unterarme, Handgelenke und Finger, so dass du dich behaglich und entspannt fühlst, von deiner rechten Hand bis in deinen rechten Arm, durch deine Schultern hindurch bis in deinen linken Arm und in deine linke Hand... (15 Sekunden)

Lass das Gefühl einer behaglichen Entspannung von deinen Schultern auch in deine Brust strömen, in deinen Bauch, in deine Hüften und in deine Oberschenkel, durch deine Knie hindurch bis in deine Unterschenkel, Fußgelenke und Zehen... (15 Sekunden)

Bring das Gefühl einer behaglichen Entspannung nun von deinen Schultern in deinen Nacken. Lass es auch in deinen Kopf fließen, bis es deinen ganzen Kopf mit einem angenehmen Gefühl der Entspannung anfüllt... (15 Sekunden)

Nun kannst du einmal tief Luft holen und dich beim Ausatmen ganz tief entspannen... (15 Sekunden)

Stell dir vor, dass du im fünften Stockwerk eines sehr schönen Gebäudes bist. Dieses Gebäude hat die besondere Eigenschaft, dass es dir hilft, dich immer tiefer zu entspannen: Immer wenn du ein Stockwerk tiefer gehst, spürst du, dass du dich doppelt entspannt fühlst.

Du hast drei Möglichkeiten, in diesem Haus nach unten zu gelangen: Es gibt einen sehr schönen Fahrstuhl mit weichen Sesseln, wo du dich behaglich niederlassen kannst. Außerdem gibt es eine breite Rolltreppe, auf der ein bequemer Stuhl steht, den du benutzen kannst, wenn du Stockwerk um Stockwerk nach unten gleitest. Und es gibt eine breite

Treppe, deren Stufen mit einem dicken Teppich ausgelegt sind, der deine Schritte bequem abfedert, wenn du durch das helle Treppenhaus nach unten gehst und dabei die schönen Bilder an den Wänden genießt. Durch die Fenster kannst du draußen einen wunderschönen Tag sehen.

Wenn du in diesem Gebäude gleich nach unten gehst, kannst du es genießen, wie das Gefühl von Ruhe und Entspannung zunimmt, das du mit jedem Stockwerk, das du erreichst, verdoppeln kannst…

Nun bist du im vierten Stockwerk angekommen. Und du kannst weiter nach unten gehen und das dritte Stockwerk erreichen und bemerken, wie du dich mehr und mehr entspannst… (15 Sekunden)

Du gehst weiter, und wenn du zum zweiten Stockwerk kommst, ist deine Entspannung noch tiefer geworden… (15 Sekunden)

Schließlich gelangst du ins erste Stockwerk und dann ins Erdgeschoss, und du fühlst dich außerordentlich behaglich und locker… (15 Sekunden)

Du verlässt das Gebäude und kommst an einen unglaublich schönen Platz, an einen Platz, wo du immer schon sein wolltest, den du jederzeit verändern kannst, wann immer du möchtest. Hier findest du alle möglichen Dinge, aber nur die Dinge, die du dir selbst wünschst, und auch sie kannst du verändern, wann immer du möchtest. Bei dir sind Menschen, aber nur die Menschen, die du bei dir haben möchtest, und du kannst sie auswechseln, jederzeit, wenn du das wünschst, und du kannst auch ganz allein sein, wenn das im Augenblick am schönsten für dich ist.

Genieße dieses ganz private Refugium, in dem du dich so sicher und heiter fühlen kannst. Es gehört dir allein. Ich werde eine Minute lang schweigen, damit du genug Zeit hast, dich hier zu erholen… (1 Minute)

Jetzt weißt du, wo dieses Refugium ist und wie du dahin kommen kannst, so dass du dich zu jeder Zeit dort erholen kannst, wann immer du das möchtest… (1 Minute)

Wenn du gleich mit deiner Aufmerksamkeit hierher zurückkehrst, wirst du dich vollkommen erfrischt und sehr behaglich fühlen. Ich zähle langsam bis drei, dann kannst du wieder aufwachen und dich etwas recken und strecken. Eins… zwei… drei… ▲

2. Der fliegende Teppich

Ziele: Ab und zu können wir einen „Kurzurlaub" gebrauchen, um alles, was uns anstrengt oder was uns Sorgen bereitet, hinter uns zurückzulassen. Wenn wir dann erfrischt und verjüngt zurückkehren, können wir uns unseren täglichen Aufgaben mit frischer Energie wieder zuwenden.

Anleitung: Ich möchte euch zu einer Phantasiereise einladen. Ihr könnt alle Sorgen und Verpflichtungen eine Weile hinter euch lassen und in eurer Vorstellung so weit reisen, wie ihr möchtet. Wenn ihr dann in die Alltagswirklichkeit zurückkehrt, habt ihr frische Kraft, um all die Dinge zu tun, die erledigt werden müssen. Ihr könnt diese Reise jederzeit auch ohne mich antreten, wenn ihr das Gefühl habt, dass ihr eine erfrischende Pause braucht.

Leg dich bitte auf den Boden und öffne die Beine leicht, so dass deine Fußspitzen schräg nach außen zeigen. Lass deine Hände auf dem Boden liegen, etwa einen halben Meter von deinem Körper entfernt, die Handflächen nach oben. Achte bitte darauf, dass dein Rücken von der Hüfte bis zur Schädeldecke ganz gerade ist; so wird es dir leichter fallen, dich zu entspannen.

Nun kannst du anfangen, ganz langsam und tief zu atmen. Lass die Luft ganz tief in deinen Bauch hineinströmen und achte darauf, dass du die verbrauchte Luft gründlich wieder ausatmest. Spüre, wie sich dein Bauch hebt und senkt, während du ruhig und tief einatmest und ausatmest.

Spüre, wie dich der Boden hält... Und mit jedem Atemzug kannst du dich mehr und mehr entspannen und immer deutlicher spüren, dass ein Gefühl der Ruhe und des Friedens dich einhüllt wie eine behagliche, weiche Decke.

Wenn du dich immer weiter entspannst, kannst du wissen, dass du jederzeit in dein Alltagsbewusstsein zurückkehren kannst, indem du einfach die Augen öffnest.

Nun möchtest du dir vielleicht vorstellen, dass du von einem wunderschönen weißen Licht umgeben bist, das dich schützt und dir wohl tut. Du kannst dich immer entspannter und immer leichter fühlen, so leicht wie eine Feder, oder vielleicht noch leichter. Vielleicht fühlst du dich wie ein schöner bunter Luftballon, so leicht, dass du jederzeit ganz sanft nach oben schweben kannst. Besonders angenehm kann es sein, wenn du dir vorstellst, dass du auf einem fliegenden Teppich liegst, der dich emporträgt, höher und immer höher. Du brauchst keine Angst zu haben, denn du bist durch das weiße Licht ganz sicher geschützt. Du fühlst dich so leicht, dass du immer weiter nach oben schweben kannst, durch die Decke dieses Raumes hindurch, durch das Dach, weiter hinauf in den Himmel über uns. Wenn du möchtest, kannst du nach unten sehen und unser Haus erkennen und die Dinge in seiner Umgebung, die kleiner und kleiner werden, während dich dein fliegender Teppich höher und höher in den blauen Himmel trägt... (1 Minute)

Auf deinem fliegenden Teppich kannst du ganz sanft immer weiter aufsteigen, bis du zu den Wolken gelangst. Nun schwebst du durch eine Wolke hindurch, die dich mit dichtem, weißem Nebel umgibt. Wenn du die Wolke verlässt, spürst du die warmen Strahlen der Sonne auf deinem Gesicht und überall auf deinem Körper. Jede Zelle deines Körpers kann dieses warme, goldene Licht einatmen, das dich verjüngt, erfrischt und dir Heilung schenkt... (15 Sekunden)

Jetzt bist du so weit oben, dass die Erde unter dir wie ein wunderschöner blauer Ball erscheint, umgeben von einem schimmernden, korallenfarbenen Licht. Aus einem solchen Blickwinkel hast du die Erde noch nie gesehen, und vielleicht wirst du neugierig, was passiert, wenn du einige deiner Sorgen und Probleme ebenfalls aus diesem überraschenden Blickwinkel betrachtest... (30 Sekunden)

Nun ist es Zeit, dass du langsam hierher zurückkommst. Spüre, wie dein fliegender Teppich ganz ruhig herabgleitet, der Erde entgegen. Und wieder tauchst du in eine wunderschöne weiche Wolke ein, während du tiefer und tiefer hinabschwebst.

Die Wipfel der Bäume werden nun wieder sichtbar und die Dächer der Häuser. Vielleicht spürst du so etwas wie Dankbarkeit, dass du dir selbst diesen schönen Ausflug gegönnt hast. Du kannst wissen, dass du mit innerer Ruhe und neuer Kraft zurückkehrst zu deinen Verpflichtungen und Aufgaben, wenn du noch weiter hinabgleitest und den Platz am Boden erreichst, an dem deine Reise begonnen hat. Hol einmal tief Luft, spüre deinen Körper und bemerke, dass du dich jetzt besser fühlst, weil du dir diese schöne Pause gegönnt hast. Reck und streck dich ein wenig, öffne deine Augen und sei wieder hier, angenehm erfrischt und wach. ▲

3. Die Wolke

Ziele: Wir benutzen das einfache Bild einer Wolke, um den Teilnehmern zu helfen, sich schnell und wirksam zu entspannen.

Anleitung: Setz dich bequem hin und schließ deine Augen. Atme dreimal tief aus.

Nun kannst du dir vorstellen, dass eine angenehm warme Wolke mitten in deinem Körper schwebt. Und alle Teile deines Körpers, die von dieser Wolke berührt werden, dürfen beginnen, sich so weich und warm zu fühlen wie diese Wolke.

Lass die Wolke langsam immer größer werden und nacheinander jeden Teil deines Körpers berühren, damit du überall spüren kannst, wie du warm wirst, locker und ruhig...

Dieses angenehme Gefühl der Entspannung verbindet sich mit dem Empfinden von frischer Kraft. Wenn du ganz und gar eingehüllt bist von deiner Wolke, dann kannst du spüren, wie dein Körper sich immer leichter fühlt, so dass es sich anfühlt, als ob du ohne jede Anstrengung schwebst und langsam nach oben gleitest in den blauen Himmel...

Geborgen und gehalten von deiner Wolke, kannst du an einen wunderschönen Platz reisen, wo du dich ganz sicher fühlen kannst. An diesem Platz kannst du alles erleben, was dir jetzt gut tut... (60 Sekunden)

Lass dich nun von deiner Wolke wieder hierher zurücktragen. Bring Ruhe und Entspannung hierher zurück. Reck und streck dich ein wenig, öffne deine Augen und sei mit deiner Aufmerksamkeit wieder in diesem Raum, erfrischt und wach. ▲

4. Nach innen lächeln

Ziele: Diese Phantasiereise schenkt den Teilnehmern das Empfinden von innerer Harmonie und Glück. Die dabei verwendeten Bilder und Vorstellungen haben ihre Wurzeln in der Zen-Meditation.

Anleitung: Ich möchte euch zu einer Phantasie einladen, die euch dabei hilft, euch wohl zu fühlen und glücklich. Ihr könnt diese Phantasie später auch selbst wiederholen, abends, wenn ihr zu Bett geht, um leichter einschlafen zu können, oder morgens, um den Tag optimistisch zu beginnen. Mach es dir so bequem wie möglich, im Sitzen oder im Liegen... so dass dein Körper überall gut unterstützt ist. Achte bitte darauf, dass Kopf, Hals und Wirbelsäule eine gerade Linie bilden... Und vielleicht magst du jetzt oder etwas später die Augen schließen...

Lass deine Hände bequem auf deinem Körper ausruhen... auf deiner Brust oder auf deinem Bauch, so dass du spüren kannst, wie dein Körper sich ausdehnt, wenn du einatmest... wie er sich zusammenzieht, wenn du ausatmest... und ganz natürlich und leicht folgst du deinem Atem, der in deinen Körper herein- und wieder hinausströmt.

Und noch ein tiefer, voller und erfrischender Atemzug... und dann gründlich ausatmen... und spüren, wie deine Bauchdecke dabei steigt und fällt... wohltuend atmen, ganz von allein, zuverlässig und genau in dem Rhythmus, der dir gut tut...

Wenn du gleich wieder einatmest, dann sende die warme Energie deines Atems zu den Stellen deines Körpers, die eine Extraportion Wohlbehagen gebrauchen können... Wärme und Leichtigkeit, Entspannung und Frische... so dass du dich von Augenblick zu Augenblick behaglicher und entspannter fühlst...

Und wenn du ausatmest, dann lass alles Verbrauchte, alles Störende mit deinem Atem hinausfließen... Atme einfach und sanft...

Wenn dir irgendein Gedanke durch den Kopf geht, dann bemerke ihn und geh wieder zurück zum ruhigen Ein und Aus deines Atems. Dies ist deine Zeit. Deine stille Zeit... sicher... sorglos... Einfach atmen... da sein... genießen...

Erinnere dich nun an einen Moment, als dir irgendjemand, vielleicht sogar ein Unbekannter, ein freundliches Lächeln schenkte... wie gut hat dir dieses Lächeln getan... Wie anregend kann ein Lächeln sein...

Lass dir irgendein Ereignis einfallen, das dir jetzt ein gutes Gefühl gibt. Vielleicht eine Begegnung mit jemandem, den du liebst oder dessen Gegenwart dich glücklich macht. Spüre, wie die Präsenz dieses Menschen dich jetzt lächeln macht... Spüre dieses Lächeln auf deinen Lippen und die sanfte Energie, die damit verbunden ist... wie ein brennendes Streichholz, mit dem du eine Kerze entzünden kannst. Spüre, wie dein Lächeln frohes, warmes Licht verbreitet... wie es die Muskeln um deinen Mund weicher werden lässt und dein ganzes Gesicht warm macht...

Lass das Lächeln auch in deinen Mund hineinfließen und alle Spannungen der Kiefermuskeln auflösen. Lass es über deine Zunge fließen… lass deinen ganzen Mund angefüllt sein mit der Wärme und der Helligkeit deines Lächelns…

Lass das Lächeln auch in deine Ohren strömen... Vielleicht spürst du es als Wärme, vielleicht bemerkst du, dass dieses Lächeln einen ganz besonderen Klang hat oder eine vergessene Melodie zu dir schickt...

Und du sendest das Lächeln auch in deine Kehle und schluckst es langsam und aufmerksam herunter, so dass es deine Brust und deinen Bauch von innen wärmen kann...

Schick das Lächeln auch in dein Herz. Mach dein Herz damit weit und offen. Lass das Lächeln von dort durch deine Adern strömen, prickelnd und erfrischend...

Lass das Licht deines Lächelns nun in beide Lungenflügel strömen. Lass dir Zeit dabei... bis du die Kraft des Lächelns in deiner ganzen Lunge spürst...

Licht und Wärme deines Lächelns strömen weiter hinab in alle Organe deines Bauches, die Tag und Nacht für dich arbeiten und sich über deine liebevolle Aufmerksamkeit freuen...

Auch in die großen Knochen deines Körpers gelangt dein Lächeln... und jetzt in all die kleinen Knochen und in jeden Wirbel deines Rückens... Das Licht dieses Lächelns erstrahlt in deinem ganzen Körper… es erreicht jeden Winkel... bis jede Zelle kraft deines Lächelns schwingt und tanzt... (30 Sekunden)

Dein Lächeln erhellt deinen ganzen Körper und auch deinen Kopf. Schicke es in alle Windungen deines Gehirns. Schicke seine Wärme zu allen alten Verletzungen, zu allen emotionalen Schatten, die Heilung brauchen. In dem Licht deines Lächelns können sich Angst und Sorgen auflösen, können Vergebung und Einsicht wachsen und gedeihen...

Die Kraft des Lächelns geht über die Grenzen deines Körpers hinaus… Es webt eine Hülle aus reinem, weißem Licht um dich herum...

Genieße diese Augenblicke, in denen du nur Licht spürst und Liebe. Die heilende Kraft des Lichts strahlt nach innen und nach außen. Sende das Licht auch nach außen, zu all den Dingen und Lebewesen auf diesem Planeten. Vielleicht empfindest du nun ein Gefühl des Glücks, dass du so verbunden bist mit der Welt. Und vielleicht findest du deine eigenen Worte, um deine Stimmung auszudrücken… (30 Sekunden)

Während du dich darauf vorbereitest, mit deiner Aufmerksamkeit hierher zurückzukehren, schicke auch ich dir Liebe und Segen. Möge das Licht alle deine Schritte erleuchten – heute und morgen – dich sicher umgeben und dir überallhin folgen, auch hierher. Reck und streck dich nun ein wenig. Atme einmal tief aus. Öffne die Augen, wenn dir danach zumute ist und sei wieder zurück, erfrischt und wach. ▲

Kapitel 1: Entspannung

5. Himmel und Erde

Ziele: Dies ist eine sehr schöne klassische Atemübung, die uns helfen kann, unsere Aufmerksamkeit ganz auf die Gegenwart zu konzentrieren. Kleine Irritationen, aber auch große Sorgen, können wir dann aus einer Position innerer Balance betrachten. Wir bekommen Zugang zu unserer Kreativität und finden leichter heraus, was zu tun ist.

Wenn Sie Ihre Teilnehmer mit dieser Übung vertraut machen, dann sollten sich die Gruppenmitglieder in die Nähe eines Fensters setzen. Noch besser ist es, die ganze Übung im Freien durchzuführen.

Anleitung: Ich möchte euch mit einer ganz besonders schönen Atemübung vertraut machen. Immer wenn ihr euch gehetzt fühlt und vom Sturm des Lebens getrieben, könnt ihr auf diese Übung zurückgreifen und euch in kurzer Zeit innere Ruhe und neue Kraft verschaffen.

Stellt eure Stühle in die Nähe der Fenster, so dass ihr ins Freie sehen könnt. Setzt euch ganz gerade hin, die Füße gut mit dem Boden verbunden. Bewegt euch ein wenig, damit ihr eine wirklich bequeme Haltung für euren Körper findet... (30 Sekunden)

Nun könnt ihr die Augen schließen...

Jetzt hole einmal ganz tief Luft und beginne, tief ein- und auszuatmen. Lass die Luft in deinen Bauch strömen und spüre, wie sich dein Bauch ausdehnt und wie er wieder locker wird, wenn du ausatmest...

Mach das eine Weile weiter und bemerke, wie gut du dich auf diese Weise entspannen kannst, wenn du dich auf deinen Körper konzentrierst, der langsam und gründlich für dich atmet... Dies ist eine schöne Möglichkeit, zu atmen und sich zu konzentrieren.

Jetzt kannst du eine andere Art zu atmen lernen. Wir können ihr den Namen geben: Der Atem, der Erde und Himmel verbindet. Dabei kannst du dir vorstellen, dass du die Energie des Himmels und der Erde gleichzeitig in dein Herz hineinatmest.

Wir wollen damit anfangen, die Energie des Himmels einzuatmen. Gib dir einen Augenblick Zeit, um die Energie der Sonne über dir zu spüren. Dabei ist es gleichgültig, ob du die Sonne tatsächlich siehst, ob es Tag ist oder Nacht, wenn du diese Übung machst...

Wenn du einatmest, stell dir bitte vor, dass du diese Energie ganz oben durch deinen Kopf hereinziehst bis hinab in dein Herz. Und wenn du ausatmest, dann gib dir ein Empfinden der Weite, so als ob dein Atem bis an den Rand des Universums reichen könnte... Versuch ein paarmal so zu atmen... (30 Sekunden)

Beginne nun, die Energie der Erde einzuatmen. Gib dir wieder etwas Zeit, die Energie der Erde unter deinen Füßen zu spüren oder sie dir vorzustellen... Wenn du einatmest, dann zieh die Energie der Erde durch deine Fußsohlen zu dir herein, bis nach oben in dein Herz. Und wenn du ausatmest, dann empfinde wieder die Weite, so als ob dein Atem bis an den Rand des Universums reichen könnte...

Mach das ein paarmal... (30 Sekunden)

Versuche nun, den vollständigen Atem, der Himmel und Erde verbindet, zu erproben. Wenn du einatmest, dann zieh die Energie des Himmels nach unten und zur gleichen Zeit zieh die Energie der Erde nach oben... und lass beide sich in deinem Herzen treffen und verbinden. Beim Ausatmen kannst du wieder in die Weite des Universums hinausatmen. Mach das eine Weile, bis du spüren kannst, dass du mit dieser Atemtechnik vertraut wirst... (1-2 Minuten)

Öffne jetzt deine Augen und schau in die Natur. Betrachte Erde und Himmel, während du diese Atemübung fortsetzt. Lass dich von deinem Atem ganz in die Gegenwart bringen und spüre, wie er dich mit dem Universum verbindet, wenn du so still und gegenwärtig bist... (1 Minute)

Du kannst nun diese besondere Art zu atmen immer anwenden, wenn du innere Balance und inneren Frieden gebrauchen kannst. Reck und streck dich ein wenig und komm langsam in deinem eigenen Rhythmus mit deiner Aufmerksamkeit hierher zurück zur Gruppe. ▲

Kapitel 1: Entspannung

6. Energie sammeln

Ziele: Über den Entspannungseffekt hinaus ist dies eine ausgezeichnete Übung für Vitalität und Gesundheit.

Wenn der Raum groß genug ist, können Sie es den Teilnehmern freistellen, ob sie dabei sitzen, stehen oder im Raum herumgehen wollen.

Anleitung: Beginne damit, deinen Körper ein wenig auszuschütteln.... Nun versuche, eine bequeme Haltung zu finden, im Sitzen oder Stehen. Vielleicht möchtest du mit geschlossenen Augen ganz sanft vor- und zurückschwingen, um zu spüren, wo der Schwerpunkt deines Körpers liegt.

Entspanne deine Augen und mach einen ganz tiefen Atemzug... und atme dann möglichst gründlich wieder aus...

Und noch einmal, langsam und gleichmäßig einatmen... und möglichst alle verbrauchte Luft wieder ausatmen...

Wenn du das wieder machst, stell dir diesmal vor, dass es hier im Raum einen Vorrat an heilender Energie gibt, von dem du etwas einatmen kannst... Vielleicht siehst du dabei winzige leuchtende Farbpunkte... oder einen farbigen Nebel... oder vielleicht hörst du auch ein ganz leises Summen, als ob diese heilende Energie in deinem Körper tanzt... oder vielleicht spürst du einfach, wie diese feine Energie in dich hineinströmt...

Empfinde beim Ausatmen, wie sich diese Energie überall in deinem Körper verteilt... bis in die kleinste Ecke... von deinen Fingerspitzen bis hinab in die Spitzen deiner Zehen... Vielleicht spürst du diese feine, prickelnde Energie, wie sie durch deinen Körper strömt...

Und noch einmal... Atme gründlich ein...

Lass beim Ausatmen die Energie überall durch deinen Körper strömen... Spüre immer deutlicher, wie diese feine Energie durch deinen Körper tanzt... überallhin... von Kopf bis Fuß...

Noch einmal einatmen... Und beim Ausatmen spürst du, wie diese Energie an irgendeine Stelle geht, die vielleicht etwas angespannt oder dunkel oder schwer ist... wie sie von einer Stelle deines Körpers angezogen wird, die sich vielleicht blockiert anfühlt... oder unbehaglich oder angespannt... Du kannst spüren, wie diese Energie solche Stellen sanft einhüllt... sie weicher macht... lockerer... indem sie die Muskeln und Blutgefäße leicht massiert und öffnet...

Du spürst, wie diese angespannten Stellen in Bewegung kommen, wie ein Floß, das von der Strömung ergriffen wird, erst ganz langsam und dann schneller und leichter... Und jeder neue Atemzug hilft ihnen, lockerer zu werden... Eine sanfte Einladung, frei zu strömen...

Und wieder kannst du Energie beim Atemholen aufnehmen... Diesmal kannst du einen Ton machen, wenn du ausatmest... laut oder leise, hoch oder tief, was immer von selbst herauskommen möchte, was immer sich gut anfühlt... Du kannst mit diesem Ton deinen Körper anfüllen, so dass er in dir vibriert und summt und du seine Kraft spüren kannst, die alle schmerzhaften Gefühle, die du in deinem Körper aufbewahrst, lösen und schwächer machen kann. Bemerke, wie Schmerzen, Müdigkeit, Anspannung anfangen, sich zu verändern und sich zu bewegen.

Und noch einmal... Atme tief und gründlich ein, öffne deinen Mund und mach wieder einen Ton, diesmal etwas lauter oder etwas leiser... so wie es sich für dich richtig anfühlt, und spüre die Resonanz überall in deinem Körper... Bemerke, wie der Ton deine Energie freisetzt.

Noch einmal... Hol wieder tief und erfrischend Luft... Lass deinen Kiefer locker herabhängen, öffne deine Kehle und lass einen Ton herauskommen, tief und kräftig... oder sanft und zart und hoch, ganz so, wie es sich für dich passend anfühlt... Spüre überall in deinem Körper die Resonanz, die dir gut tut und dir neue Kraft gibt... von Kopf bis Fuß.

Das ist so einfach und so wirksam, wie wenn du eine Batterie neu lädst... Und du spürst, wie anders du dich jetzt innen fühlst... Ganz zart, aber widerstandsfähig und kräftig, wenn du ganz aufmerksam bist und mit deinem Bewusstsein der Energie folgst, die durch deinen Körper strömt. Du kannst dir merken, wie gut es dir tut, wenn du dich selbst spürst...

Vielleicht empfindest du ein Gefühl der Dankbarkeit, dass du so einfache Möglichkeiten hast, um Körper und Geist zu erfrischen und zu erneuern, wann immer du das willst. Ganz tief in dir weißt du, dass es dir jetzt besser geht...

Kehre nun gleich mit deiner Aufmerksamkeit hierher zurück. Reck und streck dich ein wenig. Öffne die Augen und sei wieder hier, erfrischt und wach. ▲

7. Spannungen lösen

Ziele: Über die Möglichkeit der Entspannung hinaus kann diese Übung auch benutzt werden, um Energieblockaden zu identifizieren und geistige oder seelische Spannungen zu überprüfen, die solche Energieblockaden auslösen.

Anleitung: Such dir einen ruhigen Platz im Raum und mach es dir bequem, entweder im Sitzen oder im Liegen.

Nun schließ deine Augen. Achte auf deinen Atem, indem du durch die Nase einatmest und durch den Mund ausatmest. Bei jedem Ausatmen kannst du unhörbar „Eins" sagen. Es ist nicht nötig, dass du dir vornimmst, dich zu entspannen. Lass die Entspannung einfach in ihrem eigenen Rhythmus stattfinden. Wenn dir irgendwelche Dinge durch den Kopf gehen, dann kannst du sie freundlich bemerken und ihnen gestatten weiterzuwandern. Lenke deine Aufmerksamkeit dann wieder auf deinen Atem und auf das Wort „Eins", mit dem du das Ausatmen begleitest. Mach das für eine Weile... (3 Minuten)

Suche nun deinen Körper ab und bemerke, wo du dich noch angespannt fühlst. Wenn du eine Verspannung findest, stell dir vor, dass sie aus Eis besteht. Bemerke, wo diese Verspannung sitzt und wie sie sich anfühlt...

Dann stell dir vor, dass du unter einer warmen Sonne sitzt oder liegst, die das Eis deiner Verspannungen schmelzen lässt. Sie verwandelt es in eine warme Flüssigkeit, die durch deinen Körper fließt und dann durch die Poren deiner Haut auf den Boden tropft. Bemerke, was das für eine Flüssigkeit ist, welche Farbe sie hat, wie dickflüssig sie ist und wie schnell sie sich bewegt. Finde auch heraus, ob es Stellen in deinem Körper gibt, wo das Eis sich nicht so ohne weiteres von der Wärme der Sonne schmelzen lassen will... (1 Minute)

Wenn die Sonne all die Verspannungen weggeschmolzen hat, die dazu bereit waren, kannst du den Strahlen der Sonne gestatten, auch geistige Spannungen, die du vielleicht hast, aufzulösen... Lass sie auch aus dir hinausfließen, so dass Geist und Körper klar und frei werden... (1 Minute)

Nun stell dir vor, dass du dich in irgendein Gewässer verwandelst. Wirst du ein Bach, ein Fluss, ein Teich, eine Quelle? Bemerke, wo dieses Wasser ist und was du in seiner Umgebung findest. Achte besonders auf die Farbe, die Tiefe und die Klarheit des Wassers und auf die Art und Weise, wie sich das Wasser bewegt..... (1 Minute)

Stell dir nun bitte die folgenden Fragen:
- Was kann mir dieses Bild sagen über meine Energie und wie ich damit umgehe?
- Was kann ich von diesem Bild lernen? (30 Sekunden)

Wenn du die beiden Fragen beantwortet hast, komm mit deiner Aufmerksamkeit wieder zu deinem Atem zurück. Reck und streck dich und öffne die Augen.

Nimm dir ein Blatt Papier und beschreibe deine Erlebnisse in dieser Phantasiereise. Notiere, wo deine Energie blockiert war und auf welche Weise die Blockade gelöst wurde. Beschreibe auch, als welche Art Gewässer du dich gesehen hast, und was dieses Bild dir mitteilen kann über deine Energie und über die Art und Weise, wie du sie gebrauchst... (5 Minuten) ▲

*Kapitel 2
Unsere Verbindung
mit der Natur*

8. In den Dolomiten

Ziele: Auf dieser Phantasiereise können die Teilnehmer sich daran erinnern, worauf es im Leben ankommt – dass der Weg durchs Leben von Zeit zu Zeit gefährlich ist, dass wir ihn aber meistern können, wenn wir aufmerksam und lernbereit sind.

Anleitung: Die Phantasiereise, zu der ich dich jetzt einlade, beginnt auf einer Wiese an einem verzauberten Spätsommertag. Zu dieser Jahreszeit glauben wir manchmal, dass der Sommer schon vorbei ist und dass nun nur noch dunkle und regnerische Tage folgen werden, umso mehr können wir einen solchen goldenen, sonnigen Tag genießen.

Setz dich bequem hin, schließ die Augen und lass dich überraschen, was dieser Tag für dich bringen wird... Stell dir vor, dass der Himmel über dir jenes intensive Blau zeigt, das es nur an Spätsommertagen gibt. Die Sonne scheint warm und freundlich. Ein sanfter Wind bewegt die Blätter der Bäume und lässt das Gras auf der Wiese leise flüstern. Alles um dich herum duftet intensiv und vielversprechend.

Am Ende der Wiese siehst du ein kleines Wäldchen. Du staunst, über wie viele verschiedene Grüntöne die Natur verfügt: das fahle Grün des reifen Grases, hier ein helles Lindgrün, dort ein Moosgrün, Graugrün und Blaugrün, das Grün unreifer Äpfel, Olivgrün und hier und da bereits die goldenen und purpurfarbenen Signale des Herbstes.

Du gehst langsam auf das Wäldchen zu, und auf dem Weg entdeckst du zu deiner Überraschung einen kleinen Bach. Du konntest ihn nicht sehen, weil das Gras auf der Wiese so hoch ist.

Nun schaust du dich um und findest eine kleine Brücke, ein paar große Steine oder einen umgestürzten Baumstamm, um auf die andere Seite des Baches hinüberzugelangen. Und während du das andere Ufer betrittst, spürst du, dass du auf dieser Seite des Baches etwas ganz Neues erleben wirst... Du kannst es dir nicht erklären, doch du wirst neugierig und bekommst Lust, dieses Geheimnis zu ergründen.

Du beginnst durch das Wäldchen zu wandern. Das Sonnenlicht fällt durch die Zweige und malt Lichtmuster auf den Boden. Überall siehst du kleine Waldblumen zwischen bemoosten Baumstümpfen und riesigen Farnen. In den Bäumen hörst du die Vögel singen. Du genießt diese heitere, friedliche Stimmung, gehst weiter und fühlst dich durch die Ruhe dieses Ortes gestärkt.

Nach einiger Zeit verändert sich der Weg. Er ist jetzt etwas schmaler und scheint nach oben zu führen, und einen Augenblick denkst du, dass es richtig wäre umzukehren. Aus irgendeinem Grunde entschließt du dich aber, dem immer enger werdenden Pfad weiter zu folgen.

Bald steigt der Weg steil an. Die Bäume über dir bilden ein Dach, so dass du den Himmel nicht mehr sehen kannst. Erschrocken stellst du fest, dass das Gestrüpp um dich herum immer dichter wird und dein Weg immer schwieriger. Aber aus irgendeinem Grunde gehst du weiter. Eine innere Stimme fordert dich dazu auf.

Immer steiler und holpriger wird der Pfad. Du kannst ihn manchmal nur noch undeutlich erkennen. Große Felsbrocken erschweren das Gehen, und manchmal gleitet dein Fuß aus. Manchmal sinkst du an weichen Stellen tief ein. Brombeerranken scheinen dich festhalten zu wollen. Ab und zu musst du über umgestürzte Baumstämme klettern, und allmählich wirst du so müde, dass du dich fragst: „Warum mache ich das? Ich muss umkehren." Dennoch gehst du weiter.

Nach einer langen Zeit verändert sich der Weg wieder. Das Gehen wird leichter, der Weg ist nicht mehr so steil, und es gibt auch keine Bäume mehr. Dafür umgibt dich jetzt ein dichter grauer Nebel. Du weißt nicht mehr, wo du bist und wohin du gehst. Und wiederum sagst du zu dir: „Ich muss umkehren." Trotzdem gehst du weiter. Und obgleich der Nebel so dicht ist, kannst du deinen Weg gerade noch erkennen. Dass du sehen kannst, wohin du deine Füße setzt, gibt dir ein Gefühl der Sicherheit. Du gehst und gehst, und dieser Teil deiner Wanderung dauert sehr, sehr lange…

Von einem Augenblick zum anderen löst sich der dichte Nebel auf. Du stehst hoch oben auf einer wunderschönen Bergwiese. Über dir leuchtet die Sonne, und der Himmel ist tiefblau. Du schaust zurück und erkennst, dass du eine riesige Wolke durchquert hast, dunkel und schwer wie eine Gewitterwolke. Weiter unten erkennst du das Wäldchen und das silberne Band des Baches und die Wiese, wo deine Wanderung begann.

Nun wendest du dich um und blickst nach vorn. Plötzlich kannst du weiter sehen als jemals zuvor, bis zum fernen Horizont.

Von hier oben sieht alles anders aus. Viele Straßen durchqueren das Tal. Einige Straßen führen zu Städten, andere zu kleinen Dörfern, und einige verbinden die Straßen miteinander. Sie alle haben ein Ziel. Und es scheint dir, dass dir das Sicherheit gibt. Du spürst, dass dieses Empfinden Bedeutung für dich hat…

Kapitel 2: Unsere Verbindung mit der Natur

Du schaust dich um und findest einen sonnenwarmen Stein, auf den du dich setzt. Du nimmst dir Zeit, um das Erlebte in dich aufzunehmen und um Ausschau zu halten... (20 Sekunden)

Nun bemerkst du, dass die Sonne bald untergehen wird und dass es jetzt an der Zeit ist, zurückzukehren. Und du weißt, dass du ganz sicher sein wirst, solange du sorgfältig einen Fuß vor den anderen setzt, solange du aufpasst, wohin du trittst, und dich, wenn nötig, an den Zweigen der Bäume festhältst, die dir ihre Äste entgegenstrecken. Du weißt, dass du sicher weitergehen kannst, weil du schon Erfahrung mit solchen Wanderungen hast und immer wohlbehalten an dein Ziel gelangt bist, auch wenn du nicht genau wusstest, wohin der Weg führte und auch wenn es schwierig war.

Aber jetzt weißt du, wohin du gehen willst und dass du sicher ankommen wirst.

Darum beginnst du, den Weg zurückzugehen, langsam und umsichtig, zurück durch den Nebel, zurück über den steilen Weg durch den dichten Wald. Manchmal stolperst du, und das eine oder andere Mal gleitest du aus, aber immer bist du in der Lage, deine Balance wiederzufinden, bis du wieder in dem Wäldchen anlangst, dessen Ruhe und Schönheit dich für deine Anstrengungen belohnt.

Dann musst du nur noch den kleinen Bach überqueren, und du bist zurück auf der Wiese, die du schon gut kennst. Hier kannst du noch einen Augenblick rasten, dir ein paar tiefe Atemzüge gönnen, um dich dann in Ruhe etwas zu strecken und die Augen wieder zu öffnen.

Kehre nun hierher zurück, erfrischt und wach. ▲

Kapitel 2: Unsere Verbindung mit der Natur

9. Die See

Ziele: In dieser Phantasie können sich die Teilnehmer auf einem imaginären Spaziergang am Strand entspannen. Sie können den Wellen zuhören und einen schönen Sonnenuntergang genießen.

Anleitung: Setzt euch bequem hin und schließt die Augen. Achtet darauf, welche Stellen eures Körpers noch keine bequeme Lage gefunden haben, und rückt ein wenig hin und her, bis ihr ganz behaglich sitzt.

Nun hol ein paarmal tief Luft, atme durch die Nase ein, halte die Luft einen Augenblick an und atme dann langsam wieder durch die Nase aus. Mit jedem Ausatmen kannst du dich mehr und mehr entspannen... (30 Sekunden)

Gleich werde ich dich zu einem schönen Spaziergang am Strand einladen... Stell dir vor, dass es ein schöner Sommertag ist. Es ist spät am Nachmittag und du hast beschlossen, dass du am Strand entlanggehen willst. Die Sonne ist noch warm und kräftig. Der Himmel über dir ist wolkenlos. Die Sandkörner unter deinen Füßen funkeln im Sonnenlicht und wärmen deine Fußsohlen. Du hörst das Klatschen der Wellen, wenn sie an den Strand rollen, und das leise Knirschen, wenn das Wasser zurückrollt. Während du am Strand entlanggehst, spürst du den warmen Wind auf deinem Gesicht. In der Ferne hörst du den Schrei der Möwen, und du schaust ihnen zu, wie sie über das Wasser segeln und ab und zu hinabstürzen, um Beute zu machen.

Du hast jetzt Lust, eine kleine Rast einzulegen. Du setzt dich auf eine kleine Sanddüne und schaust hinaus auf das Meer und auf die Brandung, die in immer gleichem Rhythmus an den Strand rollt. Jede Welle bricht sich auf dem Strand, rollt langsam den Sand nach oben und lässt weißen Schaum zurück, wenn sie langsam wieder ins Meer zurückläuft, und sogleich wird sie durch eine neue Welle ersetzt, die den Strand hochläuft... hin und zurück... hin und zurück. Mit jeder Welle kannst du dich mehr und mehr entspannen, dich ruhiger fühlen und heiterer.

Nun schaust du zum Horizont und siehst, dass die Sonne langsam ins Meer taucht. Und je tiefer die Sonne sinkt, desto ruhiger und entspannter wirst du...

Der Himmel färbt sich bei diesem Sonnenuntergang in kräftigen Farben – rot... orange... gelb... und purpur... Du schaust der Sonne zu, die tiefer und tiefer sinkt.

Kapitel 2: Unsere Verbindung mit der Natur

Der Schlag der Wellen, der frische Geruch der Seeluft, der Geschmack des Salzes auf deinen Lippen, die Schreie der Möwen und die warme Luft auf deinem Körper, all das ist so beruhigend, friedlich und heiter. Du nimmst eine Handvoll Sand und lässt die Sandkörner langsam, ganz langsam durch deine Finger gleiten…

In ein paar Augenblicken werde ich von eins bis drei zählen. Dann kannst du deine Augen öffnen und dich angenehm erfrischt und wach fühlen. Eins… zwei… drei… ▲

Kapitel 2: Unsere Verbindung mit der Natur

10. Die Sonne

Ziele: Hier benutzen wir das Bild der aufgehenden Sonne, um unseren Körper zu entspannen und unseren Geist weit und hell zu machen.

Anleitung: Setz dich bequem hin und schließ die Augen. Atme drei Mal tief aus...

Stell dir vor, dass du am frühen Morgen am Strand bist. Die See ist glatt wie ein Spiegel, und die letzten Sterne verlöschen langsam...

Spüre die frische, reine Luft... Sieh auf das stille Wasser und den dunklen Himmel.

Spüre das Schweigen vor dem Sonnenaufgang, das gefüllt ist mit all den Möglichkeiten des Tages...

Langsam schmilzt die Dunkelheit, und die Farben des Tages beginnen zu leuchten. Über dem Horizont wird der Himmel erst rot, dann golden... Dann erreichen dich die ersten Strahlen der Sonne, und du schaust zu, wie die Sonne langsam aus dem Wasser auftaucht. Nun steht die Sonne wie ein leuchtender Halbkreis über dem Horizont, und du kannst sehen, wie ihr Spiegelbild auf dem Wasser einen goldenen Pfad bildet, der von dir bis in das Herz der Sonne hineinführt.

Die Temperatur des Wassers ist angenehm, und darum bekommst du Lust, hineinzugehen. Du gehst ein paar Schritte und schwimmst dann hinaus in das goldene Licht, der Sonne entgegen. Du spürst, wie das goldene Wasser dich berührt und hält, und du kannst ganz ohne Anstrengung durch das Wasser gleiten, das dich mit Leichtigkeit trägt... (15 Sekunden)

Je weiter du der Sonne entgegenschwimmst, desto weniger beachtest du das Wasser und desto stärker wird das Sonnenlicht, das dich umgibt. Du fühlst dich eingehüllt in dieses wohltuende, goldene Licht, das in deinen Körper eindringt und dich wärmt und erfrischt. Lass deinen Körper jetzt in diesem kräftigen Licht der Sonne baden. Lass die Wärme der Sonne auch deine Gefühle durchdringen. Lass deine Gedanken von dem Licht der Sonne hell werden... (15 Sekunden)

Wenn du so viel von dem Sonnenlicht in dich aufgenommen hast, wie du im Augenblick gebrauchen kannst, dann schwimme langsam zum Ufer zurück... (15 Sekunden)

Behalte dieses gute Gefühl von Wärme und Klarheit, von Licht und Kraft in dir, wenn du dich gleich reckst und streckst und mit deiner Aufmerksamkeit wieder zu uns zurückkehrst und die Augen öffnest. ▲

11. Die Sterne

Ziele: Dies ist eine sehr schöne Phantasiereise für alle diejenigen, die sich im Augenblick eingeschränkt oder in irgendeiner Form gefangen fühlen. Sie können ein Gefühl der Weite erleben, eine Ausdehnung ihrer Grenzen und eine innere Verbundenheit mit dem Kosmos.

Anleitung: Setz dich bequem hin und hol einmal tief Luft. Schließ deine Augen und gestatte deinem Körper, sich zu entspannen. Stell dir vor, wie sich jeder Muskel in deinem Körper entspannt, vom Kopf bis zu deinen Zehenspitzen. Spüre, wie angenehm dieses Gefühl sein kann, wenn du merkst, dass du vom Boden unterstützt wirst, so dass du einfach locker sein und es dir gut gehen lassen kannst. Einatmen und ausatmen... Bemerke, wie du atmest, bemerke den Rhythmus deiner Atemzüge. Schenk dir den Genuss, ein wenig tiefer und bequemer zu atmen...

Bemerke die Geräusche, die jetzt noch dein Ohr erreichen. Lass sie immer mehr in den Hintergrund treten... Während du ausatmest, kannst du alle Anspannung, allen Stress aus deinem Körper und aus deinen Gedanken loslassen... Und lass auch alle Muskeln in deinem Gesicht locker werden, auch die Muskeln, die deinen Kiefer halten. Wenn du deinen Mund ein wenig öffnest, wirst du dich noch angenehmer entspannen können und spüren, wie Entspannung auch in deine Schläfen fließt, in deine Augen und in deine Stirn. So kannst du ganz sanft immer tiefer und tiefer hinabsinken in eine Entspannung, die dir wohl tut... (15 Sekunden)

Vielleicht spürst du auch, wie deine Arme schwer werden, angenehm schwer und entspannt. Vielleicht fühlst du ein sanftes Prickeln in den Fingerspitzen und ein Gefühl der Wärme in deinen Händen. Das ist gut so... Bemerke, wie gut es tut, wenn du immer tiefer und tiefer an jene Grenze zwischen Wachsein und Träumen gehst. Ich möchte dich jetzt einladen auf eine Traumreise in die Weite des nächtlichen Himmels.

Bemerke alle Teile deines Körpers, die sich eng und klein fühlen... Wenn du ausatmest, kannst du diese Gebiete teilhaben lassen an deiner Offenheit. Spüre, wie du dich selbst öffnest, wie sich dein Körper ein wenig ausdehnt...

Stell dir vor, dass sich über dir ein schöner, wolkenloser Nachthimmel wölbt. Du bist draußen in der Natur, weit entfernt von allen elektrischen Lichtern. Die Nacht ist klar und ruhig, und am Himmel glitzern all die Sterne, deren Bilder du kennst, und all die Sterne, die du gerade jetzt zum ersten Mal aufmerksam betrachtest. Wo bist du?... Welche Jahreszeit herrscht gerade... Du bist ganz allein, aber ruhig und sicher... mitten in der Stille der Nacht. Du bist ganz still, und während du in die Weite des Himmels schaust, öffnest du dich noch ein wenig mehr, um die Schönheit dieses Bildes tief in dich aufzunehmen. Du bemerkst all die leuchtenden Diamanten, die den Himmel bedecken. Einige Sterne leuchten besonders hell... andere schicken ein sanftes Licht auf die Erde... wieder andere kannst du fast nur ahnen... Sie erinnern dich an die unendlich vielen Sterne, die wir mit bloßem Auge nicht sehen können, weil sie so weit weg sind in der Unendlichkeit des Universums...

Schau über den ganzen Himmel und bemerke, was du siehst, während du von Horizont zu Horizont schaust... Vielleicht hast du Lust, ein paar Sternbilder zu entdecken..... (15 Sekunden)

Am Rande deines Blickfeldes tauchen neue Sterne auf. Du möchtest sie genauer betrachten, doch schon sind sie wieder verschwunden....

Dein Blick schweift weiter über den Himmel... Da überrascht dich eine Sternschnuppe, die plötzlich aufleuchtend über den Himmel zieht... Bevor du sie genau betrachten kannst, verschwindet sie schon und löst sich auf in eine Erinnerung... eine Erinnerung, die plötzlich da ist... eine Erinnerung, die du nie vergessen hast... (15 Sekunden)

Dann konzentrierst du deinen Blick wieder auf die Sterne... auf Sterne, deren Licht pulsiert... auf Sterne, die ganz gleichmäßiges Licht geben... die in deinem Blick auftauchen und wieder verschwinden.

Allmählich wird dein Blick ruhig, und deine Augen haben kein Ziel mehr, aber du nimmst den ganzen weiten Nachthimmel in dich auf, und du spürst, wie du dich selbst ausdehnst, wie die Unendlichkeit und Grenzenlosigkeit des Himmels in dich selbst hineinwirkt. Mit jedem Atemzug kannst du diese Ruhe und Weite in dich aufnehmen... Du spürst, wie deine eigenen Grenzen sich für eine kurze Weile auflösen, während du die Weite des Himmels in dich einsinken lässt. In diesem Augenblick spürst du, dass du ein Teil dieser Unendlichkeit bist, weit wie der Himmel und pulsierend wie das Licht der Sterne... (15 Sekunden)

Du kannst dieses gute Gefühl sorgsam aufbewahren, wenn du gleich bereit bist, mit deiner Aufmerksamkeit hierher zurückzukehren. Bring dieses Empfinden hierher in diesen Raum: Offenheit... Weite... Entspannung... und die Möglichkeit, den Himmel auf Erden zu erleben.

Reck und streck dich ein wenig; öffne dann die Augen in deinem eigenen Rhythmus und sei wieder hier, angenehm erfrischt und wach. ▲

Kapitel 2: Unsere Verbindung mit der Natur

12. Der blaue Planet

Ziele: Diese Phantasiereise verbindet die Teilnehmer mit der Lebenskraft des Universums und mit der Schönheit der Natur.

Anleitung: Leg dich auf den Boden und spüre all die Stellen, an denen dein Körper den Untergrund berührt. Stell dir vor, dass du draußen irgendwo auf der Erde liegst, auf einer schönen Wiese oder an einem warmen Strand... Such dir eine Stelle aus, wo du es besonders genießen kannst, dass du mit deinem Rücken die Erde berührst...

Wenn du willst, kannst du dir vorstellen, dass du auf einer leichten Wolldecke liegst. Stell dir vor, wie sie unter dir liegt und deinem Körper das Empfinden von Wärme und Geborgenheit gibt.

Spüre all die Stellen, mit denen du den Boden unter dir berührst, und lass sie ganz schwer werden... Gestatte jedem Teil deines Körpers, sich völlig zu lockern, weil dich die starken und zuverlässigen Arme der Erde halten...

Gönn dir einen tiefen Atemzug und atme alle Anspannung, alle Unruhe aus dir hinaus...

Spüre deine Füße und deine Fersen, wie sie schwer auf dem Boden liegen... Spüre, wie deine Waden und Knie von der Erde gehalten werden... Spüre, wie deine Schenkel, dein Gesäß und dein Rücken in den Boden einsinken, liebevoll aufgefangen von dem Grund unter dir... Bemerke jeden Wirbel deiner Wirbelsäule, wie sie schwer und locker die Erde unter dir berühren... Lass auch deine Arme locker werden... deine Ellbogen... Unterarme... Handgelenke... und Hände. Lass sie schwer werden und gut unterstützt von dem Boden unter dir.

Lass auch deinen Kopf auf der Erde ausruhen, angenehm gehalten von der Erde... Dein ganzer Körper, deine ganze Existenz wird liebevoll gehalten und unterstützt von der Erde...

Schenk dir wieder einen tiefen Atemzug und lass alle Anspannungen los, alle Sorgen. Lass alle Verpflichtungen in den Hintergrund treten und genieße es, dass du jetzt so einfach gehalten wirst...

Lass deinen Atem seinen eigenen Rhythmus finden... Spüre, wie dein Bauch sich hebt und senkt, ganz von selbst... Spüre deinen Herzschlag, den stetigen Rhythmus deines Herzens, der dein Blut kreisen lässt und dir frische Energie schenkt...

Nun lass dein Bewusstsein wieder zu der Erde unter dir gehen. Stell dir vor, dass auch die Energie der Erde fließt und pulsiert... wie ein Herzschlag pulsiert und fließt...

Wenn du willst, kannst du dir vorstellen, dass der Herzschlag der Erde sich mit deinem verbindet und dass sie beide den gleichen Rhythmus haben... erfrischend, stärkend und zuverlässig... Dies ist der Rhythmus des Lebens, deine Verbindung und Verwurzelung mit der Schöpfung. Und immer, wenn du deinen Herzschlag spürst, kannst du hierher zurückkommen und spüren, wie du mit der Erde und dem Leben verwurzelt bist, konzentriert und geborgen, verbunden mit der Kraft des Lebens selbst.

Nun stell dir vor, dass ein sanfter Wind dich berührt, vielleicht frisch, wie der Atem eines Sommermorgens. Atme diese Frische ein. Spüre diese beruhigende, klare Frische auf deinem Gesicht. Spüre, wie diese sanfte Brise alle Spannungen aus deinem Gesicht wegbläst... um die Augen herum... um den Mund herum... um deine Ohren herum...

Atme weiter diese frische, beruhigende Morgenluft ein und erinnere dich daran, dass du jederzeit dieses entspannte, gesammelte Gefühl haben kannst, wenn du an diesen Platz zurückkehrst und dir ein paar tiefe Atemzüge gönnst.

Stell dir nun vor, wie es wäre, wenn du mit dieser Morgenbrise mitgehen und leicht und sanft nach oben schweben könntest... langsam und frei über Gras, Blumen, Felder, über Bäume, immer höher und leichter in den Himmel.

Wenn du willst, kannst du jetzt dieser sanften Brise folgen und dich mit ihr verbinden, höher und höher aufsteigen, bis du unter dir die Erde siehst, unterstützt und gehalten von der frischen Brise des Morgens. Unter dir kannst du nun die Erde aus einer neuen Perspektive sehen, ein wunderschöner, blauer Planet...

Du kannst die Ozeane sehen und die großen Wälder... die Wüsten und Berge... und die Wolken darüber... Während du dir dies alles anschaust, lösen sich die Einzelheiten deines Bildes in leuchtende Farben auf... in tiefes, ruhiges Blau... in ein kräftiges Grün... in ein tiefes Braun... in glühendes Rot... und in reines Weiß... Diese Farben verändern sich und fließen ineinander, wenn die Sonne aus verschiedenen Winkeln scheint. Bemerke all die Lichter und Schatten und den Tanz des Lichtes mit den Farben... Wenn du das alles siehst, bemerke, was du dabei fühlst. Bemerke das Gefühl in deinem Herzen.

Stell dir vor, dass du einen feinen Lichtstrahl sehen kannst, der dein Herz mit der Erde verbindet. Er verbindet dich mit dem Planeten... mit all den anderen Lebewesen auf der Erde... Auf diesem Lichtstrahl fließen all die Farben und das Licht in dich hinein und füllen dich mit Helligkeit, und du fühlst dich zugehörig und verbunden...

Deine ganze Existenz antwortet diesem warmen Licht. Bemerke, während das Licht in dir immer heller wird, wie dieses Licht auch die Erde wie eine Aura umgibt. Und das Licht dehnt sich aus, bis das Licht der Erde auch dich erreicht und ganz umgibt. Du kannst darin baden, in dieser Wolke aus Licht, und du spürst, dass das Licht in dir untrennbar ist von dem Licht der Erde. Das Licht deines Herzens ist auch das Licht des Planeten unter dir. Und allmählich dehnt sich all das Licht aus, bis an die entferntesten Stellen des Universums. Lass alles von diesem Licht umgeben sein und spüre, dass das Licht dich mit allem verbindet, mit der Erde, mit Sonne, Mond und Sternen...

Während du weiterschwebst, kannst du dieses Bewusstsein genießen, diese Einheit... Du kannst dich daran erinnern, dass es dir möglich ist, dich mit allem verbunden zu fühlen, wenn du dir diese liebevolle Aufmerksamkeit gestattest... Wenn du jetzt bereit bist, kehre langsam mit deiner Aufmerksamkeit zurück auf die Erde, bis du wieder spürst, wie dein Rücken den Boden berührt, bis du spürst, wie Beine, Arme und Kopf vom Boden gehalten werden. Du kannst anfangen, dich zu recken und zu strecken. Öffne in deinem eigenen Rhythmus die Augen und sei wieder hier, erfrischt und wach. Atme einmal tief aus, so dass du ganz wach werden kannst, und bring deine Erfahrung zurück in diesen Raum, zu diesem Platz auf der Erde. ▲

13. Eine kleine Welt

Ziele: Diese Phantasiereise führt die Teilnehmer in den Mikrokosmos eines Teiches. Sie können erleben, wie erholsam und heilsam es ist, wenn sie sich auf ein kleines Stück Natur einlassen. Sie können sich dem Geheimnis des Lebens noch weiter nähern, indem sie in der Phantasie einen Tag und eine Nacht lang das Leben irgendeines Tieres führen, dessen Heimat die kleine Welt des Teiches ist.

Anleitung: Ich möchte euch zu einem besonderen Erlebnis einladen. Ihr könnt euch entspannen und gleichzeitig erleben, welche Überraschungen die Natur für euch bereithält.

Mach es dir auf deinem Stuhl oder am Boden bequem… Schließ die Augen und spüre deinen Körper… Spüre deinen Körper von Kopf bis Fuß und betrachte mit deinem inneren Auge jeden Teil deines Körpers… Bemerke, wie sich alle Teile deines Körpers anfühlen, und bemerke die Teile, die dir irgendwelche Signale senden… Bemerke auch die Teile, die schweigen… Du musst überhaupt nichts tun… Gib dir einfach die Erlaubnis, deinen ganzen Körper freundlich zu beachten…

Achte auf deinen Atem, ohne etwas zu ändern. Folge einfach deinen Atemzügen durch die Nase bis hinab in deine Lungen und wieder hinaus in die Luft, die dich umgibt. Folge einfach der Leben schenkenden Luft der Welt, die uns alle existieren lässt…

Nun schenk dir einen tiefen Atemzug. Hol die Luft durch die Nase herein und fülle beide Seiten der Lunge langsam und vollständig… Halte deinen Atem einen Augenblick an… und atme nun gründlich aus… Kannst du dir vorstellen, dass Anspannung und Müdigkeit mit deinem Atem aus dir hinausfließen?… Folge der Bewegung deines Atmens. Lass ihn einen guten Rhythmus für dich finden, dem du gern folgen magst. Vielleicht möchtest du beim Atmen spüren, wie angenehm das ist, und leise zu dir sagen: „Ich atme gerne. Ich genieße es, dass ich frei atmen darf."

Lass deinen nächsten Atemzug ein wenig länger dauern und ein wenig tiefer sein. Lass dein Ausatmen etwas langsamer und etwas gründlicher werden. Mach das so weiter, bis du spürst, dass du vollständig und tief atmest…

Du kannst deinen Atem nun wieder sich selbst überlassen. Lass alle deine Gedanken an einen Platz in dir gehen, wo sie ebenfalls zur Ruhe kommen können. Lass langsam in dir das Bild eines ruhigen, stillen Teiches entstehen. Sieh, wie das Wasser den blauen Himmel darüber reflektiert… Bemerke, wie glatt und still die Oberfläche des Teiches ist… Um den Teich herum kannst du einen kleinen Wald sehen, und am Ufer siehst du grünes Gras und niedrige Büsche. Auf dem Wasser schwimmen die großen Blätter von Seerosen, und hier und da ragen Rohrkolben und Schilf aus dem Wasser. Gestatte dir, mit jedem Atemzug näher an diesen ruhigen Platz zu schweben. Schwebe ganz still in diese kleine Welt, so wie die weißen Wolken still über den blauen Himmel schweben…

Betrachte diesen Platz von ganz verschiedenen Seiten. Vielleicht möchtest du ihn vom Wasser aus betrachten, so wie ihn ein Frosch sehen würde, der auf einem Seerosenblatt sitzt… Vielleicht möchtest du ihn aus der Perspektive der Bäume sehen, so wie ihn ein Eichhörnchen sehen würde… Vielleicht ist es auch interessant für dich, hoch oben zu schweben und den Teich mit den Augen eines Habichts zu sehen…

Bemerke immer mehr, dass der Teich und seine Umgebung voller Leben sind. Höre das Summen der Insekten und die Stimmen der Vögel… Höre das Rascheln des Windes in Blättern und Zweigen… Bemerke den Duft von Blumen und Gräsern, die am Ufer wachsen… Überall kannst du kleine und größere Tiere entdecken. Bist du neugierig auf diese Lebewesen, die von manchen Naturvölkern unsere Verwandten genannt werden? Vielleicht siehst du einen Biber, der durch das Wasser schwimmt. Vielleicht siehst du einen Fisch, der aus dem Wasser springt, um ein Insekt zu fangen. Vielleicht entdeckst du im Schilf das Nest eines Vogels. Lass dir Zeit, den Teich besser kennen zu lernen und all die Lebewesen, die hier zu Hause sind. Folge deiner Neugier und lass dich von einem dieser Tiere besonders fesseln. Beobachte dieses Tier und stell dich darauf ein, dich nachher in dieses Tier zu verwandeln… (30 Sekunden)

Wenn du ein Tier gefunden hast, dem du dich nahe fühlst, dann fang an, die Welt durch seine Augen zu sehen. Fang an, dich so zu bewegen wie dieses Tier. Spüre, dass Flügel, Flossen oder Beine dieses Tieres deine eigenen werden.

Wenn du jetzt ein Insekt bist, dann kannst du nach allen Seiten sehen, nicht nur nach vorn. Wenn du dich in ein Säugetier verwandelt hast, dann kannst du viel genauer und intensiver riechen, und fast immer wirst du viel besser hören als vorher.

Lass dir Zeit. Dein Zeitgefühl ist jetzt ganz anders. Gestatte dir, einen Tag im Körper dieses Tieres zu erleben.

Und wenn du ein Nachttier gewählt hast, dann sieh, wie du als dieses Tier nachts aktiv bist und auf Nahrungssuche gehst. Sieh, wie du durch die Dunkelheit kriechst, schwimmst, krabbelst oder hüpfst. Erforsche dein Territorium… Such dir Nahrung und spiele… (1 Minute)

Nun kannst du den Teil im Leben des Tieres kennen lernen, wenn das Tier nicht aktiv ist. Sieh, wie du ausruhst oder schläfst… Was gefällt dir besonders am Leben dieses Tieres?… (30 Sekunden)

Langsam kannst du jetzt wieder du selbst sein und in deiner menschlichen Gestalt am Ufer stehen. Benutze alle deine Sinne und nimm deine Umgebung möglichst umfassend wahr. Was möchtest du tun? Herumgehen? Ins Wasser steigen und schwimmen? Dich ausruhen und entspannen? Tu einfach etwas, wozu du Lust hast, und genieße dein Leben hier… (30 Sekunden)

Allmählich musst du deinen Besuch des Teiches beenden. Schau dich noch einmal um. Schau noch einmal nach dem Tier, in das du dich verwandelt hast… Sag ihm auf Wiedersehen und verabschiede dich von diesem Platz.

Spüre wieder, wie der Boden sich unter deinem Rücken anfühlt oder der Stuhl unter dir. Sei dir bewusst, wie vielfältig du immer mit der Erde verbunden bist, ohne die dein Leben nicht möglich wäre. Bleib verbunden mit der Energie der Erde, belebt durch die Luft, die wir alle atmen, und gewärmt durch die Sonne, die über uns allen scheint.

Achte wieder auf deinen Atem und atme ein paarmal tief aus. Spüre, wie du Energie aufnimmst, wenn du einatmest. Vielleicht hast du das Bedürfnis, dich beim Ausatmen ein wenig zu recken und zu strecken. Langsam kommt dein Bewusstsein wieder hierher zurück in diesen Raum, und dann öffne still und sanft deine Augen und sei wieder hier, erfrischt und wach. ▲

Kapitel 3
Genuss durch
die Sinne

14. Arabischer Garten

Ziele: Diese Phantasiereise hilft den Teilnehmern, intensiver zu schmecken, zu riechen und zu berühren. Die verwendeten Bilder sind zunächst einmal eine angenehme Möglichkeit der Entspannung, gleichzeitig versorgen sie uns mit frischer Energie. Wir werden neugierig auf die Welt um uns herum und offener für die Anziehungskraft anderer Menschen.

Anleitung: Mach es dir zu Beginn so richtig bequem, im Liegen oder Sitzen. Dies ist deine stille Zeit, eine friedliche, eine besondere Zeit, nur für dich allein. Rück vielleicht etwas hin und her, um deine Lage noch angenehmer zu machen.

Wenn du nun auf deinen Atem achtest, auf jedes Einatmen und Ausatmen, wirst du dich von Mal zu Mal entspannter fühlen. Dein Atem geht langsam und leicht, ruhig und in sanftem, natürlichem Rhythmus. Kühle Luft strömt in dich hinein, wärmere, feuchtere Luft strömt hinaus...

Für die Reise, zu der ich dich jetzt einlade, brauchst du kein Auto, keinen Zug und kein Flugzeug. Du brauchst weder Fahrkarte, noch Geld, noch Gepäck. Alles was du brauchst, ist deine Phantasie... Wenn du magst, schließe jetzt oder etwas später die Augen...

Stell dir vor, dass du oben auf einer breiten Treppe stehst, die hinabführt zu einem wunderschönen Platz, den du schon kennst oder den du gern besuchen würdest. Vielleicht möchtest du dir diesen Platz auch erträumen.

Und während du einmal tief einatmest, beginnst du, die Treppe hinabzugehen. Aus dem Nebel und den Wolken eines geschäftigen Tages gehst du langsam an einen ruhigen, angenehmen Platz. Stufe für Stufe hinab zu einem neuen Ort, zu einer neuen Erfahrung. Vielleicht bist du neugierig, wie du dich fühlst, wenn du am Ende der Treppe angekommen sein wirst.

Du gehst weiter und weiter hinab zu deinem neuen und doch wohlbekannten Gefühl tiefer Entspannung.

Und während du Stufe um Stufe hinabsteigst, denke daran, dass du in der Phantasie alle fünf Sinne gebrauchen kannst. Wenn du dir vorstellst, dass du etwas Salziges oder Süßes isst, dann läuft dir das Wasser im Mund zusammen. Du hörst im Geist die Stimme eines geliebten Menschen, und dein Herz klopft. Wenn du dir vorstellst, etwas Raues oder etwas Weiches zu berühren, dann spürst du das in deinen Fingern. Auch deine Finger haben Phantasie. Und wie steht es mit deinem Geruchssinn? Stell dir vor, du betrittst eine Bäckerei, dann weiß deine Nase sofort, was dich erwartet.

Deine Phantasie ist der Schlüssel zu allem und jedem. Gleich wird sie dir das Vergnügen schenken, einen arabischen Garten zu besuchen.

Du stehst mitten in diesem Garten. Eine leuchtendrote Sonne versinkt gerade hinter dem Horizont. Jetzt ist eine gute Zeit, um durch den Garten zu gehen. Die Blätter der Bäume schimmern im Mondlicht. Der Garten ist riesengroß. Viele Stunden könntest du in jede Richtung gehen, ohne an sein Ende zu gelangen. Bald ist es Mitternacht, eine warme Nacht, mitten im Sommer. Du siehst einen vollen Silbermond über dir, der Himmel ist wolkenlos und hier und da siehst du Sterne glänzen. Die Luft ist warm und voller Düfte. In den Blättern hörst du das sanfte Rascheln des Nachtwindes.

Du gehst einen schmalen Weg entlang, der von Orangenbäumen gesäumt ist. Die Früchte sind reif und glänzen im Licht des Mondes. Schwer hängen die Früchte an den Zweigen. Einige Früchte liegen am Boden, und ihr süßer Duft liegt überall in der Luft. Du hast Lust, dir eine Frucht zu pflücken. Spüre die narbige Oberfläche der Schale, wenn du die Frucht schälst. Spüre das weiche, feuchte Fruchtfleisch. Dann probiere ein Stück davon, spüre, wie der süße Saft in deinen Mund fließt...

Du gehst weiter, bis du an eine Kreuzung kommst. Du nimmst den Weg, der rechts abzweigt. Er führt durch einen Zitronengarten. Du pflückst dir eine Zitrone, und während du sie schälst, steigt dir das starke Aroma der Frucht in die Nase. Probiere ein Stück davon. Lass den Saft über deine Zunge laufen. Du spüst, wie dein Speichel fließt...

Dann gehst du weiter und kommst zu einer breiten Treppe aus weißem Marmor, die im Mondlicht schimmert. Du fängst an die Stufen hinabzusteigen, und auf jeder Stufe entspannst du dich tiefer und tiefer...

Jetzt stehst du am Fuß der Treppe. Vor dir ein marmornes Wasserbecken. Um das Becken herum blühen weiße und rote Rosen, die wie Samt im Mondlicht schimmern. Blätter und Blüten sind mit blitzenden Tautropfen übersät. Der schwere, betäubende Duft der Rosen macht dich träge...

Du ziehst dich aus und lässt dich nackt in das kühle Wasser des Beckens gleiten... Auf dem Wasser treiben zahllose Rosenblätter. Du lässt dich, auf dem Rücken liegend, auf dem Rosenwasser treiben, über dir der Sternenhimmel...

Nun steigst du aus dem Becken. Du fröstelst, bekommst eine Gänsehaut... Stück für Stück legst du deine Kleidung wieder an...

Rauch liegt in der Luft. Du gehst in die Richtung, aus der der Rauch kommt und gelangst zu einem Wäldchen. Auf einer Lichtung brennt ein helles Lagerfeuer. Die Luft schmeckt schon ein wenig nach Herbst. Du legst dich neben das Feuer auf ein Bett von weichem Moos... Der herbe Duft der Erde steigt in deine Nase. Aus der Ferne hörst du Musik... Du schließt die Augen und lässt dich treiben in einen schönen Traum... Vielleicht hast du das Gefühl zu fliegen... frei und schwerelos... vielleicht spürst du Sehnsucht und Liebe... vielleicht Mut und Abenteuerlust... Vielleicht sagt dir die Musik etwas Wichtiges, was du wissen musst... (1 Minute)

Am Morgen wecken dich die warmen Strahlen der Sonne. In der Ferne hörst du die Stimmen von Hirten, die ihre Tiere zur Weide treiben. Du streckst dich und spürst frische Kraft in dir und Lust auf diesen Tag. Und nun bring dieses gute Gefühl in deinen Alltag zurück und auch das tiefe Vergnügen, das deine Phantasie und deine Sinne dir schenken können...

Reck und streck dich ein wenig, atme einmal tief aus. Öffne dann deine Augen und sei wieder hier, erfrischt und wach. ▲

15. Am Mittelmeer

Ziele: Auch hier haben die Teilnehmer Gelegenheit, ihre sinnliche Wahrnehmung zu intensivieren. Wir verwenden Bilder, die Ferienassoziationen wecken.

Anleitung: Setz oder leg dich bequem hin. Versuche es dir so bequem wie möglich zu machen, indem du ein wenig hin- und herrückst, damit dein Körper vollständig vom Stuhl oder vom Boden unterstützt wird. Versuche eine Position zu finden, bei der Kopf, Nacken und Wirbelsäule eine gerade Linie bilden.

Atme einmal ganz tief und vollständig ein... so tief du kannst... ganz tief in deinen Bauch... und dann atme ganz gründlich aus... Und noch einmal einatmen... Versuche diesmal dabei, die warme Energie deines Atems an alle Stellen deines Körpers zu schicken, die vielleicht angespannt sind oder müde oder die etwas wehtun... Beim Ausatmen kannst du alle Anspannung des Körpers aus dir hinausfließen lassen...

Dabei kannst du spüren, wie dein Atem an alle angespannten oder harten Stellen deines Körpers geht... sie wärmt, locker macht und weich... und dabei alle Spannung mitnimmt, wenn du ausatmest... so dass du dich immer sicherer und behaglicher fühlen und die wohltuende Wirkung deines Atems beobachten kannst, locker und leicht... mit einem freundlichen, distanzierten Bewusstsein.

Wenn dir störende Gedanken in den Sinn kommen, dann kannst du sie auch mit dem Atem nach draußen schicken... beim Ausatmen loslassen, so dass dein Geist eine kurze Weile ganz leer ist... vielleicht nur für den Bruchteil einer Sekunde, ein freier und klarer Platz, so dass du die Stille genießen kannst...

Alle Gefühle, die dein Herz vielleicht noch bewegen... auch sie können bemerkt und erkannt werden... und dann freundlich mit dem Atem hinausgeschickt werden, so dass auch dein Herz still und ruhig werden kann wie ein See, der glatt ist wie ein Spiegel...

Ich möchte dich jetzt zu einer Reise einladen, die dich in der Phantasie irgendwo an eine Küste des Mittelmeeres führt...

Stell dir vor, dass du durch einen Wald mit großen Pinien gehst... Es ist ein wunderschöner Sommertag... Bemerke, dass der Himmel über dir strahlend blau ist... Spüre die Wärme der Sonne auf deinem Gesicht... Höre das sanfte, leise Rauschen des Windes, wenn er durch die langen

Nadeln der Pinien streicht... Eichelhäher fliegen von Ast zu Ast und stoßen ihre lauten, hohen Schreie aus...

Streck deine Hand aus und nimm dir von einem der Äste eine Nadel... Brich sie auseinander... Bemerke, wie ein kleiner Tropfen Saft von der Nadel auf deine Hand fällt. Rieche an diesem Tropfen, er riecht würzig und harzig... Nun berühre den Tropfen mit deiner Zunge und schmecke das bittere Aroma der Pinie...

Du kommst an den Rand des Wäldchens und gehst in einen Obstgarten mit Apfelbäumen. Sieh die leuchtend roten Äpfel im Sonnenlicht vor dem dunkelgrünen Blätterwerk... Pflück dir einen Apfel... Nimm ein Taschenmesser heraus und schneide den Apfel in zwei Teile. Feine Streifen von Saft glitzern auf dem Metall der Messerklinge... Schnuppere den süßen Duft des Apfels ein... Jetzt prüfe mit deiner Zunge den Saft an einem der Apfelstücke... süßer, fruchtiger Saft...

Du gelangst an eine Stelle, wo Zitronenbäume wachsen... überall glänzen die gelben Früchte vor smaragdgrünem Laub... Pflück dir eine Zitrone und schäle sie... Rieche das herbe, frische Aroma der Schale... Dann beiß in die geschälte Zitrone... Spüre, wie der kühle Saft in deinen Mund spritzt... wie sich dein Mund zusammenzieht... wie dein Speichel anfängt zu fließen, wenn du den sauren Zitronensaft hinunterschluckst... Dann gehst du weiter...

Du kommst aus dem Obstgarten heraus und kommst an einen schönen breiten Sandstrand. So weit das Auge reicht, siehst du glitzerndes, türkisfarbenes Wasser. Du riechst das Salz in der Luft... und wenn du über deine Lippen leckst, kannst du das Salz schmecken, das der Wind vom Meer herüberträgt...

Jetzt gehst du über den heißen, trockenen Sand. Geh weiter auf die Wasserlinie zu und stell dich barfuß auf den kühlen, feuchten Sand... Spüre, wie manchmal der Sand unter dir nachgibt, wenn eine Welle deine Füße umspült...

Geh nun wieder zurück auf den höher gelegenen Teil des Strandes. Zieh dich aus und lege dich auf den warmen Sand... Ein sanfter Wind bläst Millionen von Sandkörnchen auf dich, die dich bald bedecken... Spüre diese trockene, leichte Hülle um deinen Körper... Spüre den zunehmenden Druck des Sandes, der sich über dir auftürmt, trocken und schwer... Ganz sicher liegst du da in deinem Sandbett, geschützt von einer Hülle aus Sand, der gerade die richtige Temperatur hat, bei der du dich wohl fühlst...

Jetzt kannst du sehen, wie die Sonne über dem Meer untergeht. Zuerst färbt sich der Himmel in einem kräftigen Orange, das dann am Horizont in ein feuriges Rot übergeht. Die Sonne versinkt im Wasser, und dann bist du eingehüllt in dunkelviolette Dämmerung... Du blickst nach oben in den Nachthimmel... auf unendlich viele glitzernde Sterne... Und immer noch riechst du den salzigen Duft der See... Du hörst den beruhigenden Schlag der Wellen und fühlst dich angezogen von dem Gefunkel der Sterne über dir... Du hast das Empfinden, dass du ganz sanft nach oben schwebst, weiter und weiter von der Erde weg, um dich mit dem Universum zu verbinden... (15 Sekunden)

Du weißt nicht, wie lange du am Strand gelegen hast, als du bemerkst, dass der Sand und die Luft kühler werden. Du reckst und streckst dich, schüttelst den Sand von dir ab und ziehst dich wieder an. Erfrischt gehst du zurück in die kleine Pension, wo du dich eingemietet hast. Aus dem Schornstein des Hauses steigt feiner blauer Rauch hoch. Du weißt, dass du jetzt zum Nachtessen erwartet wirst...

Bring nun alle guten Gefühle von diesem Tag am Meer hierher zurück. Reck und streck dich ein wenig. Atme einmal tief aus und öffne die Augen. Sei wieder hier in diesem Raum, erfrischt und wach. ▲

16. Verzauberte Insel

Ziele: In dieser schönen Phantasie verändern wir ein wichtiges Element der Realität. Wir fordern die Teilnehmer auf, in ihrer Vorstellung die Schwerkraft des Wassers zu eliminieren. Das führt zu einer Intensivierung des Erlebens, weil die Teilnehmer die Leichtigkeit des Wassers auf ihren eigenen Körper übertragen. Anschließend fühlen sie sich leichtfüßiger, kreativer und sinnlicher.

Benutzen Sie bitte zur Vorbereitung der Teilnehmer die einleitende Entspannung aus der vorangehenden Übung „Am Mittelmeer" (Nr. 15).

Anleitung: Stell dir vor, dass du auf einer verzauberten Insel bist... Du bist schon immer dort gewesen, und du wirst auch immer dort bleiben. Die Insel ist schon immer da gewesen und sie wird auch immer da sein... Ihr beide gehört zusammen...

Auf dieser Insel gibt es kilometerlange weiße Strände und aquamarinfarbenes Wasser... Die Sonne hat die Farbe einer reifen Orange, und der Himmel ist azurblau...

Du bist jung und wirst ewig jung sein...

Laufe durch das flache Wasser am Ufer, das unter deinen Füßen hoch aufspritzt... Auf dieser Zauberinsel ist einzig und allein das Wasser nicht den Gesetzen der Schwerkraft unterworfen... Darum kannst du sehen, wie das aufspritzende Wasser in den Himmel fliegt, auf die orangefarbene Sonne zu, und es wird ewig aufsteigen und nie wieder herabkommen... Geh tiefer in das warme Wasser, bis es dir bis zu den Hüften reicht... Schlage mit beiden Händen auf das Wasser und lass es hochspritzen. Sieh, wie das Wasser davonfliegt, weiter und weiter weg von dir... Auf dieser Insel kommt das Wasser niemals herunter...

Geh jetzt vom Meer weg. Wende deine Schritte in das Innere der Insel und folge einem kleinen Kanal, der eingesäumt ist von Palmen, Farnen und Weinstöcken... Komm an eine große Quelle, aus der klares Süßwasser in einer riesigen Fontäne in den Himmel schießt und niemals herabfällt... Überall auf der Insel siehst du solche Quellen, die ihr Wasser in den Himmel schießen... Zahllose Regenbögen reflektieren sich in dem aufsteigenden Wasser... Sie überschneiden sich in einem Dschungel aus buntem Licht...

Geh weiter, bis du an ein kleines Becken kommst. Es ist mit dunkelgrünem Wasser gefüllt, das nach Limonen schmeckt. Gurgele mit dem

Kapitel 3: Genuss durch die Sinne

Limonenwasser... Schmecke es... Dann spuck das Wasser aus... Sieh, wie das Wasser ganz gerade von dir wegfliegt und weder runterfällt noch irgendwo anhält... Große Avocadobüsche und hohe Limonenbäume umgeben das Becken. Du legst dich in ihren Schatten und fängst an zu träumen... angeregt durch den Duft der Limonen... Gönn dir ein paar Minuten Traumzeit, die dir sehr viel länger vorkommen werden... Lass dich überraschen, was du auf dieser verzauberten Insel träumen wirst... (1 Minute)

Nun ist es Zeit, dass du aus deinem Traum zurückkommst. Bring das Gefühl der Erfrischung und der Leichtigkeit von deiner Zauberinsel in diesen Raum zurück... Reck und streck dich ein wenig und dann öffne in deinem persönlichen Rhythmus die Augen... Sei wieder hier, erfrischt und wach. ▲

17. Am Zuckerhut

Ziele: Diese Phantasie verstärkt ebenfalls die sinnlichen Erlebnismöglichkeiten der Teilnehmer. Der Aufbau der Szene schenkt vielen Teilnehmern ein Gefühl von Frieden und Heiterkeit und die Möglichkeit, stärker im Hier und Jetzt zu empfinden. Die Bildinhalte werden plastischer, weil wir auch hier die Alltagsrealität verändern. Die Teilnehmer können üben sich vorzustellen, dass Wasser in dieser Phantasie keinen Geschmack und keine Dichte hat. Diese „negative" Halluzination vertieft das Erleben der anderen Sinne.

Leiten Sie diese Phantasie mit den Entspannungsvorschlägen aus „Am Mittelmeer" (Nr. 15) ein.

Anleitung: Stell dir vor, dass du allein einen weißen Sandstrand in der Bucht von Rio de Janeiro entlanggehst. Du trägst schwarzes, glänzendes Badezeug... Hinter dir erhebt sich der Zuckerhut, und über dir steht eine silbern glänzende Sonne am Himmel. Das Wasser der Bucht schimmert türkisblau, und die Wipfel der Palmen am Ufer zeigen ein dunkles Smaragdgrün...

Du riechst das Salz in der Luft. Es ist sehr heiß. Über dem Sand flimmert die Hitze... Der Sand ist an dieser Stelle ganz besonders fein. Laufe durch den heißen, tiefen Sand bis ans Wasser... schneller und schneller... Spring in das Wasser und bemerke, dass das Wasser deinen Füßen keinen Widerstand bietet. Es hat keine Dichte... Es fühlt sich an wie kühle, feuchte, türkisfarbene Luft... Lauf weiter in das Wasser hinein, bis auch dein Kopf davon bedeckt ist... Halte die Luft einen Augenblick an... Dann geh etwas zurück, bis das Wasser dir bis zur Brust reicht... Du bist ganz umgeben von leuchtendem, glitzerndem Türkis... Spüre Feuchtigkeit und Kühle... Trink etwas von dem Wasser... Du hast das Gefühl, dass in deinem Mund kühle, feuchte Luft ist. Du kannst nichts schmecken, aber du riechst das Salz...

Geh langsam zurück zum Strand. Setz dich in den Sand und fang an, eine Sandburg zu bauen, eine große Burg mit Zinnen, Türmen und mit einem Burggraben. Lass das Wasser gegen die Sandburg fließen und bemerke, dass das Wasser deinem Bau nichts anhaben kann, weil es keine Kraft hat. Darum kannst du deine Sandburg ruhig in das Wasser hineinbauen... Lass die Sonne immer wärmer werden und spüre, wie deine Haut immer heißer wird...

Jetzt bemerkst du etwas Merkwürdiges... Die Sandburg scheint zu wachsen und immer größer zu werden, während du selbst schrumpfst und kleiner und immer kleiner wirst. Es scheint dir, als rage die Sandburg kilometerweit in den Himmel... An irgendeiner Stelle sickert ein kleiner Strom Meerwasser durch deinen Sandwall und füllt deinen Burggraben mit einem schönen Ring von türkisfarbenem Wasser. Geh durch deinen Burggraben und bemerke, dass sich das Wasser wie feuchte, blaugrüne Luft anfühlt. Dann kannst du anfangen, die Sandstufen in deinem Burgturm hinaufzusteigen... Alles ist unverändert... Das Meer sieht aus wie vorher... Du siehst keine Wellen... Das Wasser ist ruhig... Du hörst dieselben Geräusche... Du riechst dieselbe salzige Luft... Nur die Sandburg ist riesengroß, weil du selbst so klein geworden bist. Leg dich oben auf deinen Turm aus Sand, der sich über dem türkisfarbenen Burggraben erhebt. Schließe die Augen und schlafe ein. Wenn du willst, kannst du einen schönen Traum haben, und ich werde dich wecken, indem ich bis drei zähle... (1-2 Minuten)

Du hast noch die Zeit, deinem Traum ein schönes Ende zu geben. Bring all die Anregungen, deine Erholung aus der Phantasie hierher in diesen Raum, wenn du gleich wach wirst. Eins... zwei... drei... Und nun reck und streck dich, öffne die Augen und sei wieder bei uns, erfrischt und wach. ▲

18. Reise nach Ägypten

Ziele: Wie in den vorangehenden Phantasiereisen dieses Kapitels werden die Teilnehmer auch hier in einen Zustand tiefer Entspannung und verfeinerter sinnlicher Wahrnehmung gelangen. Sie können ihre Wahrnehmung ausdehnen auf eine andere Person, der sie in dieser Phantasie begegnen. Das kann dazu beitragen, besseren, inneren Kontakt zu anderen zu entwickeln. Bitte benutzen Sie als Einleitung wiederum den Entspannungsvorspann aus „Am Mittelmeer" (Nr. 15).

Anleitung: Ich möchte dich zu einer Zeitreise einladen. Gehe in deiner Phantasie zurück in die Vergangenheit, zuerst nur eine Sekunde... dann eine Minute... dann eine Stunde... dann einen Tag... dann eine Woche... dann einen Monat... ein Jahr... zehn Jahre... ein Jahrhundert... 1000 Jahre... bis zurück in das Jahr 1400 vor Christi Geburt.

Stell dir vor, dass du in Ägypten bist. Du gehst an einem Fluss entlang, der an beiden Ufern von Dattelpalmen gesäumt wird. Lange, schlanke Barken, angetrieben von Ruderern, gleiten über den Fluss. Die Luft ist trocken und warm, das Wasser des Flusses ist dunkelblau, und der wolkenlose Himmel zeigt ein helles Azurblau...

Verlass jetzt den Fluss und geh in die Wüste hinein. Vor dir siehst du eine Unendlichkeit aus weißem Sand, der in der Sonne glitzert... Sekunden vergehen... Minuten... Stunden... Dann erscheint am Horizont die Silhouette einer Pyramide. Du gehst auf diese Pyramide zu, und es dauert lange, bis du ihren Fuß erreicht hast... (15 Sekunden)

Du steigst langsam die Stufen der Pyramide nach oben, höher und immer höher in den Wüstenhimmel... Minuten vergehen... Dann bist du oben auf der Pyramide angekommen. Du stehst auf einer Plattform aus großen Quadern. In der Mitte liegt ein riesiger, monolithischer, steinerner Block. Du möchtest ausruhen und legst dich oben auf den Block... Du schaust in das intensive und unendliche Blau des Himmels über dir... Dann hörst du Schritte, die näher kommen. Du kannst dir wünschen, ob dein Besucher ein junger Mann oder eine junge Frau sein soll. Jetzt kannst du erkennen, wer zu dir gekommen ist. Ohne Worte legt sich der Ankömmling neben dich auf den Stein. Du spürst die Wärme des anderen Körpers und du bemerkst seinen angenehmen Duft. Langsam richtest du dich auf und beugst dich über deinen Gefährten. Nun kannst du sein – oder ihr – Gesicht sehen, und du siehst aufmerksam in die großen, klaren

Augen deines neuen Begleiters. Es kommt dir so vor, als ob du diesen Menschen schon ein Leben lang kennst. Mit dem rechten Zeigefinger malst du ihm oder ihr ganz zart einen Kreis auf jede Schläfe; nimm deinen rechten Zeigefinger und berühre ganz vorsichtig deinen eigenen Körper, während du dir vorstellst, dass du dies mit der Person in deiner Vorstellung tust... Nun bewege deinen Finger von der einen Schläfe über die Stirn zur anderen Schläfe... Male auf jede Wange ganz zart einen Kreis... Dann lass deinen Finger einmal über die Arme deines Besuchers gleiten, von den Fingerspitzen bis zu den Schultern... Und zum Schluss male das Symbol der Unendlichkeit auf jeden Handrücken, eine liegende Acht...

Dann leg dich wieder neben den jungen Mann oder die junge Frau, die zu dir gekommen ist... Fang an, im selben Rhythmus zu atmen und lass dein Herz im gleichen Takt schlagen. Ihr umarmt euch, und du hast das Empfinden, dass eure Körper verschmelzen, während ihr die Augen schließt und sanft in das weiche Blau des Himmels schwebt. Du hättest nie geglaubt, dass es dir so leicht möglich ist, deine eigenen Grenzen so weit zu öffnen und jemanden so dicht an dich heranzulassen. Du kannst dieses Empfinden eine Weile genießen... (30 Sekunden)

Nun ist es an der Zeit, dass du dich von deinem Besuch verabschiedest. Liege wieder allein auf dem großen Block und höre, wie die Schritte sich entfernen. Steig die Stufen der Pyramide langsam herab. Auf jeder Stufe gehst du wieder durch die Zeit nach vorn, Jahr um Jahr... bis du unten angekommen und wieder in der Gegenwart bist. Bring alles hierher, was du dort an Gutem gefunden hast: Entspannung, Ruhe, Mitgefühl und Liebe. Reck und streck dich ein wenig und öffne dann in deinem persönlichen Rhythmus die Augen. Sei wieder hier, erfrischt und wach. ▲

19. Aufmerksam essen

Ziele: Aufmerksam zu essen ist so wichtig wie aufmerksam zu atmen. Wenn wir aufmerksam essen, dann kann uns auch eine bescheidene Mahlzeit Gelegenheit zu heilender Einsicht geben. Wenn wir aufmerksam essen, dann beachten wir jeden Bissen, den wir zu uns nehmen. Wir verlassen die Dunkelheit der Routine und empfinden dankbar, dass wir lebendig sind, und vor allem geben wir uns dabei Zeit; Zeit, um das Aroma, den Duft und die Struktur unserer Speisen zu bemerken; Zeit, um den Prozess des Essens dankbar zu genießen. Wenn wir uns mehr Zeit beim Essen geben, können wir auch leichter bemerken, was uns schmeckt und was uns nicht schmeckt und welche Dinge unserem Körper am besten dienen. Wenn wir bewusst essen, dann drücken wir damit auch Fürsorge für unseren Körper aus. Wir erkennen sein Recht an, von uns gut behandelt zu werden. Aber vor allem fühlen wir uns mit dem Leben selbst verbunden. Wir können darüber staunen, wie der Körper unsere Nahrung in Energie und Lebenskraft verwandelt, die uns in die Lage versetzt, all die Dinge zu tun, die wir tun müssen oder die uns das Leben genießen lassen. Aufmerksam zu essen ist ein wichtiger Aspekt unserer Selbstachtung.

Diese kulinarische Phantasie wirkt noch nachhaltiger, wenn Sie mit der Gruppe anschließend gemeinsam eine Mahlzeit genießen, bei der der Rahmen und die Speisen selbst eine direkte Einladung zum aufmerksamen Essen sind.

Anleitung: Setz dich bequem hin und schließ die Augen… Atme dreimal tief aus… und wenn du das tust, kannst du versuchen, dich noch etwas bequemer hinzusetzen… Mit jedem Atemzug kannst du etwas Anspannung aus dir hinausfließen lassen… indem du alle Sorgen und alle Gedanken, die dich vielleicht jetzt noch beschäftigen, loslässt und an einen sicheren Platz, tief in deinem Inneren, gehst, wo du Ruhe findest… und Frieden… Du weißt, dass es viele verschiedene Möglichkeiten gibt, dich zu entspannen, und du kannst irgendeine Möglichkeit finden, es dir jetzt noch ein wenig behaglicher zu machen. Es ist noch nicht einmal nötig, dass du bemerkst, wie du das schaffst… Finde deinen eigenen Weg, um die Entspannung noch etwas tiefer zu machen…

Stell dir nun vor, dass du von guten Freunden zum Essen eingeladen bist. Zu deinem Erstaunen bemerkst du, dass sie etwas Besonderes für dich überlegt haben. Während du das Speisezimmer betrittst, siehst du, dass der Tisch nur für dich gedeckt ist. Während du an den gedeckten Tisch herangehst, kannst du etwas über das Essen philosophieren. Jedes Mal, wenn du isst, gibst du deinem Tod eine Absage und erklärst deinen Willen zu leben... Nun setz dich an den Tisch und spüre den Stuhl unter dir. Spüre, wie die Lehne deinen Rücken unterstützt. Spüre, dass dein Körper am Tisch Platz genommen hat. Bemerke den Abstand deines Körpers zum Tisch, zu dem Geschirr auf dem Tisch und zu den Speisen. Sieh, dass schon etwas zu essen auf dem Teller liegt. Was siehst du dort? Betrachte aufmerksam, wie diese Speise aussieht, welche Farbe sie hat, welche Form. Bemerke z.B., wie die rote Rundung einer Tomate auf dem weißen Teller eine ganz andere Form ergibt als die grüne Rundung einer jungen Erbse. Benutze deine Augen, um dich mit der Schönheit der Speisen vertraut zu machen.

Du hast genug Zeit für diese Mahlzeit, darum kannst du deine Gedanken schweifen lassen, um dir den Ursprung all deiner Speisen vorzustellen. Hinter dem Brot kannst du die goldenen Weizenfelder sehen, die im Wind wogen... Du kannst braun gefleckte Eier in einem Nest aus Stroh sehen... Du kannst die schwarzweiß gefleckten Holsteiner sehen, die die Milch gespendet haben... Du siehst die purpurfarbenen Trauben, die an den Reben hängen und vom Wind sanft hin- und hergeschaukelt werden... Und dann sieh all das, was Wachstum und Leben möglich macht: die dunkle Erde... den Regen... und immer wieder die strahlende Sonne... Sieh Reisfelder, vom Wasser überflutet... Brombeerbüsche, übersät mit dunkelvioletten Früchten... und saharagelbe Kartoffeln, die von starken Händen aus der Erde gehoben werden...

Stell dir nun vor, wie du selbst Nahrung erntest... Du kannst sehen, wie du früh am Morgen Spargel stichst, die reifen Tomaten von der Pflanze pflückst, wie du Weizen oder Hafer mit der Sichel schneidest oder wie du Küchenkräuter sorgsam mit dem Messer abschneidest. Und vielleicht empfindest du Dankbarkeit für all die Dinge, die dir von der Erde angeboten werden. Bemerke, dass du all diese Speisen auch mit dem Auge deines Herzens betrachten kannst.

Konzentriere nun deine Aufmerksamkeit auf die Dinge, auf denen dir die Speisen dargeboten werden: auf den Tisch, auf die Tischdecke, auf das sorgsam ausgewählte Geschirr... Kannst du sehen, wie viel Salz in dem Salzstreuer ist oder wie hoch die Pfeffermühle gefüllt ist?... Wenn du ein Getränk in einem Glas vor dir siehst, dann achte auf die schöne

Kurve, mit der sich die Flüssigkeit der Form des Glases anpasst. Sei dankbar für die Speisen auf deinem Teller. Wenn du gleich anfängst zu essen, dann kannst du jeden Bissen genauso genießen wie einen tiefen, befreienden Atemzug, der dein Leben verlängert und weiterführt. Nimm beim Einatmen das Aroma deiner Speisen in dich auf. Bemerke, wie deine Nase dich beim Essen begleitet. Bemerke, wie unterschiedlich der Duft der Speisen ist. Bemerke die Art und Weise, wie sich der Duft des dampfenden Spargels von dem Aroma frischer Kartoffeln unterscheidet. Bemerke, wie der Geruch der Speisen deinen Appetit und deine Begeisterung anregt. Vielleicht hast du jetzt Erinnerungen an den Duft von Speisen, die dich in deiner Kindheit fasziniert haben... Kekse, die deine Großmutter gebacken hat, oder der einzigartige Duft von frischem Butterkuchen aus jenem Bäckerladen, der dich magisch anzog... Hol ganz aufmerksam Luft, atme aufmerksam aus und staune über die wunderbare Fähigkeit deiner Nase, auch feinste Unterschiede zu bemerken und dich zu all jenen Dingen zu leiten, die dir ein besonderes Vergnügen bereiten können... Greife nun aufmerksam nach einer Gabel oder einem Messer und bemerke, wie du die Muskeln deines Armes, alle Sehnen und Gelenke betätigst, um dein Besteck zu benutzen. Spüre das Gewicht der Gabel und des Messers in deiner Hand, die besondere Glätte des Metalls, seine Temperatur und die zunehmende Wärme, je länger du sie in der Hand hast. Bemerke, wie auch diese Empfindungen sich immer verändern. Vielleicht hast du auch Lust, irgendetwas von deinen Speisen mit den Fingern zu berühren. Wie fühlt es sich an, wenn du ein Radieschen zwischen den Fingern hältst und mit der anderen Hand das grüne Kraut ablöst? Wie fühlt es sich an, wenn du ein Stück Zitrone über einem Salatblatt ausdrückst?

Bemerke die Präsenz deines Körpers an dem Tisch, wo du isst...

Spüre, wie du mit der Spitze deiner Gabel etwas von deinen Speisen aufnimmst, spüre, wie deine Gabel jetzt ein klein wenig schwerer in der Hand liegt, und je näher du die Gabel zum Mund führst, desto mehr wandern deine Empfindungen vom Teller zum Mund. Spüre das kühle Metall der Gabel, wie sie deine Lippen berührt. Empfinde, wie du deinen Kiefer öffnest, um diesen Bissen hereinzulassen. Empfinde, wie du diesen Bissen mit deiner Zunge und deinen Zähnen berührst und zerkleinerst. Spüre, wie du deinen Mund schließt und anfängst zu kauen... Langsam wird dieser Bissen in deinem Mund zerlegt, und du kannst süß und sauer schmecken, Salz und Schärfe und das Aroma der Speise und der hinzugefügten Gewürze. Von Augenblick zu Augenblick verändert sich der Geschmack, wenn du aufmerksam bist...

Achte auch darauf, wie leicht es passiert, dass du ganz mechanisch isst und kaust; dann vermisst du die tiefe Befriedigung, die dir das Essen bereiten kann, wenn du wirklich riechst und schmeckst und deine Gefühle dabei bemerkst...

Wenn du gleich weiter isst und trinkst, beobachte den Rhythmus deines Verlangens, beobachte deinen Wunsch, mehr zu bekommen, beobachte dein Bedürfnis, eine Pause einzulegen und nachzudenken oder einfach zu spüren...

Denk darüber nach, dass du bei jedem Bissen das Wunder der Wahrnehmung erleben kannst... wenn du etwas aufmerksam berührst... wenn du aufmerksam hinhörst... wenn du aufmerksam riechst oder aufmerksam schmeckst... wenn du aufmerksam schaust... Bei jedem Bissen kannst du Dankbarkeit empfinden für diesen Augenblick in deinem Leben und für dieses Stück Nahrung...

Vielleicht hast du Lust, dir häufiger das Vergnügen zu bereiten, wirklich aufmerksam zu essen. Darum kannst du jetzt deinen Freunden danken, die dich zu dieser besonderen Mahlzeit eingeladen haben. Bring etwas von der Ruhe und von diesem Genuss hierher zurück in diesen Raum, wenn du dich gleich reckst und streckst und in deinem persönlichen Rhythmus die Augen wieder öffnest. ▲

*Kapitel 4
Unseren Körper
lieben*

20. Mein Körper – mein Haus

Ziele: Diese Phantasie hilft den Teilnehmern, eine „kindliche" Haltung dem eigenen Körper gegenüber einzunehmen. Sie können dabei lernen, wie ein Kind über die wunderbare Arbeit des Körpers zu staunen. Von da ist es nur ein kleiner Schritt, auch Dankbarkeit und Liebe für den eigenen Körper zu empfinden.

Anleitung: Schließ deine Augen und atme dreimal tief aus... Denke einen Augenblick darüber nach, welch kleines Wunder eben geschehen ist: Du musstest nur ein wenig nachdenken und einen winzigen Gedanken zu deinen Augenlidern schicken, und schon haben sie sich geschlossen... Könntest du dir vorstellen, dass du eine so intime Verbindung auch mit all den anderen Teilen deines Körpers haben könntest?... Könntest du dir vorstellen, dass du deinem Körper nicht nur deine Wünsche mitteilst, sondern dass du auch bereit bist, die Stimmen zu hören, mit denen all die verschiedenen Teile deines Körpers zu dir sprechen?... In diesem Augenblick könntest du z. B. deine Augenlider fragen, wie sie sich in dieser Position fühlen, um die du sie gebeten hast. Willst du eine kleine Pause machen, um die Antwort deiner Augenlider zu hören?

Achte nun auch auf deinen Atem und bemerke ein weiteres Wunder. Ohne dich besonders anstrengen zu müssen, atmest du ein. Und all die wichtigen und wunderschönen Teile deines Körpers beginnen sofort, sich aus deinem Atem all das herauszuholen, was dein Körper braucht. Du musst überhaupt nichts Besonderes tun, keine Wünsche, keine Warnungen äußern, keine Anweisungen geben. Du gestattest deinem Atem, einfach in dich hineinzuströmen, und lässt ihn seine Arbeit tun und freust dich, wenn er durch deinen ganzen Körper hindurchwandert. Ohne deine Hilfe und ohne deine Anleitung weiß dein Körper von ganz allein, welche Dinge er aus der Luft herausfiltert, die notwendig dafür sind, dass du lebst und wächst. Du musst nur die Erlaubnis geben, dass die Luft in dich einströmt.

In diesem Augenblick ist es vollständig ausreichend, wenn du auf deinen Atem achtest und spürst, dass du ihn freundlich in deinen Körper hereinströmen lässt. Und während du spürst, wie du langsam einatmest und ausatmest, kannst du dein Bewusstsein auch zu all den Stellen in deinem Körper wandern lassen, die jetzt vielleicht angespannt sind und deine freundliche Aufmerksamkeit wünschen. Wenn du irgendwelche müden oder angespannten Stellen findest, dann kannst du ihnen danken, weil sie dich wissen lassen, dass da irgendeine Enge oder Müdigkeit ist, so dass du diese Anspannung lösen und die Energie beim Ausatmen aus dir hinausfließen lassen kannst.

Wie ein guter Freund ist dein Körper jederzeit bereit, dir mitzuteilen, wie er sich fühlt und was er von dir möchte... Wie ein guter Freund hofft er, dass du ein offenes Ohr für seine leise Stimme hast, weil er jederzeit bereit ist, dir Auskunft zu geben über Müdigkeit und Leichtigkeit, über Spannung und Verlangen.

Vielleicht hast du Lust, ganz tief nach innen zu gehen und deinem Körper mitzuteilen, wie sehr du ihn schätzt... (1 Minute)

Bring nun dieses gute Gefühl hierher zurück, das wir haben, wenn wir präsent sind und uns spüren. Reck und streck dich ein wenig, atme einmal tief aus und sei wieder hier, erfrischt und wach. ▲

21. Musik des Körpers

Ziele: In dieser kurzen Phantasie schlagen wir den Teilnehmern vor, eine wohl ausbalancierte Haltung dem eigenen Körper gegenüber einzunehmen. Wir lenken ihr Bewusstsein auf das ganze Ensemble des Körpers, das Respekt, Wohlwollen und Zuneigung verdient.

Anleitung: Setz dich bequem hin, schließ deine Augen und atme dreimal tief aus... Lass uns ein wenig über unseren Körper philosophieren. Manchmal möchte ich unseren wunderbaren Körper mit einem Symphonieorchester vergleichen.

Ein Symphonieorchester lässt uns wunderschöne Musik hören, aber so ein großes Orchester besteht aus vielen Instrumentengruppen, und jede Gruppe setzt sich aus mehreren Instrumenten zusammen. Und wir wissen, dass ein einzelnes Instrument manchmal besondere Aufmerksamkeit erfordert: Bei einer Geige kann eine Saite reißen oder ein Waldhorn muss vielleicht gereinigt werden. Irgendetwas muss getan werden, damit das Instrument wieder seinen vollen Klang zurückerhält. Es kann auch vorkommen, dass ein Orchester ein schwieriges neues Stück einstudiert. Dann kann eine Gruppe vielleicht Schwierigkeiten haben mit dem Rhythmus, mit einer komplizierten Harmonie oder mit dem richtigen Zeitpunkt des Einsatzes.

Doch selbst wenn ein Instrument neu gestimmt oder repariert werden muss oder wenn eine ganze Gruppe eine Passage besonders üben muss, kann man nicht sagen, dass das Orchester fehlerhaft wäre. Es ist einfach notwendig, dass ein Instrument wieder hergerichtet wird oder dass einige Musiker besonders intensiv üben. Wenn das abgeschlossen ist, dann spielt das ganze Orchester wieder harmonisch, im richtigen Rhythmus und zur vollen Zufriedenheit seines Dirigenten.

Ich glaube, dass unser Körper ganz ähnlich funktioniert. Auch unser Körper besteht aus vielen Systemen, die verschiedene Aufgaben haben: Unsere Muskulatur, unser Skelett, unsere Atmung, unser Blutkreislauf, unsere Verdauung, unsere Haut – sie alle zusammen bilden das Symphonieorchester unseres Körper. Und jedes dieser Systeme verfügt über verschiedene Instrumente: Unser Blutkreislauf benötigt das Herz, das verzweigte Netz unserer Venen und Adern; und zur Reinigung strömt unser Blut durch die Nieren und die Leber. Und alle diese Instrumente bilden den Blutkreislauf, genauso wie Geigen, Celli und Bratschen die Gruppe der Streicher im Orchester bilden. Natürlich kommt es manchmal vor, dass wir auf eine bestimmte Gruppe oder auf ein einzelnes Instrument besonders achten müssen, damit die Symphonie unseres Körpers wirklich gut klingt – lebendig und kraftvoll.

Vielleicht hast du Lust, einen Augenblick darüber nachzudenken, welche Instrumente deines Körpers besondere Aufmerksamkeit oder etwas mehr Pflege verdienen. Lass dir ein wenig Zeit, wie ein guter Dirigent, der Geduld hat und Verständnis für all die Instrumente, die in seinem Orchester gespielt werden. Vielleicht kannst du deine Instrumente wissen lassen, dass du bereit bist, auf ihre besonderen Bedürfnisse einzugehen, und dass du Anteil nimmst an ihrer Wiederherstellung und Pflege... (1 Minute)

Ganz leise kannst du zu dir selbst sagen: „Mein Körper ist wie ein Symphonieorchester." Du kannst dabei den wunderbaren Rhythmus spüren, in dem das Leben in deinem Körper pulsiert, sanft in seinem eigenen Rhythmus. Du kannst deinem Orchester danken, dass es dir immer wieder hilft, zu einer neuen Harmonie zu finden. Und du kannst dieses Empfinden für Harmonie und Rhythmus hierher in diesen Raum zurückbringen, wenn du dich gleich reckst und streckst und die Augen wieder öffnest, erfrischt und wach. ▲

22. Liebevolle Aufmerksamkeit

Ziele: Hier benutzen wir die Imaginationskraft und das Fingerspitzengefühl der Teilnehmer, um liebevolle Aufmerksamkeit für die eigene Existenz, für den eigenen Körper zu entwickeln.

Wir benötigen keine ausführliche Entspannungsanleitung, weil die besondere Struktur dieser Phantasie, die schrittweise erreichte intensive Konzentration, zu Entspannung und zu intensivem Lernen führt.

Anleitung: Setz dich bequem hin und schließ die Augen. Atme dreimal tief aus...

Bitte jetzt deine Hände, dir beim Erforschen deiner Haut zu helfen, und all der Teile, die du berühren kannst, so kannst du z. B. deine Fingerspitzen deine Schädeldecke spüren lassen oder deinen Nacken oder deine Stirn... Lass deine Fingerspitzen einfach herumwandern. Wenn du das tust, kannst du feststellen, wo etwas Feuchtigkeit ist oder Trockenheit, wo sich etwas hart anfühlt oder weich... Gib deinen Fingerspitzen einfach Gelegenheit, neugierig zu sein...

Während du das tust, kannst du die Gedanken und Gefühle bemerken, die in deinem Kopf oder in deinem Bauch herumtanzen...

Mach nun deine Berührung noch intensiver, indem du nachspürst, was du unter deiner Haut fühlst. Dann kannst du darauf aufmerksam werden, wie dein Blut strömt, oder noch tiefer in deinem Körper, wie sich deine Muskeln bewegen... Du kannst den Bewegungen deines Körpers eine Stimme geben und hören, wie sie sagen: „Hier sind wir... Wir haben die Fähigkeit zu halten und zu unterstützen, zu bewegen, zu heben, zu senken, Vergnügen zu bereiten." Und während du auf die leisen Stimmen deines Körpers hörst, kannst du auch bemerken, was du dabei denkst oder fühlst... (1 Minute)

Jetzt kannst du ganz langsam und behutsam deinen Puls finden. Vielleicht entdeckst du ihn in deinen Fingerspitzen, vielleicht findest du ihn an deinem Handgelenk... Jetzt bist du mit deinem Herzschlag verbunden. Du kannst ihn immer deutlicher bemerken und seinen Rhythmus spüren, Ebbe und Flut... Wenn du diesen Rhythmus ganz deutlich spürst, kannst du anfangen, im selben Rhythmus zu atmen, ein paar Atemzüge kannst du in demselben Takt machen, wie dein Herz schlägt... Und wenn du deinen Atem und deinen Herzschlag spürst, kannst du auch bemerken, was du für dich selbst empfindest.

Bist du dir dessen bewusst, dass deine beste Unterstützung im Leben dein Körper ist? Am häufigsten gebrauchst du deinen Rücken, dein Gesäß oder deine Füße. Sie geben dir Unterstützung und Halt. Was spürst du, wenn du so darüber nachdenkst? Du kannst dieses beruhigende Gefühl jederzeit haben, du brauchst keinen anderen Menschen dafür. Du begleitest dich selbst zu jeder Zeit...

Nimm deine Hände langsam auseinander und stütze dein Kinn auf sie, so dass die Handinnenseiten das Kinn halten und die Finger deine Wangen umarmen. Komm in dir selbst zur Ruhe. Bemerke, dass deine Hände dich halten. Was ist das für ein Gefühl, eine so einzigartige Unterstützung zu haben? Lass deine Hände all das Gewicht tragen und probiere aus, ob deine Hände wirklich deinen Kopf halten können. Achte noch einmal auf deinen Atem. Du kannst dich selbst unterstützen und du kannst dich selbst berühren, du kannst selbst für dich sorgen.

Lass deine Hände ganz sanft und langsam dein Gesicht berühren. Vielleicht finden deine Hände die Lippen, die Stirn, die Schläfe – lass sie sich mit deiner Haut treffen. Und während du dies tust, kannst du dir überlegen, wann du das mit deinem ganzen Körper tun willst...

Lass deine Hände nun ganz langsam zur Ruhe kommen, irgendwo auf deinem Körper. Jetzt kannst du vielleicht diesem Gedanken folgen: „Ich spüre meine Gefühle und meine Existenz. Ich selbst bin mein wertvollster Besitz. Ich kann ihn lieben, ich kann ihn leiten, ich kann ihn hören, ich kann ihn sehen, ich kann ihn bewegen, ich darf ihn haben. Es ist das Einzige in der Welt, das ich wirklich vollständig besitze. Es steht mir immer zur Verfügung, es ist immer bei mir."

Bemerke einfach, welche Empfindungen du hast, wenn dir diese Gedanken durch den Kopf gehen...

Bring diese guten Empfindungen hierher zurück in den Raum. Reck und streck dich ein wenig und öffne in deinem eigenen Rhythmus die Augen. Sei wieder hier, erfrischt und wach. ▲

23. Freund meines Körpers

Ziele: Diese Phantasie kann den Teilnehmern helfen, ein positives Körperbild zu entwickeln und zu entdecken, was sie tun müssen, um ein Freund ihres Körpers zu werden: ihre Intuition benutzen, den eigenen Körper spüren und sich Zeit nehmen, ihrem Körper liebevolle Aufmerksamkeit zu schenken. Dabei kann sich das Bewusstsein auf irgendeinen Körperteil konzentrieren, der gerade besonders bedürftig ist.

Anleitung: Setz dich bequem hin und schließ die Augen. Atme dreimal tief aus... Bemerke dein Gewicht auf dem Stuhl, bemerke die Empfindungen in deinem Körper... (1 Minute)

Spüre nun irgendeinen Teil deines Körpers, der dich anzieht oder der deine Aufmerksamkeit auf sich lenkt. Bleib bei dem ersten Körperteil, der dir in den Sinn kommt. Leg deine Hände dahin und stell dir vor, dass du langsam und sanft in diesen Teil deines Körpers hineinatmest. Und während du weiter warme Energie an diese Stelle schickst, kannst du diesem Körperteil deine Zeit und deine Aufmerksamkeit schenken:

Welche Empfindungen spürst du dort?... Welche Emotionen sind mit diesem Teil deines Körpers verbunden?... Tauchen an dieser Stelle irgendwelche Erinnerungen auf?... Welche Farbe kannst du in diesem Augenblick mit dieser Stelle deines Körpers assoziieren?... Kannst du irgendwelche Töne hören, die von diesem Körperteil ausgehen?... Kannst du irgendein Symbol oder ein Bild finden, das in diesem Augenblick zu dem Körperteil passt?... Fallen dir irgendwelche Worte oder fällt dir ein Lied ein, wenn du über diesen Körperteil nachdenkst?... Lass dir genügend Zeit, um die Bedürfnisse dieses Körperteils besser zu verstehen... (1 Minute)

Nun kannst du vielleicht folgende Fragen beantworten:
- Was braucht dieser Körperteil am notwendigsten?
- Was möchte er von dir?
- Welche Botschaft hat er an dich?...

Wenn du die Wünsche dieses Körperteils verstanden hast, kannst du dir überlegen, was du tun willst, um wenigstens einen Teil dieser Wünsche zu berücksichtigen. Finde irgendetwas, was du schon heute tun kannst. Gib dir selbst die Erlaubnis, später noch mehr für diesen Körperteil zu tun... (1 Minute)

Kapitel 4: Unseren Körper lieben

Reck und streck dich nun ein wenig, komm mit deiner Aufmerksamkeit zurück in diesen Raum und öffne deine Augen. Sei wieder hier, erfrischt und wach. ▲

24. Mein Gesicht

Ziele: Wenn Sie Ihren Teilnehmern helfen wollen, an ihrem Körperbild zu arbeiten, dann haben Sie mit dieser Phantasie ein schönes Hilfsmittel.

Anleitung: Die meisten von uns genießen es, sich attraktiv zu fühlen. Manchmal lassen wir uns dazu verleiten, unsere Attraktivität an fremden Schönheitsidealen zu messen, die uns reichlich angeboten werden. Manchmal vergessen wir, welch große Anziehungskraft Menschen ausüben, die in sich selbst ruhen, weil sie sich einfach selbst mögen. Ich möchte euch Gelegenheit geben, euren gesunden Narzissmus weiterzuentwickeln. Dazu ist diesmal eine kleine Vorbereitung nötig:

Finde mindestens zwei Dinge heraus, die du an deinem Gesicht magst. Wenn du nach solchen Dingen suchst, dann sci bitte nicht perfektionistisch. Finde einfach Gesichtszüge, die du liebenswert findest: vielleicht ist es der Blick deiner Augen, die Art deines Lächelns, deine Zähne, dein Haar, deine Augenbrauen, deine Wangenknochen, die Nase, die Haut, die Form deiner Ohren, dein Teint usw. Schreib diese beiden Dinge auf und notiere auch, was du daran magst. Sei dabei möglichst spezifisch... (Beginnen Sie die Phantasie erst dann, wenn alle Teilnehmer diesen Teil der Arbeit abgeschlossen haben.)

Setz dich nun bequem hin und schließ die Augen. Atme dreimal tief aus... Dann kannst du so weiteratmen, wie es ganz natürlich für dich ist, und dir vielleicht gestatten, dich noch weiter zu entspannen und mit deiner Aufmerksamkeit nach innen gehen...

Während du dich weiter entspannst, stell dir vor, dass du einen wunderschönen Tag auf dem Lande verbringst. Das Wetter ist so, wie du es gern hast. Die Vögel singen, und es weht ein sanfter, angenehmer Wind. Hier und da siehst du wunderschöne Blumen, deren Duft dir in die Nase steigt. Du hast dir einen bequemen Platz gesucht, in dessen Nähe ein prächtiger Wasserfall rauscht. Das Wasser stürzt herab und fällt auf die Steine, dann fließt es gurgelnd weiter und lässt dich eine Szenerie sehen, die dein Auge entzückt. Du siehst diesen dramatischen Sturz des Wassers, wie es blitzend herabfällt, wie es unten aufspritzt und einen feinen Nebel aus unendlich vielen blinkenden, winzigen Wassertröpfchen erzeugt, wie es dann kräftig weiterströmt. Gleichzeitig ist dieser Wasserfall umgeben von der friedlichen Schönheit der ländlichen Natur, und über allem liegt die sanfte Wärme der Sonne... Irgendwie bewirkt die wilde

Kraft des Wasserfalles, dass die Umgebung noch friedlicher und lieblicher erscheint, und die Schönheit der Natur verstärkt wiederum die faszinierende Kraft des Wasserfalles. Es ist ganz gleichgültig, ob die Kraft und Entschiedenheit des Wasserfalles mehr zu dem Frieden beiträgt, oder ob es der Frieden und die Schönheit der Natur ist, die die Pracht des Wasserfalles betonen. Beide ergänzen einander, und du genießt es einfach, dass es so viele verschiedene Dinge gibt, die du gleichzeitig anschauen und genießen kannst.

Möglicherweise ziehst du es vor, deinen Blick nur auf einen Eindruck zu konzentrieren, vielleicht auf den Wasserfall, die Sonne oder auf die Blumen oder Vögel oder was immer dir am besten gefällt.

Während du das tust, kannst du die warme Sonne auf deinem Gesicht genießen und den sanften Wind, der dein Gesicht liebkost. Und während der Wind dein Gesicht liebkost, bekommst du vielleicht selbst Lust, dein Gesicht sanft zu berühren und zu streicheln, neugierig und liebevoll. Wenn du das tust, lass alle Wärme und Liebe aus deinem Herzen in deine Finger fließen und von da in dein Gesicht... Und während du es streichelst, nimm dein Gesicht in dein Herz auf, weil es dir gehört, weil du es akzeptierst und liebst...

Denke jetzt an die Dinge, die dir an deinem Gesicht gefallen. Vielleicht entdeckst du auch andere freundliche Empfindungen für dein Gesicht, während es deine Fingerspitzen berühren. Lass alle die Dinge, die du an deinem Gesicht magst, in dein Herz hinein und bewahre sie dort gut auf. Wenn du später an dein Gesicht denkst, dann werden dir diese Dinge wieder einfallen – strahlende Augen, ein gewinnendes Lächeln, bezaubernde Lippen oder was immer dir an deinem Gesicht gefällt. Vielleicht bemerkst du sogar, dass du dein Gesicht jetzt noch mehr schätzt und akzeptierst, weil du spürst, wie anziehend dein Gesicht sein kann... Je mehr du dein Gesicht schätzen kannst, desto leichter scheint die innere Schönheit deiner Person hindurch.

Lass dir noch etwas Zeit, an diesem Platz zu bleiben, indem du dein Gesicht berührst, die Natur genießt und all die Dinge, die schön und anziehend für dich sind... (1 Minute)

Verabschiede dich nun von diesem Platz in der Natur. Vielleicht bringst du ein Lächeln mit hierher, Stolz in deinen Augen und all die guten Gefühle, die wir haben, wenn wir uns ganz lebendig fühlen. Reck und streck dich ein wenig, öffne in deinem persönlichen Rhythmus die Augen und sei wieder hier, erfrischt und wach. ▲

25. Älter werden

Ziele: Dies ist eine sehr schöne Phantasie für Frauen und Männer jeden Alters, die sich Sorgen machen, dass sie mit fortschreitendem Alter etwas von ihrer Anziehungskraft verlieren. Ganz sanft können sie eine neue heilsame Perspektive einnehmen und etwas von der Angst vor dem Älterwerden aufgeben.

Anleitung: Versuche zunächst, dir eine möglichst bequeme Position zu geben. Rück ein wenig hin und her, so dass dein Körper angenehm unterstützt wird durch den Stuhl, den Boden oder irgendeine andere Unterlage, die dich trägt. Richte es so ein, dass Kopf, Nacken und Wirbelsäule in einer geraden Linie sind...

Nun schöpfe einmal tief Atem... so tief du kannst... atme ganz weit nach unten in deinen Bauch... und dann ganz gründlich wieder aus...

Und noch einmal... atme ein... Diesmal kannst du die warme Energie deines Atems an jede Stelle deines Körpers schicken, die angespannt, müde oder irgendwie eng ist, und du kannst die Spannung beim Ausatmen aus dir hinausfließen lassen...

Spüre, wie dein Atem an alle Stellen deines Körpers geht, die angespannt sind, und merke, wie sie lockerer werden, wärmer und weicher. Atme dann alle Spannung aus, so dass du dich mehr und mehr entspannt und wohl fühlen kannst...

Alle Gedanken und Gefühle, die dir in den Sinn kommen, kannst du zur Ruhe kommen lassen, nachdem du sie bemerkt hast, und sie liebevoll mit deinem Atem nach draußen schicken, so dass du ganz ruhig wirst, wie ein stiller, glatter See.

Denke nun daran, dass das Älterwerden ein natürlicher Teil unserer Lebensreise ist. Jedes äußere Anzeichen des Älterwerdens ist eine Art Meilenstein, auf dem geschrieben steht, wo du gewesen bist, was du gemacht hast, wie du überlebt hast, wie du Krisen bewältigt und manchmal Siege gefeiert hast... Graue Haare, Fältchen, Altersflecken und andere Zeichen des Alters sind Symbole für das, was du erreicht hast, genauso wie Urkunden für sportliche Wettkämpfe, Umarmungen von Kindern und Enkelkindern, Beförderungen in der Firma oder andere Auszeichnungen.

Es ist wirklich gut, wenn wir belohnt werden und wenn wir wissen, wie viel wir im Leben gelernt und erreicht haben... wenn wir uns klar machen, wo wir einmal angefangen haben und wo wir jetzt sind... Und genauso wie ein See mit seiner Klarheit und Offenheit eine besondere Schönheit hat, und wie die Bäume mit ihren vielen Blättern und Zweigen eine andere Schönheit haben, und wie Berge mit ihren bewaldeten und kahlen Stellen, mit Gipfeln und Tälern noch eine andere Art Schönheit haben, so ist es auch mit den verschiedenen Lebensaltern. Der höchste Gipfel eines Berges hat vielleicht weniger Grün, und vielleicht ist er von Schnee und Eis bedeckt, aber er bietet auch den weitesten Ausblick. Es ist wirklich ein Erfolg, diesen Berg zu erklimmen und den Ausblick zu genießen. Während wir hinaufsteigen, ist es hochinteressant zu entdecken, wie unterschiedlich wir uns selbst erleben. Es ist spannend, die verschiedenen Szenerien zu betrachten, die uns das Leben unterwegs bietet... und schließlich der wundervolle Überblick von ganz oben. Manchmal ist es schön, wenn du all diese Dinge mit einem anderen gemeinsam betrachtest, aber es kann auch schön sein, wenn du die Dinge allein anschaust, weil du weißt, dass es *deine* Reise ist, dass *du* die Hindernisse überwunden hast und dass du auf *deinen* Beinen nach oben steigst zu der Spitze des Berges in all seiner Schönheit.

Vielleicht bemerkst du, wie unterschiedlich die Dinge auf deiner Reise aussehen. Was unten im Tal deiner Reise vielleicht riesig wirkte, erscheint winzig, wenn du es vom Gipfel her betrachtest...

Es gibt viele Möglichkeiten, die Landschaft zu betrachten und ihre Schönheit zu genießen... Teiche und Flüsse, Bäume und Wiesen, Hügel und Täler und überall Leben und die Sonne, die Wärme bringt, Trost und Frieden und ein inneres Gefühl von Heiterkeit und Schönheit. Bleib, wo immer du jetzt gerade bist, und genieße all das, was du von da aus sehen kannst... (1 Minute)

Wenn du gleich hierher zurückkehrst in diesen Raum, bring alles mit zurück, was du unterwegs Wertvolles gefunden hast. Reck und streck dich ein wenig und öffne deine Augen und sei wieder hier, erfrischt und wach. ▲

Kapitel 5
Heilung

26. Blätter auf einem Teich

Ziele: Der Teich in dieser Phantasie ist ein schönes Bild für Hoffnung und Heilung. Die Teilnehmer können sich auf kleine und große emotionale Bürden konzentrieren. Sie können Zuversicht entwickeln, dass diese Bürden keine chronische Belastung bleiben müssen, sondern dass sie die Möglichkeit haben, zu handeln und sich das Leben leichter zu machen.

Anleitung: Setz dich bequem hin, schließ die Augen und atme dreimal tief aus... Geh langsam mit deiner Aufmerksamkeit nach innen und entspanne dich, wie du es schon praktiziert hast...

Diese Phantasiereise beginnt wieder auf einer schönen grünen Wiese und an einem schönen, goldenen Tag, in einer Umgebung also, die dir schon vertraut ist.

Spüre mit all deinen Sinnen Farben und Bilder, Klänge und Gerüche an diesem Platz und spüre dich selbst, wie du an diesem schönen Platz ausruhst. Auf der anderen Seite der Wiese gibt es heute einen hübschen kleinen Teich. Eigentlich ist es eine kleine Ausbuchtung in dem schmalen Flüsschen, dass sich durch die Wiese schlängelt, aber es sieht aus wie ein schöner runder Teich.

Neben dem Teich steht auf einer kleinen Anhöhe ein wunderschöner Baum. In deiner Phantasie wirst du erkennen, ob dieser Baum Nadeln hat oder Blätter. Ich werde ihn als Laubbaum beschreiben, denn so stelle ich mir meistens Bäume vor. Du kannst ihn dir jedoch auch ganz anders vorstellen.

Langsam gehst du hinüber zu dem Teich und setzt dich in das Gras am Rande. Das Wasser des Teiches ist kristallklar. Es reflektiert wie ein Spiegel: das klare Blau des Himmels, die kleinen vorbeitreibenden Wolken, die Blätter des Baumes und dein eigenes Gesicht.

Während du diese schönen Spiegelungen betrachtest, kommt plötzlich ein Windstoß, und ehe du dich versiehst, ist die Oberfläche des Teiches mit vielen Blättern bedeckt, die der Wind von dem Baum geblasen hat. All die Spiegelbilder sind fort, ausgelöscht durch die Blätter.

Du schaust den Blättern zu, wie sie auf der Oberfläche des Teiches schwimmen, und nach einiger Zeit erkennst du, dass sie sich bewegen, sanft getrieben von der schwachen Strömung des Flüsschens. Einige scheinen sich langsam und ziellos zu drehen, andere treiben weiter und kommen in einer kleinen Aushöhlung am Ufer zur Ruhe, und wieder andere gleiten langsam, aber zielstrebig zu der Stelle des Teiches, wo dieser wieder zum Fluss wird. Nach einiger Zeit kannst du diese Blätter nicht mehr sehen. Die Blätter, die in der Nähe des Ufers zur Ruhe gekommen sind, liegen da wie in kleinen, sicheren Häfen. Du könntest sie mit der Hand berühren, wenn du wolltest.

Dabei fällt dir ein, dass du diese Blätter als kleine Schiffe benutzen könntest, als kleine Frachtkähne sozusagen. Auf jedes Blatt könntest du eine winzige Fracht legen und sie von der Strömung irgendwohin treiben lassen. Dann bemerkst du, dass diese Last irgendeine kleine Sorge oder ein kleiner Kummer sein könnte, die du mit dir herumgetragen hast, irgendeine kleine Bürde. Vielleicht könntest du auch eine etwas schwerere Bürde auf mehrere Blätter legen.

Überlege, was du für Möglichkeiten hast. Leg auf jedes Blatt eine kleine Sorge und lass nun die Blätter jene Bürden tragen, die du bisher selbst getragen hast. So können diese Sorgen, Kümmernisse und Probleme von der Strömung weggetragen werden. Einige treiben vielleicht auf die andere Seite des Teiches, wo du sie wieder herausfischen könntest, wenn du das möchtest, andere fließen den Fluss hinab und verschwinden, und ein paar drehen sich vielleicht träge im Wasser, bis auch sie flussabwärts oder an das andere Ufer des Teiches reisen.

Bald bemerkst du noch etwas anderes. Während die Blätter mit ihrer Fracht mit der Strömung reisen, wird die Oberfläche des Teiches wieder klar. Bald kannst du wieder das Spiegelbild des Himmels sehen, den Baum und dein eigenes Gesicht.

Bring nun dieses gute Gefühl hierher zurück, das wir haben können, wenn wir wissen, dass es viele Möglichkeiten gibt, etwas mit unseren Bürden zu tun. Reck und streck dich ein wenig, öffne die Augen und sei wieder hier, erfrischt und wach. ▲

27. Sieben Blüten

Ziele: In unserem Körper gibt es mehrere Energiezentren, die Chakren genannt werden. Einige sind eher klein, aber es gibt sieben größere Chakren an verschiedenen Stellen der Wirbelsäule und am Kopf. Manchen Menschen ist es möglich, diese Energiezentren als farbige, kreisende Räder aus Licht zu sehen, manchmal groß und offen, manchmal klein und geschlossen. In dieser Phantasie verwenden wir Blütenknospen in den Farben des Regenbogens, die sich öffnen und schließen und dafür sorgen, dass die verschiedenen Bereiche des Körpers unsere liebevolle Aufmerksamkeit bekommen.

Anleitung: Ich möchte euch eine Visualisierung zeigen, mit der ihr dafür sorgen könnt, dass Körper und Seele sich regenerieren und in einer guten Balance sind. Bitte praktiziert diese Übung nur dann, wenn ihr in einer sicheren, geschützten Umgebung seid.

Setzt euch bequem hin und macht euren Rücken ganz gerade, so dass Wirbelsäule, Nacken und Kopf in einer geraden Linie sind. Schließt die Augen und atmet dreimal tief aus...

Geh mit deiner Aufmerksamkeit ganz nach unten an das Ende deiner Wirbelsäule. Stell dir vor, dass am Boden deines Beckens eine kleine dunkelrote Blütenknospe ist. Wenn du weiter tief und ruhig atmest, kannst du dir vorstellen, dass goldenes Sonnenlicht auf die Blüte fällt und dass ihre Blütenblätter anfangen, sich zu öffnen und zu wachsen. Bemerke die Schönheit dieser roten Blüte und sieh, wie sie größer und größer wird, wie ihr Rot von Augenblick zu Augenblick intensiver wird. Bemerke auch die Schönheit und Ebenmäßigkeit dieser Blüte... (30 Sekunden)

Lass die Blüte geöffnet bleiben und stell dir eine Handbreit darüber in deinem Bauch eine andere Blütenknospe vor. Sieh, wie diese Blütenknospe ebenfalls von den goldenen Strahlen der Sonne berührt wird und sich langsam zu einer schönen großen organgefarbenen Blüte öffnet... (30 Sekunden)

Lass die Blüte geöffnet und geh wieder etwas höher, eben über deinen Bauchnabel, und sieh dort eine gelbe Blütenknospe. Lass auch sie von den Sonnenstrahlen berührt werden und sich langsam zu einer schönen, großen, gelben Blüte öffnen... (30 Sekunden)

Lass auch diese Blüte offen bleiben und geh mit deiner Aufmerksamkeit weiter hinauf in die Höhe deines Herzens. Sieh dort eine schöne grüne Knospe, die sich von den goldenen Strahlen der Sonne öffnen lässt und zu einer schönen grünen Blüte wird... (30 Sekunden)

Lass auch diese Blüte offen. Geh weiter nach oben, und sieh in deiner Kehle eine hellblaue Knospe, die sich langsam öffnet zu einer leuchtend hellblauen Blüte... (30 Sekunden)

Lass diese Blüte geöffnet und geh weiter bis in die Höhe deiner Stirn. Sieh in deinem Kopf ein dunkelblaue Knospe, die sich langsam öffnet zu einer schönen, großen, dunkelblauen Blüte... (30 Sekunden)

Lass diese Blüte geöffnet und geh noch höher, gerade etwas über deinen Kopf. Dort kannst du dir eine violette oder weiße Knospe vorstellen. Lass sie ebenfalls von goldenem Sonnenlicht berührt werden und sich zu einer großen Blüte öffnen... (30 Sekunden)

Schau dir nun alle Blüten an. Vielleicht bemerkst du, dass die eine oder andere Blüte kräftiger sein könnte oder die Farbe leuchtender. Dann kannst du dieser Blüte mehr goldenes Sonnenlicht schicken oder du kannst die Energie deines Atems zu dieser Blüte schicken, damit sie etwas wächst... (1 Minute)

Schließ die Übung nun ab, in dem du vor dir siehst, wie sich jede Blüte vom Kopf bis zum Ende deiner Wirbelsäule langsam schließt, wie sich Blüten in der Nacht schließen, um sicher und geschützt zu sein. Geh mit deinem Bewusstsein zu jeder Blüte und sieh, wie sie ihre schönen Blütenblätter zusammenfaltet und wieder zu einer Knospe wird... (1 Minute)

Immer, wenn du dich ungeschützt und verletzlich fühlst, dann kannst du genau dies tun, sehen, wie sich die Blüte in jedem Chakra schließt, damit deine Energie sicher und kräftig bleibt.

Reck und streck dich nun etwas und komm mit deiner Aufmerksamkeit hierher zurück. Atme einmal tief aus und öffne die Augen, erfrischt und wach. ▲

28. See der Gesundheit

Ziele: Diese Visualisierung kann helfen, den eigenen Gesundheitszustand zu überprüfen. Natürlich ersetzt diese Phantasie nicht die Konsultation unseres Arztes, aber sie kann ein wichtiger Beitrag sein, die eigene Gesundheit periodisch zu überprüfen.

Wenn wir gesund sind, dann sehen wir in den meisten Fällen in dieser Phantasie den eigenen Körper in einer goldenen Farbe oder in einem leuchtenden Rosa, Blau oder Grün. Gesundheitliche Schwierigkeiten zeigen den betreffenden Körperteil in den Farben Grau, Schwarz oder bläulich Rosa.

Anleitung: Setz dich bequem hin und schließ deine Augen. Atme dreimal tief aus... Stell dir vor, dass du hoch oben in den Anden bist, an einem See in 6000 Meter Höhe. Sage dem See, dass du gern etwas über deinen Gesundheitszustand erfahren möchtest und dass er dir deinen Körper von außen und von innen zeigen soll...

Dann schau in das kristallklare, ruhige Wasser und betrachte dein Spiegelbild, das dein Inneres und Äußeres zeigt. Achte vor allem darauf, welche Farben du in deinem Körperbild erkennen kannst... Wenn du dich von Kopf bis Fuß gesehen hast, atme einmal tief aus und öffne die Augen. ▲

Kapitel 5: Heilung

29. Türen öffnen und schließen

Ziele: Emotionale und körperliche Heilung können leichter stattfinden, wenn unser Unbewusstes mit uns zusammenarbeitet und uns Vorschläge macht, mit welchen Themen wir uns beschäftigen sollen. In dieser Phantasie können die Teilnehmer eine schöne Metapher benutzen, um sich auf heilsame Veränderungen in ihrem Leben einzustellen.

Anleitung: Unser unbewusster Geist ist sehr taktvoll. Er gibt sich große Mühe, uns vor Überraschungen zu beschützen, selbst dann, wenn wir in unserem Bewusstsein das Gefühl haben, dass wir irgendetwas in unserem Leben ändern sollen. Manchmal haben wir das Empfinden, dass wir in einer Sackgasse stecken, und wir wissen nicht genau, warum.

In dieser Situation ist es oft gut, wenn wir ein Bild benutzen, denn Bilder sind die Sprache unseres Unbewussten. Ich möchte euch zu einer Phantasiereise einladen, bei der ihr ein solches Bild benutzen könnt; ihr könnt es ganz leicht an eure persönliche Situation anpassen.

Setz dich bequem hin und schließ die Augen. Atme dreimal tief aus…

Versuche, beim Ausatmen die warme Energie deines Atems an alle Stellen deines Körpers zu schicken, die sich vielleicht angespannt oder müde fühlen, und lass die Spannung dann beim Ausatmen aus dir hinausfließen…

Wenn dir zu viele Gedanken durch den Kopf schwirren, dann kannst du sie beim Ausatmen hinausfließen lassen, so dass dein Geist frei wird… vielleicht zunächst nur für einen kurzen Augenblick…

Auch unruhige Gefühle kannst du bemerken und ernst nehmen. Lass sie dann beim Ausatmen aus dir hinausfließen, so dass auch dein Herz ein ruhiger, stiller Platz wird, wie ein See ohne Wellen…

Stell dir nun vor, dass du am Anfang eines schönen, langen Korridors stehst, wie in einem guten Hotel. Es ist ein sehr hübscher Korridor, mit schönen Lampen und mit kleinen Kunstwerken dekoriert. Du siehst Bilder an den Wänden und an einigen Stellen Skulpturen. Natürlich gibt es auch grüne Pflanzen und einen weichen Teppich. Du fühlst dich wohl in diesem langen, langen Korridor. Auf jeder Seite gehen Türen ab. Sie sind geschlossen, aber sie können vom Korridor aus geöffnet werden.

Du wirst gleich Gelegenheit haben, den Korridor entlangzugehen, ganz weich auf dem hübschen, dicken Teppich, und dich an den Gemälden, Skulpturen, Pflanzen und an dem Spiel des Lichtes erfreuen. Vielleicht ist auch hier und da eine Lichtkuppel in der Decke, die das Licht der Sonne hereinlässt und den Korridor in goldenen Strahlen badet.

Manchmal fühlst du dich von der einen oder anderen Zimmertür angezogen, während du vorbeigehst. Wenn du dich von einer Tür angezogen fühlst, dann ist das ein Hinweis von dir selbst, dass du dieses Zimmer besuchen sollst, weil es hier unerledigte Aufgaben für dich gibt. Vielleicht findest du dort auch etwas, was schon erledigt ist, aber du musst es noch als beendet anerkennen, du musst einfach noch den letzten Schritt tun, um sagen zu können: „Jetzt ist die Sache für mich ganz abgeschlossen."

Es kann aber auch sein, dass in dem Zimmer etwas ist, wovon du dich lösen musst. Vielleicht findest du etwas, was du gern wieder erleben möchtest, eine schöne Erinnerung, die du noch einmal genießen kannst.

Vielleicht ist in dem Zimmer auch etwas, was du jetzt anpacken kannst – etwas, was du kürzlich noch für eine passende Gelegenheit aufgeschoben hast.

Dieser Korridor hat so viele Möglichkeiten: ein Zimmer mit schönen Erinnerungen, ein Zimmer mit etwas, wovon du dich lösen musst, noch ein anderes Zimmer mit etwas, was du zu Ende bringen musst und was du jetzt in völliger Sicherheit zu Ende bringen kannst.

Geh in deinem eigenen Rhythmus durch den Korridor. Lass dir Zeit... Wenn du den Impuls spürst, dann öffne eine Tür und besuche das Zimmer dahinter. Auf deinem Gang kannst du etwas sehr Interessantes bemerken – vielleicht fühlst du eine gewisse Scheu vor dem einen oder anderen Raum; aber du kannst dir sicher sein, dass die Anziehung, die du spürst, dir auch sagt, dass es wirklich an der Zeit ist, hier etwas zu tun. Wenn es Themen gibt, die unbewusst bleiben müssen, dann werden sie auch unbewusst bleiben, und du gehst an der Tür einfach vorbei, um später zu dieser Tür zurückzukehren, wenn die Gelegenheit dazu gekommen ist. Du kannst dich also ganz sicher fühlen, wenn du von einer Tür angezogen wirst, dass es jetzt Zeit ist, dieses Zimmer zu erforschen, eine Erinnerung zu genießen oder etwas loszulassen, etwas zu bearbeiten oder etwas zu Ende zu bringen. Lass dir so viel Zeit dafür, wie du brauchst...

Wenn dein Besuch in einem der Zimmer beendet ist, dann geh zurück auf den Korridor. Du kannst die Tür offen lassen oder wieder schließen, wie es dir passend erscheint. Wenn du dich von irgendetwas in einem Zimmer lösen willst, kannst du die Tür offen lassen und vielleicht auch die Fenster, damit du wirklich loslassen kannst. Vielleicht handelt es sich um einen alten Kummer, um eine alte Wunde, die inzwischen geheilt ist, aber immer noch ein wenig wehtut, und nun ist es an der Zeit, dass auch der Schmerz geht; vielleicht gibt es ein altes Missverständnis, das jetzt geklärt und verabschiedet werden kann.

In einigen Zimmern wirst du vielleicht einem besonders glücklichen Kindheitserlebnis wiederbegegnen, einem guten Freund, irgendeiner schönen Erinnerung, so dass du das Gefühl hast, diese Situation noch einmal zu erleben, mit all den wunderbaren Gefühlen, die damit verbunden waren.

Wenn du etwas antriffst, womit du dich auseinandersetzen musst, wirst du überrascht sein, dass du so kompetent damit umgehen kannst. Irgendwie werden dir neue Schritte einfallen, die du tun kannst, und eine neue Perspektive, mit der du die Dinge siehst. Ich bin gespannt, was das sein wird. Du kannst sehr neugierig sein auf alle diese Möglichkeiten. Darum lass dir jetzt Zeit zu einem Spaziergang über den Korridor. Ich werde eine Weile schweigen, während du losgehst... (2-3 Minuten)

In dieser besonderen Zeit der Phantasiereise hast du immer noch genug Gelegenheit, deinen Besuch zu einem guten Ende zu führen. Sei gewiss, dass du auch später wieder zurückkehren kannst zu diesem Korridor, um die Dinge weiter zu erforschen.

Wenn du für heute all die Zimmer erforscht hast, die jetzt an der Reihe waren, dann lass es mich wissen, indem du einen tiefen Atemzug machst...

Von einer solchen Phantasiereise kannst du Dinge in dein Bewusstsein mitbringen, die du lange schon in deinem Unbewussten aufbewahrt hast. Darum komm jetzt wieder zurück auf den Korridor und geh weiter bis an sein Ende. Dort stößt der Korridor auf einen neuen Gang, der rechts und links abzweigt. Willst du jetzt lieber nach rechts oder nach links gehen? Du wirst den Weg nehmen, der für dich jetzt der richtige ist. Auch dieser nächste Korridor ist sehr schön, mit vielen Türen, die von ihm abgehen. Vielleicht willst du später wieder zurückkehren und sie erforschen. Der Korridor ist immer für dich da, wenn du das tun möchtest.

Jetzt ist es an der Zeit, dass du mit deiner Aufmerksamkeit hierher zurückkehrst. Reck und streck dich ein wenig, atme einmal tief aus und öffne die Augen, sei wieder hier, erfrischt und wach. ▲

30. Mit dem Körper denken

Ziele: Manchmal entziehen sich unsere Probleme unserem Verständnis, besonders wenn wir vorwiegend kognitiv orientiert sind. Dann bietet diese Phantasiereise eine gute Möglichkeit, gesundheitliche oder emotionale Schwierigkeiten zu lindern und zu heilen. Die Teilnehmer können ein wichtiges Thema in ihrem Körper spüren und die Kraft der körperlichen Wahrnehmung benutzen, um eine neue Perspektive zu entwickeln. Auch dies ist eine Einladung an das eigene Unbewusste, zu uns zu sprechen und unser „analysierendes Selbst" zu ergänzen.

Anleitung: Manchmal plagen uns Probleme, bei denen wir das Gefühl haben, dass wir nicht recht weiterkommen. Wir denken immer wieder darüber nach und bemerken, dass wir auf der Stelle treten. Dann können wir uns helfen, indem wir uns gestatten, in Bildern zu denken. Bilder können uns eine neue Perspektive eröffnen und ein neues Verständnis für die Dinge in uns wecken, die wir verändern möchten.

Wenn ihr wollt, könnt ihr euch schon jetzt ein Thema überlegen, das euch beschäftigt. Ihr könnt es bei der anschließenden Phantasiereise benutzen. Vielleicht wollt ihr euch aber auch überraschen lassen, welches Thema euch dann von selbst einfällt. In jedem Falle könnt ihr diese Phantasie später wiederholen, um deren Möglichkeiten für euch zu intensivieren. Es kann genauso gut sein, dass ihr gleich beim ersten Mal so viel Nutzen daraus zieht, wie ihr euch wünscht. Anschließend könnt ihr Papier und Bleistift nehmen und euch ein paar Notizen machen, wenn ihr von der Phantasiereise zurückgekehrt seid. Daraus können sich interessante weitere Möglichkeiten ergeben.

Setz dich nun bequem hin und achte darauf, dass Kopf, Nacken und Wirbelsäule in einer geraden Linie sind. Rück ein bisschen hin und her, bis dein Körper eine bequeme Position gefunden hat, und schließ die Augen...

Hol nun einmal ganz tief Luft und atme dann gründlich aus...

Und hol noch einmal tief Luft, tief hinein in deinen Bauch, und atme wieder gründlich und behaglich aus.

Lass deine Aufmerksamkeit jetzt nach innen gehen und lass ein Thema in dir auftauchen, irgendein Problem, das du gern lösen möchtest... Nimm dir genügend Zeit dafür...

Mach ein wenig Platz in deinem Geist, so dass etwas auftauchen kann, was verändert werden muss... vielleicht ein Thema, eine Verhaltensweise, vielleicht ein gesundheitliches Problem oder eine innere Einstellung, die du gern ablegen möchtest... was immer sich von selbst meldet... (1 Minute)

Lass dich nun überraschen, an welcher Stelle deines Körpers dieses Thema sitzt... wo du es spürst... Gib dir einen Augenblick Zeit, damit dein Körper dir zeigen kann, wo dieses Thema sitzt... Dann kannst du einfach die Gegenwart dieses Themas bemerken, ohne Kritik... ohne Beurteilung... ganz objektiv und fair... Gestatte dir einfach, dieses Thema zu spüren... Bemerke, wo es vielleicht immer schon gesessen hat oder wo es jetzt auftaucht...

Lass das Thema sich so zeigen, wie es das selbst will. Gestatte ihm einfach da zu sein, so dass du es erkennen kannst, immer klarer und deutlicher, während du dich darauf konzentrierst. Bemerke, ob es hart oder weich zu sein scheint... glatt oder rau... dicht und schwer oder leicht und luftig... Spüre, ob es sich irgendwie kantig anfühlt und wie viel Raum es einnimmt... Erforsche es auf ganz neutrale Weise... Mach es nicht kleiner, als es ist... übertreibe es nicht, indem du einfach siehst, was da ist... nicht mit deinem Verstand, sondern mit deinen Sinnen. Finde auch heraus, ob es eine oder mehrere Farben hat... ob es irgendwelche Geräusche macht oder Töne, die du hören kannst... ein leichtes Summen oder Wimmern... ein Rumpeln oder ein Grollen... irgendeine besondere Tonlage oder ein Rhythmus...

Vielleicht ist auch irgendein besonderer Geschmack oder Geruch damit verbunden. Finde einfach heraus, ob es von irgendeinem Duft begleitet ist oder ob du jetzt in deinem Mund einen bestimmten Geschmack spürst... Lass dir Zeit, um dieses Thema zu erleben... mit all deinen Sinnen... in einem Zustand freundlicher Aufmerksamkeit... Beobachte es, spüre es, ohne es wegzuschieben und ohne es dichter heranzuholen... Beobachte es aufmerksam und neugierig... (1 Minute)

Du kannst beobachten, wie es sich bewegt und verändert, ganz natürlich und von selbst, wenn es das tun möchte. Vielleicht verändert es sich gar nicht, und auch das ist in Ordnung... Auch das ist nützlich zu wissen. Aber wenn es sich doch verändert, und das könnte sein... dann gestatte dem Thema, dass es sich so entwickeln kann, wie es das möchte... auf seine eigene Weise... in seinem eigenen Rhythmus...

Gestatte ihm diese Veränderung... eine Veränderung der Farbe... der Konsistenz... der Größe oder Temperatur... Vielleicht verändern sich auch die Töne oder der Geruch... vielleicht dehnt es sich aus oder schrumpft, vielleicht wird es weicher oder härter... Lass einfach zu, was geschehen möchte und was nicht geschehen möchte. Es muss in deinen Augen keinen Sinn geben. Und die Veränderung muss auch zu keinem fertigen Ergebnis kommen...

Spüre einfach die Veränderung in deinem Körper... auch wenn sie noch so klein ist oder wenn sie sich dramatisch anfühlt... Spüre diese Veränderung in dir, neugierig und interessiert... Lass einfach zu, dass du diese Veränderung in dir bemerkst... (1 Minute)

Gib dir nun die Erlaubnis, dieses Erlebnis beiseite zu lassen, weil du weißt, dass du wieder dazu zurückkehren kannst, um dich neu damit zu beschäftigen... weil du weißt, dass es so für dich gut ist.

Lass dies beiseite und schätze einfach, was dabei passiert ist... ganz egal, ob das deutlich oder undeutlich war... weil du weißt, dass auch mangelnde Klarheit und eine unerledigte Aufgabe wichtige Hinweise geben können... Erkenne ebenso an, dass du dich selbst für dieses Erlebnis geöffnet hast.

Hol noch einmal tief Luft... und atme ganz gründlich aus...

Kehr nun mit deiner Aufmerksamkeit wieder hierher zurück, reck und streck dich etwas, öffne die Augen und sei wieder hier, erfrischt und wach. ▲

Kapitel 5: Heilung

31. Ein neuer Anfang

Ziele: Um uns körperlich und seelisch gesund fühlen zu können, brauchen wir Ziele, Optimismus und das Empfinden, dass wir genügend Kontrolle über unser Leben haben. Diese Phantasiereise kann den Teilnehmern ein neues Gefühl geben, dass ihr Leben einen Sinn hat.

Anleitung: Ich möchte euch zu einer Phantasiereise einladen, die mit einem Symbol aus dem alten Ägypten arbeitet. Ihr wisst, dass die Ägypter den Mut besessen haben, anspruchsvolle und kühne Ziele ins Auge zu fassen. Die Pyramiden erzählen uns auch heute noch davon, mit welcher Entschlossenheit sie ihren Träumen Gestalt gegeben haben.

Setz dich bequem hin und schließ die Augen. Atme einmal tief aus…

Stell dir vor, dass du ein Skarabäus bist, der tief in der Erde sitzt und an einer Wurzel nagt… Stell dir vor, dass du unter der Erde auch kleine Samenkörnchen sammelst, die du mit Teilen der Wurzel zu einem Ball formst, den du mit Speichel und Erde zusammenklebst… Nun fang an, den Ball mit deinen Vorderbeinen nach oben durch die Erde ans Licht zu drücken… Finde eine weiche Stelle, presse den Ball gegen deinen Bauch, bohre mit deinen Vorderbeinen ein Loch in die Erdkruste und komm mit deinem Ball ins Freie. Lass dir ein wenig Zeit und atme kräftig ein und aus… Spüre, wie Brust und Lungen sich ausdehnen, und sieh, wie dein Rückenpanzer ganz gerade und lang ist, während du dich auf deine Hinterbeine stellst in deiner schönen, schwarzblau glänzenden Hülle. Spüre, wie sich im Innern dein Körper ganz weich anfühlt und gut geschützt ist durch deinen Rückenpanzer… Nun benutze deine Insektenaugen, mit denen du in alle Richtungen sehen kannst, und sieh gleichzeitig hinter dir einen Fluss und vor dir einen Berg.

Du beschließt, auf den Berg zu klettern und den Ball vor dir hinaufzurollen. Mit deinen sechs Beinchen, deinen Schultern und deinem Unterleib. Jetzt klebt noch Gras an dem Ball, so dass er größer und größer wird vor dir… du kannst gar nicht mehr sehen, wohin du gehst… Du brauchst Mut und Willensstärke, um den steilen Anstieg zu schaffen. Pass auf, dass du deinen Ball nicht verlierst, sonst musst du ihn dir wieder suchen und von neuem beginnen. Spüre, wie du den festen Willen hast, den Gipfel des Berges zu erreichen… (15 Sekunden)

Jetzt bist du oben auf dem Berg angekommen. Schau dich um und entdecke in der Ferne ein Ziel, das du erreichen möchtest… (10 Sek.)

Lass den Ball nun vom Berg hinabrollen auf dein Ziel zu und sieh, wie er das Ziel trifft und auseinanderbricht und dabei all die Samen verstreut. Denke in diesem Augenblick daran, dass jeder Same landen muss, um aufzugehen und dann Wurzeln zu schlagen...

Bleib selbst auf dem Berg stehen und nimm menschliche Gestalt an. Spüre, wie dein Rücken ganz lang und gerade wird. Konzentriere dich nun auf dein Rückgrat, auf jeden einzelnen Wirbel. Beginne bei dem niedrigsten Wirbel unten am Steißbein und sieh nach, ob er die richtige Position hat. Berühre jeden Wirbel zart und aufmerksam und hilf ihm, die richtige Stellung zu finden. Geh langsam deine Wirbelsäule nach oben, über das Kreuzbein, die Lendenwirbel zu den Rückenwirbeln bis hin zu den Halswirbeln. Achte darauf, dass der Atlas die richtige Position hat, damit du den Kopf nach den Seiten drehen kannst. Dann geh auch zur Axis, dem Wirbel, der dir gestattet, dass du den Kopf heben und senken kannst... Bemerke, wie lang du dich fühlst, wenn alle deine Wirbel gerade übereinanderliegen... Halte den Kopf ganz gerade und spüre alle deine Gelenke von den Zehen bis zum Fußgelenk, zum Kniegelenk, zu den Hüftgelenken. Spüre, wie du die Knochen in ihnen drehen kannst... und spüre auch all die Bänder, die deine Wirbelsäule mit der Muskulatur verbinden...

Mach dich ganz lang und greif nach der Sonne. Spüre, wie sich deine Hände und Arme dabei ausstrecken. Denke daran, dass die Hände deine Fühler sind. Reibe die warme Sonnenenergie überall auf deinen Körper, leg auch etwas davon in dein Sonnengeflecht, damit dieser Teil deines Körpers schön warm wird und die Wärme nach innen weitergeben kann. Bade deine Hände in der goldenen Sonnenenergie und wirf die Reste davon zur Sonne zurück. Schau dahin, wo dein Ziel ist. Bemerke, wie Bäume, Büsche und Gras dort gewachsen sind... Sieh, wie alle deine Wünsche dort in Erfüllung gegangen sind, überstrahlt von hellem, goldenem Sonnenlicht... Nun kannst du leichtfüßig den Berg hinablaufen. Lauf zu dem Fluss und spring hinüber in einen weiten, hellen, offenen Raum...

Kehre jetzt zum Fluss zurück, um darin zu baden. Bade eine kurze Zeit in dem klaren Wasser und setz dich dann unter einen Baum, um auszuruhen. Nun kannst du physisch die Augen öffnen und gleichzeitig mit deinem inneren Auge den Fluss sehen, das weite Gelände, den Berg und die Bäume, Blumen und Früchte. Deine Augen sind ohne Trauer, und sie sehen auf ganz neue Weise. Du weißt, dass du genug Energie hast, um deine Ziele zu erreichen... Nun reck und streck dich, atme einmal tief aus und sei wieder hier, erfrischt und wach. ▲

*Kapitel 6
Quellen der Kraft
finden*

32. Toscana

Ziele: Dies ist eine schöne, sinnliche Phantasiereise, die den Teilnehmern gestattet, sich mit der Energie und der heilenden Kraft von Erde und Himmel verbunden zu fühlen.

Anleitung: Setz dich bequem hin und schließ die Augen. Atme dreimal tief aus...

Stell dir vor, dass du in der Toscana bist. Du wanderst über eine Wiese mit hohem Gras. Bemerke, wie sich der Boden unter deinen Füßen anfühlt... Achte auf die vielfältigen Töne, die dein Ohr erreichen, während du Schritt für Schritt durch das Gras gehst... Schau dich um und sieh auf der einen Seite ein Getreidefeld und auf der anderen Seite ein kleines Flüsschen...

Während du weitergehst, bemerkst du, wie angenehm warm die Sonne heute scheint. Du spürst ihre Strahlen auf dem Gesicht und auf den Armen... Überall fühlst du dich warm und angenehm eingehüllt in goldenes Licht. Du hast das Gefühl, hier zu Hause zu sein...

Nun fühlst du dich von dem Wasser des Flüsschens angezogen. Ganz leise hörst du die Geräusche des Wassers, wenn es große Steine umspült... Ab und zu kannst du den frischen, klaren Duft des Wassers einatmen, während du immer dichter herangehst... Jetzt stehst du am Ufer und bekommst Lust, ins Wasser hineinzusteigen... Spüre, wie angenehm kühl das Wasser ist, und lass deine Füße ein wenig in den sandigen Boden des Flüsschens einsinken... Spüre die feuchte Kühle des Wassers... Spüre, wie du mit deinen Füßen mit der Erde verbunden bist... Bewege deine Zehen ein bisschen und spüre die Kraft der Erde... ihre Energie. Spüre, wie das Wasser sanft deine Beine umfließt... Spüre die Energie und Kraft der Erde unter deinen Füßen... Lass die Energie der Erde aus deinen Füßen weiter nach oben fließen in deine Waden, in deine Knie, in deine Hüften und in deinen Rücken bis in deine Schultern... von dort die Arme hinab bis in deine Fingerspitzen und wieder zurück in deine Schultern, in deinen Nacken, in dein Gesicht und in deinen Kopf...

Spüre, wie die Energie von dort wieder zurückfließt nach unten in dein Becken und in deine Beine bis in deine Füße und zurück in das Wasser und in die Erde. Spüre diesen Kreislauf der Energie, die aus der Erde kommt und dich durchfließt... Lass sie noch einmal in deinem Körper nach oben steigen, wie eine kleine Fontäne, und lass sie diesmal oben aus deinem Kopf hinaussprühen und dich überall mit glitzernden kleinen Energiepartikeln überschütten...

Schau nun auf das Wasser. Sieh, wie es glitzert... Sieh, wie du überall kleine Spiegelbilder entdecken kannst... vom Himmel, von den Bäumen am Ufer und von dir selbst... Sieh, wie das Wasser weiterströmt. Spüre und höre seine Bewegung...

Schau in die Richtung, aus der das Wasser kommt und wie es an dir vorbeizieht. Stell dir vor, wo dieses Wasser vorher gewesen ist und dass es auf seinem Kreislauf um die Erde schon alle Kontinente und alle Ozeane durchströmt hat... Empfinde einen Moment lang, wie du jetzt ein Teil dieses umfassenden Kreislaufes bist...

Nun blicke auf und betrachte die Bäume und Blätter, die von einem sanften Wind bewegt werden... Konzentriere deinen Blick auf einen einzelnen Baum... Bemerke seine Größe... sein Alter... seine besondere Form... Blicke weiter nach oben und sieh den riesigen Himmel... seine wunderschöne tiefblaue Farbe und die darüber wandernden flauschigen Wolken... Sieh die goldene Sonne, die dich mit ihren Strahlen überschüttet. Spüre, wie die Energie des Himmels mit dem Licht der Sonne herabkommt und in dich hineinströmt... oben durch den Kopf... wie sie dein Herz wärmt, weiter nach unten strömt bis zu deinen Füßen und von dort zu den Wurzeln deines Baumes bis in seine Spitze... Lass sie von dort zurückkehren, wieder hinein in deine Füße, und lass sie in deinem Körper aufsteigen und wieder hinauffließen in den Himmel.

Spüre deine Verbindung mit dem Himmel und sauge seine Energie in dich auf. Spüre, wie du auch ein Teil dieses Kreislaufes bist... Stell dir vor, dass die Energie des Himmels aus der riesigen Weite des Universums kommt, in dem es unendlich viele leuchtende Sonnen gibt, alle miteinander verbunden, ein geheimnisvoller Kreislauf der Energie. Spüre einen Augenblick, wie du an diesem Kreislauf teilhast, der dich wärmt und erfrischt.

Geh jetzt mit deiner Aufmerksamkeit zurück zu deinen Füßen, wie sie im Wasser des Flusses stehen. Komm langsam Schritt für Schritt aus dem Wasser heraus und geh den Weg zurück, den du gekommen bist. Bemerke, wie erfrischt du bist und wie sicher sich deine Schritte auf dem Boden der Wiese anfühlen...

Atme noch einmal tief aus. Reck und streck dich, öffne die Augen und sei wieder hier, erfrischt und wach. ▲

33. Der Baum

Ziele: Bäume sind Symbole für die menschliche Existenz. Das Wurzelsystem entspricht unserem unbewussten Geist, der Stamm unserem Tagesbewusstsein und die Krone entspricht unserem höheren Selbst mit seinen ästhetischen und spirituellen Möglichkeiten. Vor allem bieten uns Bäume eine gute Gelegenheit, innere Stabilität zu entwickeln, besonders in Zeiten persönlicher Veränderungen. Dann kann uns das Bild des Baumes das Empfinden von Stabilität und Sicherheit geben.

Diese Phantasiereise kann immer wiederholt werden, und jedes Mal wird sie uns neue Informationen über unsere aktuelle Verfassung geben: Wichtig sind z. B. der Gesundheitszustand des Baumes, die Intensität seiner Farben, die Struktur von Stamm und Zweigen, der Zustand des Wurzelsystems.

Anleitung: Setz dich bequem hin und schließ deine Augen. Atme dreimal tief aus...

Stell dir vor, dass du auf einem Spaziergang durch die Natur bist. Du kommst zu einem Baum, der dich interessiert, der dich anzieht.

Betrachte den Baum zunächst aus einigem Abstand und versuche herauszufinden, was du über seine Lebensgeschichte ablesen kannst... aus der Art und Weise, wie der Baum in der Natur steht... Bemerke auch, in welchem Teil des Jahreszyklus der Baum gerade steht. Ist es z. B. ein Baum im Frühling oder im Herbst?... Welche Art Baum hat dich angezogen, ein Nadelbaum oder ein Laubbaum?... Stell auch fest, ob dein Baum einzeln in der Landschaft steht oder ob er mit anderen Bäumen zusammensteht, in einem kleinen Wäldchen, in einer Obstplantage, in einem tiefen Wald oder in einem Dschungel...

Schau dir die Umgebung des Baumes gut an, alles, was du dort hören, sehen und vielleicht auch riechen kannst...

Geh nun etwas dichter an den Baum heran, um ihn zu begrüßen. Empfinde beim Aus- und Einatmen, dass du gemeinsam mit dem Baum atmest und dass du den frischen Sauerstoff genießt, der dem Baum entströmt...

Nun geh noch dichter an den Baum heran und berühre seine Rinde, seine Nadeln oder Blätter... Bemerke, wie sich der Baum anfühlt... Geh noch dichter heran und umarme den Baum... Spüre dabei, wie du langsam mit dem Baum verschmilzt und für eine Weile der Baum wirst...

Lass dein Bewusstsein den Raum einnehmen, in dem der Baum lebt, unter der Erde, über der Erde... Spüre, dass du anders empfindest, wenn du die Welt aus der Perspektive des Baumes siehst. Bemerke, wie du dich mit deinen Ästen und Zweigen in die Welt hinausstreckst und wie deine Wurzeln weit in die Erde hineinreichen, um dir guten Halt zu geben...

Folge mit deinem Bewusstsein all den vielen Wurzeln. Beginne mit den vielen dünnen und dicken Wurzeln, die sich nach den Seiten ausbreiten... Nun folge einer Wurzel, die tiefer hinabreicht in die Erde, die vielleicht um verschiedene Hindernisse herumgeht, die sich ihr in den Weg gestellt haben. Bemerke die verschiedenen Schichten der Erde – Humus, Steine, Mineralien, die die Wurzel auf ihrem Weg in den tiefen Grund passiert. Vielleicht siehst du hier und da leuchtende Kristalle, während es im Boden immer dunkler und dunkler wird...

Spüre, wo die Erde feuchter wird und wo du das Wasser aufnimmst. Bemerke deine kleinen, winzigen Saugwurzeln, mit denen du das lebensspendende Wasser in dich hereinziehst. Spüre, wie das Wasser des Lebens durch dich hindurchströmt auf seinem Weg nach oben in Stamm und Krone. Lass es von den Spitzen deiner Wurzeln durch die immer dicker werdenden Wurzeln in den Stamm strömen und spüre, wie das Wasser gleich hinter deiner Rinde höher und höher hinaufsteigt, bis in die Spitzen und feinen Verzweigungen der Äste und von dort in Blätter oder Nadeln, Blüten oder Früchte...

Spüre das Leben in dir... Bemerke die Beweglichkeit deiner Äste und deines Stammes, wenn der Wind durch dich hindurchgeht... Höre das Lied des Windes und tanze mit dem Wind...

Geh nun mit deiner Aufmerksamkeit wieder zu deinem Stamm und bemerke deine Stärke und Beweglichkeit, mit der du auch die Stürme des Lebens überstehen kannst. Spüre, wie du dein Gleichgewicht halten kannst, in Sommer und Winter, im Frühling und Herbst...

Behalte dieses Gefühl der Balance in dir, wenn du gleich aus dem Baum hinaustrittst und wieder deine menschliche Gestalt annimmst. Gehe ein paar Schritte zurück und betrachte deinen Baum noch einmal von außen. Kannst du bemerken, dass er jetzt irgendwie gesünder und kräftiger wirkt? Vielleicht möchtest du dem Baum zum Abschied irgendetwas schenken oder dich bei ihm bedanken, dass er für dich da ist... Nimm dir etwas Zeit, um deinem Baum Adieu zu sagen. Wenn du willst, kannst du später zu ihm zurückkehren, um noch mehr von ihm zu lernen oder um ihn zu bitten, dass er dir Sorgen oder Ärger abnimmt...

Nun hol noch ein paarmal tief Luft und spüre dabei deutlich all die Stellen, die dich mit dem Boden verbinden. Öffne nun die Augen und sei wieder hier, erfrischt und wach. ▲

34. Inneres Licht

Ziele: Das Bild des Lichtes gehört zu den wichtigen Symbolen, die uns helfen können, dass wir uns in kurzer Zeit besser und kräftiger fühlen. Diese Phantasiereise spricht unmittelbar die Gefühle der Teilnehmer an und gibt ihnen das Empfinden, dass sie sich mit frischer Energie versorgt haben und die Welt optimistisch sehen können. Die hier verwendete Bildersprache ist magisch, tief entspannend und tröstend. Nach dieser Phantasiereise sehen die Teilnehmer viel schöner und glücklicher aus.

Anleitung: Setz oder leg dich bequem hin. Achte darauf, dass deine Beine und Arme nicht gekreuzt sind und dass deine Kleidung dich nicht einengt... Nun schließ die Augen und fang an, langsam und tief durch die Nase zu atmen. Atme auch durch die Nase aus, langsam und vollständig. Spüre, wie sich dein Bauch hebt und senkt, und gestatte dir immer mehr, innerlich zur Ruhe zu kommen und dich zu entspannen...

Stell dir vor, dass du irgendwo auf dem Lande bist, an einem Platz, der dir gut tut. Es kann irgendwo am Meer sein, in den Bergen oder auch in der Nähe deines Wohnortes. Stell dir vor, dass du dasitzt und die Ruhe und Stille genießt. Du musst nichts Besonderes tun, und die Zeit scheint für dich stillzustehen. Vor dir steht die Sonne am Himmel. Sie scheint auf deine Stirn. Spüre die Helligkeit der Sonne hinter deinen Augenlidern und die warmen Strahlen auf deiner Haut. Lass das Sonnenlicht einfach in deinen Körper hineinfließen – von deinem Kopf bis in deine Füße, so dass du dich mit jedem Atemzug von oben bis unten mit Licht füllst... Du kannst dir auch vorstellen, dass deine Haut jetzt transparent wird. Das Licht leuchtet aus dir heraus, und gleichzeitig strömt das Sonnenlicht in dich hinein...

Stell dir nun vor, dass das Licht immer heller und dein Gewicht immer geringer wird. Es fühlt sich so an, als ob du sanft über dem Boden schwebst. Wenn du einatmest, kannst du dir vorstellen, wie Licht in allen Farben durch die Poren deiner Haut in dich hineinströmt – rotes Licht, blaues Licht, gelbes Licht, grünes Licht, violettes Licht und weißes Licht...

Zwischen Einatmen und Ausatmen fühlst du dich besonders friedlich und erlebst, wie das Licht immer heller wird. Wenn du ausatmest, kannst du dir wiederum vorstellen, dass Licht in allen Farben aus den Poren deines Körpers hinausströmt. Lass dieses Licht weit hinausstrahlen – bis zur

Sonne, bis zu den entferntesten Sternen, bis an den Rand des Universums. Während du einatmest, stell dir vor, dass das Licht nicht nur von der Sonne kommt, sondern aus allen Richtungen, von den fernsten Plätzen des Universums... Spüre, wie du dich ausdehnst und wie die Konturen deines Körpers sich auflösen... Spüre, wie das Licht in deinem Körper mit dem Licht verschmilzt, das von außen kommt... (1 Minute)

Stell dir nun vor, dass mitten in deinem Körper ein besonders heller Lichtpunkt ist. Während du einatmest, strömt das Licht aus dem Universum in diesen Punkt... Und wenn du ausatmest, strömt es von diesem Lichtpunkt zurück in die Tiefe des Universums... Lass diesen Lichtpunkt jetzt an irgendeine Stelle des Körpers wandern, die sich müde, angespannt, schwach oder krank fühlt. Spüre, wie das Licht dieser Stelle deines Körpers Heilung bringt... Vielleicht spürst du dort ein leises Vibrieren, Kribbeln, Wärme oder einfach eine angenehme Ruhe. Lass den Lichtpunkt an dieser Stelle zur Ruhe kommen und lass ihn noch ein wenig heller werden, während du ein- und ausatmest... Nun lass dieses besonders helle Licht wachsen, bis es so groß ist wie dein ganzer Körper. Lass es immer heller werden, während du einatmest und ausatmest... Lass diesen Lichtpunkt so groß werden wie ein Haus... Lass ihn noch heller werden mit jedem Atemzug... Lass dieses Licht noch weiter wachsen, bis es so groß ist wie die Erde, bis es die ganze Welt erfüllt. Lass es heller und heller werden mit jedem Atemzug...

Lass es jetzt langsam schrumpfen, bis es wieder ein gleißendheller Lichtpunkt ist in der Größe eines kleinen Samenkornes. Lass es mit deinem Einatmen und Ausatmen wieder an Helligkeit gewinnen und lass es so groß werden wie dein Körper. Spüre, wie sich dein Körper ganz leicht und leuchtend anfühlt. Spüre, wie dein Körper aus diesem Licht alles das nimmt, was er braucht – Wärme und Kraft, Weite und Lockerheit. Lass dir ein wenig Zeit, damit du dieses Gefühl benutzen kannst, um dich zu regenerieren. Spüre, wie dein Körper diese Ruhe und Wärme genießt... (1 Minute)

Gleich kannst du dieses Gefühl der Leichtigkeit und der Kraft hierher zurückbringen. Reck und streck dich ein wenig, spüre all die Stellen, an denen du Kontakt mit dem Untergrund hast, und atme einmal tief aus. Öffne die Augen und sei wieder hier, erfrischt und wach. ▲

35. Herbsttag

Ziele: Diese Phantasiereise führt die Teilnehmer zurück in ihre Jugend. Sie können Gefühle ähnlicher Intensität und Frische erleben wie damals an der Schwelle zur Pubertät. Besonders betont werden kinästhetische Empfindungen wie Laufen, Springen, Tauchen usw. „Herbsttag" verbindet uns mit der Intensität des Jugendalters und zeigt, dass wir auch viele Jahre später in der Lage sind, so intensiv zu erleben.

Anleitung: Setz dich bequem hin und schließ die Augen. Atme dreimal tief aus...

Stell dir vor, dass die Zeit rückwärts läuft... Geh eine Sekunde zurück... eine Minute... eine Stunde... einen Tag... eine Woche... einen Monat... ein Jahr... zehn Jahre... sei wieder zwölf Jahre alt... Stell dir vor, dass du irgendwo am Rande eines Waldes stehst. Es ist ein wunderschöner goldener Herbsttag. Die Blätter von Ahorn und Eiche sind leuchtend orange, dunkelrot und gelb. Du stehst am Rande eines Kürbisfeldes, und die Blätter der riesigen Kürbisse haben sich beim letzten Nachtfrost hellgelb gefärbt...

Versetz dich in die Zeit zurück, als du zwölf Jahre alt warst... Wer sind deine Freunde?... In welche Klasse gehst du?... Wer ist deine Lehrerin?... Was tust du am liebsten?... Was möchtest du einmal machen, wenn du erwachsen bist?... Wie fühlst du dich in diesem Alter von zwölf Jahren?...

Nun lauf durch das Kürbisfeld... Laufe weiter über ein Stoppelfeld und höre, wie die kurzgeschnittenen Halme unter deinen Füßen knistern...

Dann kommst du zu einem großen Heuhaufen. Klettere oben auf den Heuhaufen und fang an, in die Luft zu springen, und spüre, wie das Heu unter deinen Füßen federt, wenn du wieder herabkommst. Spüre den Duft des Heus in deiner Nase und mach deine Sprünge höher und höher, so dass du hoch hinausfliegst in den blauen Himmel, und lande dann auf der Wiese am Fuße des Heuhaufens in einer Wolke aus goldenem Staub.

Verlass den Heuhaufen und komm an einen großen Steinbruch, wo Granit gewonnen wird. An einer Stelle hat sich ein tiefer Teich gebildet. Steh oben auf einem Stein und sieh in das klare, glitzernde Wasser. Zieh dich aus. Spüre, wie du an einigen Stellen deines Körpers eine Gänsehaut bekommst... Hole einmal tief Luft und stoß dich vom Boden ab, um mit einem Kopfsprung das Wasser zu erreichen. Spüre, wie dein Körper durch die frische Luft fliegt, wie dein Kopf das Wasser erreicht und wie du tief nach unten durch das kühle Wasser schießt. Nimm den Kopf in den Nacken und tauche wieder auf. Hol einmal tief Luft und schwimm zurück ans Ufer. Steig wieder auf die Felsen und laufe ein Stück weiter. Du kommst zu einem anderen Teich, in dem ein kleiner Ponton schwimmt mit einem Sprungbrett drauf. Diesmal willst du anders in das Wasser springen. Du nimmst Anlauf, und nachdem du abgesprungen bist, ziehst du deine Knie an die Brust und fliegst wie eine Kanonenkugel in das Wasser, das hoch aufspritzt.

Schwimm nun zu dem Ponton, klettere nach oben und stell dich auf das Sprungbrett. Spüre den dicken Belag aus Sisal unter den Füßen. Geh an die Spitze des Sprungbrettes. Spüre, wie das Brett unter deinem Gewicht elastisch wippt, und fang an, höher und immer höher zu springen. Dann stoß dich mit einem kräftigen Sprung ab, flieg hoch in die Luft, zieh deine Knie an die Brust und bring auch dein Kinn nach unten an deine Brust. Mitten in der Luft machst du einen Salto. Lande mit einem Kopfsprung im Wasser.

Schwimm zurück zum Ufer und leg dich in die Sonne auf einen warmen Felsen. Spüre deinen ganzen Körper, spüre, wie kräftig und lebendig du bist.

Steh wieder auf und sieh noch einmal in das Wasser unter dir. Etwas undeutlich siehst du einen kleinen Behälter auf dem Grunde des Teiches liegen. Du wirst neugierig und springst noch einmal ins Wasser, um nach diesem Gegenstand zu tauchen. Bring ihn nach oben und schwimm zurück ans Ufer. Öffne den Behälter, sieh nach und lass dich überraschen, was du darin findest. Gib dir ein wenig Zeit, deinen Fund zu untersuchen. Was könntest du damit anfangen?... (1 Minute)

Nun kannst du wieder in dein wirkliches Alter zurückgehen. Bring alle guten Gefühle, die du gespürt hast, hierher zurück, und wenn du willst, auch das, was du gefunden hast. Reck und streck dich ein wenig, öffne die Augen und sei wieder hier, erfrischt und wach. ▲

36. Erschöpfung überwinden

Ziele: Die meisten Menschen haben von Zeit zu Zeit Gefühle der Depression. Sie empfinden, dass ihre Energie blockiert ist. Sie fühlen sich erschöpft und lustlos. Wenn wir uns deprimiert fühlen, dann haben wir Schwierigkeiten, unsere Gefühle überhaupt zu bemerken. Und weil Gefühle Energie sind, fehlt uns dann jeder Elan. Auch milde Depressionen erleben wir als physische und emotionale Energielosigkeit. Diese Phantasiereise kann Ihren Teilnehmern helfen, blockierte Energie wieder freizusetzen, vor allem dann, wenn die Depression nicht zu intensiv ist. Sie kann uns Hoffnungslosigkeit und Selbsthass nehmen und das Gefühl von Lebensangst lindern.

Anleitung: Ich möchte euch zu einer Phantasiereise einladen, bei der ihr euch wieder mit den Quellen eurer inneren Kraft verbinden könnt.

Setz dich bequem hin und achte darauf, dass Kopf, Nacken und Wirbelsäule in einer geraden Linie sind. Schließ die Augen und hol ein paarmal tief Luft, so tief es geht... Sende dann die warme Energie deines Atems an alle Stellen deines Körpers, die müde oder angespannt sind, und lass beim Ausatmen alle Empfindungen von Anspannung und Unbehagen aus dir hinausfließen... Bemerke, wie dein Atem an alle angespannten Stellen geht... wie er sie locker und weich macht... und alle Spannungen in sich aufnimmt, um sie aus dir hinausfließen zu lassen... so dass du dich immer sicherer und bequemer, immer entspannter und behaglicher fühlen kannst, wenn du beobachtest, wie dein Atem deinem Körper gut tut.

Stell dir nun einen Ort vor, an dem du dich sicher und ruhig fühlen kannst, einen Ort, den es wirklich gibt oder den du dir ausdenkst, einen Ort, den du schon kennst oder wohin du schon immer einmal gehen wolltest... Lass diesen Ort für dich lebendig werden. Schau dich um... Erforsche diesen Ort mit deinen Augen... Genieße die Farben, die du sehen kannst... Schau nach links und schau nach rechts...

Achte auch auf die Töne an diesem Ort... was immer du hörst... Wind oder Wasser... Vögel oder andere Tiere... oder eine Mischung von vielen Geräuschen... Lass deine Ohren einfach die besondere Musik dieses Ortes genießen.

Bemerke, worauf du sitzt oder liegst... Spüre, wie sich der Boden unter dir anfühlt... vielleicht sind es Tannennadeln, Sand oder Gras...

Oder du sitzt in einem bequemen Sessel oder auf einem warmen Felsen in der Sonne... Spüre auch, wie die Luft deine Haut berührt... frisch und trocken... oder duftend und feucht... Vielleicht bist du drinnen, vielleicht bist du draußen und vielleicht gibt es einen ganz feinen Duft, der in der Luft liegt und dein Gesicht liebkost... Gib dir einfach die Erlaubnis, die Atmosphäre dieses Ortes auf deiner Haut zu genießen...

Bemerke nun die verschiedenen Gerüche... von Blumen... von der salzigen Seeluft... den süßen Duft von der Wiese oder den herben Duft grünen Waldmooses...

Mehr und mehr kannst du dich hier heimisch fühlen und dankbar sein, dass du hier bist... Auf einmal bemerkst du ein Kribbeln. Irgendetwas scheint in der Luft zu liegen, das dich neugierig und etwas aufgeregt macht, und du bekommst das Gefühl, dass gleich irgendetwas Schönes passieren wird. Du wirst dir immer sicherer, dass du etwas Interessantes erleben wirst, und du spürst vielleicht, dass die Luft etwas wärmer wird und leise um dich herum vibriert...

Über dir schwebt ein heller Lichtkegel ganz sanft nach unten und bildet ein Zelt aus vibrierender, kribbelnder Energie um dich herum, das dich umgibt und dich schützt. Und alles, was von dem Licht berührt wird, leuchtet hell auf in frischen Farben, als ob es ganz neu wäre...

Du spürst, wie die Luft um dich herum elektrisch aufgeladen ist. Du wunderst dich über diese plötzliche Schönheit und du spürst, wie die vibrierende Energie des Lichtes durch deinen Körper fließt, wie sie sanft in deinen Kopf und Nacken strahlt... deine Schultern wärmt, so dass dein ganzer Körper sich weicher, lockerer und weiter fühlt. Langsam dringt das Licht auch in deine Brust ein und strömt in das Gefühl der Schwere um dein Herz herum. Du spürst, wie diese Schwere sanft massiert wird, so dass dir leichter ums Herz wird, offener und freier. Das Licht strömt deine Wirbelsäule hinab und füllt deinen Rücken und deinen Bauch. Es durchdringt alle Schichten deines Körpers, es wärmt und belebt jedes einzelne Organ. Du spürst diese vibrierende Wärme jetzt auch in deinem müden Bauch, der sich langsam, langsam anfüllt mit der Energie des Lichtes. Und dieses Zauberlicht wirkt Wunder in deinem Körper. Es bewegt sich mit einem geheimnisvollen Wissen an all die verborgenen Plätze, wo sich Schmerzen und Enttäuschung angesammelt haben, bis in das Zentrum der Schwere. Du spürst, wie diese Stellen locker und hell werden, wenn du in sie hineinatmest. Du spürst, wie deine Kraft langsam zurückkehrt und wie alte Funken wieder in dir aufblitzen...

Allmählich bemerkst du, dass du nicht allein bist... dass du überall umgeben bist von einer geheimnisvollen Gegenwart, von sanften, liebevollen Wesen, die nur deine Bundesgenossen sein können, die dir zulächeln und dir zunicken in der sanften Helligkeit dieses Lichtes... Einige dieser Wesen sind dir vielleicht bekannt, andere vielleicht nicht, aber sie alle wärmen dich mit ihrer heilsamen Präsenz. Und eines dieser Wesen kommt ganz langsam auf dich zu und schaut dir tief in die Augen und berührt zart deine Brust, so dass du einen Strom sanfter Energie in dein Herz fließen spürst... starke Wellen von Lebenskraft... Es ist, als ob das Eis um dein Herz schmilzt, als ob der dichte Nebel von Überdruss verfliegt, wenn du deinen eigenen Herzschlag bemerkst, ruhig und kräftig...

Mit jedem Atemzug spürst du, wie die alte Kraft in dich zurückkehrt, wie sie tief in dir anfängt zu pulsieren und ein Gefühl der Stärke und Entschlossenheit in jede Ecke deiner Existenz schickt. Du siehst, dass die Augen, die dich anschauen, sehen, was du siehst, dass du auf dem Wege der Heilung bist, dass du dich an deine Kraft und Lebendigkeit erinnerst, dass du es tief in dir spüren kannst, wenn du einatmest, um es zu berühren... wenn du ausatmest, damit es überall durch dich hindurchströmt...

Nun weißt du mit deinem ganzen Herzen... mit deiner ganzen Existenz... dass du auf dem Weg der Heilung bist, dass deine Heilung weitergehen wird, dass die Schwere leichter wird und dass der Nebel der Hoffnungslosigkeit von diesem hellen und pulsierenden Licht vertrieben wird, während du all die Stellen lockern kannst, wo du deine Gefühle festgehalten hast... Du kannst Kummer und Müdigkeit ausatmen... und die Schönheit des tanzenden Lichtes einatmen... Du kannst Trauer und Verzweiflung loslassen, wenn du ausatmest, und Freude und Hoffnung einatmen. Du kannst Schmerzen und Ärger ausatmen und wissen, dass es dir besser geht, weil sich dein Herz ausdehnt... wieder ganz weit wird...

Du hörst eine Stimme sagen: „Wir sind immer hier. Du selbst kommst und gehst... Du kannst uns jederzeit rufen, und dann werden wir kommen, um dir zu helfen bei deiner Heilung und dich daran erinnern, wer du in Wirklichkeit bist." Dann gibt dir das Wesen eine Hand voll leuchtenden, pulsierenden Lichts, damit du es aufbewahrst für Zeiten, in denen du es brauchst... Und es schaut dir noch einmal tief in die Augen, wie ein guter Freund, und sagt dir mit einer Geste Adieu.

Du siehst nun, wie das Licht sich langsam zurückzieht, bis es ganz verschwunden ist. Aber du weißt, dass du es jederzeit zurückrufen kannst, wenn du es möchtest.

Nun kannst du dich noch einmal an diesem sicheren Ort sehen und in dieser schönen Umgebung. Vielleicht sind die Farben um dich herum jetzt heller... die Geräusche deutlicher... und die Luft lebendiger...

Vielleicht spürst du, dass etwas Wichtiges geschehen ist, dass eine bedeutende Veränderung eingetreten ist, die weiterwirken wird, mit oder ohne deine bewusste Mitarbeit...

Du erkennst sehr klar, dass du diesen Ort, dieses Licht und diese Gruppe mythischer Verbündeter immer wieder zu dir rufen kannst, wenn du den Wunsch verspürst, die Arbeit fortzusetzen, die du schon getan hast... Bring nun dieses Gefühl der Hoffnung hierher zurück... Reck und streck dich ein wenig und atme einmal tief aus... Öffne die Augen und sei wieder hier bei uns sein, erfrischt und wach. ▲

37. Erotische Energie

Ziele: Die folgende Phantasiereise arbeitet wieder mit negativen Halluzinationen. Wasser macht keine Geräusche und es hat keinen Geruch. Mit diesem technischen Kunstgriff machen wir andere Sinneseindrücke lebendiger und intensiver. Darüber hinaus geben wir den Teilnehmern eine wunderschöne, attraktive Gefährtin, um ihre erotische Energie zu beflügeln. Erotische Energie ist die Kraft des Lebens, die uns bei allem beflügeln kann, was immer wir tun.

Anleitung: Setz oder leg dich bequem hin und schließ deine Augen. Atme dreimal tief aus...

Stell dir vor, dass gute Freunde dir ihr Ferienhaus für ein Überraschungswochenende überlassen haben. Du bist auf einer kleinen tropischen Insel, und es ist spät in der Nacht. Du stehst in der Küche und schaust in das Spülbecken, in dem das Geschirr vom Abendessen steht. Aus dem Wasserhahn fällt ein Tropfen nach dem anderen in eine schwere Eisenpfanne. Du kannst diese Tropfen nicht hören. Tropfen auf Tropfen... Tropfen auf Tropfen... Du versuchst, das Wasser, das sich in der Pfanne sammelt, zu riechen, aber du merkst, dass das Wasser keinen Geruch hat. Auf der Arbeitsplatte neben dem Spülbecken steht eine Kaffeemaschine mit einer Kanne heißen Kaffees. Du versuchst, den Kaffee zu riechen, aber er hat keinen Geruch. Du schüttest den Kaffee in einen Becher und schlürfst langsam das heiße Getränk, aber du hörst kein Geräusch. Schmeck das bittere Aroma des Kaffees... Nun geh drei Stufen hinab in das tiefer liegende Wohnzimmer. Die eine Seite ist von oben bis unten verglast und lässt das blaue Licht der Nacht herein. Du legst dich auf eine Couch, die mit weißer Seide bezogen ist. Auf der Seide glänzt das blaue Licht der Nacht. Du schaust in den dunklen Himmel, und allmählich erkennst du die Silhouette von Palmen und Bergen.

Plötzlich liegst du auf einem Floß, das auf einem schnell fließenden Fluss treibt. Ab und zu kommst du durch Stromschnellen, wo das Wasser weiß aufschäumt. Spüre das Wasser unter dir, spüre, wie es eiskalt deinen Körper umspült, kalt und nass und kribbelnd. Aber du kannst den Fluss nicht hören, das Wasser ist stumm. Auf beiden Seiten des Flusses stehen hohe Pappeln und einsame Pinien...

Nun landet das Floß am Ufer, und du gehst einen schmalen Pfad durch einen Pinienwald. Auf einem Bett aus Pinnennadeln siehst du eine schlafende Gestalt. Zugedeckt mit einem weißrot gestreiften Laken. Du kannst dir wünschen, ob das ein junger Mann oder eine junge Frau sein soll. Der junge Mann oder die junge Frau zieht mit einem Ruck das Tuch zur Seite, und du siehst eine wunderschöne nackte Gestalt. Du spürst augenblicklich eine starke erotische Anziehung und du siehst, wie die Augen dich anlächeln und dir zu verstehen geben, dass die Anziehung wechselseitig ist. Er oder sie ergreift liebevoll deine Hand und geht mit dir durch die Wälder…

Blumen füllen den Wald, Orchideen und Lilien. Dann macht der Weg eine Biegung und du kommst in ein Tal, das ganz mit gelben Narzissen gefüllt ist. Atme ihren süßen Duft ein. Mitten in dem Tal gibt es einen kleinen Fluss. Zieh dich aus und geh durch das Wasser, das dir bis zum Kinn reicht… Unter deinen Füßen spürst du den feinen sandigen Grund des Flusses. Jetzt siehst du am Ufer violette Krokusse unmittelbar vor deinen Augen…

Steig aus dem Wasser und geh durch ein kleines Wäldchen aus blühenden Weidenbüschen. Geh durch die dicht stehenden Büsche und lass dich von den Kätzchen trocknen…

Du kommst an ein riesiges Feld mit roten, gelben und weißen Tulpen, die in der Sonne leuchten. Überall auf dem Feld stehen kleine Windmühlen, deren Flügel sich im Wind drehen. Oben über den weiten hellblauen Himmel schwebt eine flauschige Wolke. Sie sieht aus wie riesiges Luftschloss…

Jetzt fängt es an zu regnen, ein leichter, geräuschloser Regen. Der Regen ist warm und feucht auf deiner Haut. Du kannst ihn nicht riechen. Die Sonne scheint weiter und bildet einen riesigen Regenbogen, der das Luftschloss umgibt. Hand in Hand steht ihr beide im Regen, in der Sonne und schaut nach oben in den leuchtenden Regenbogen am Himmel. Dieser Augenblick ist so vollkommen, dass du wunschlos glücklich bist. Und dieses gute Gefühl kannst du gleich mit hierher bringen. Sag deinem Begleiter Adieu, und wenn du willst, verabrede dich mit ihm.

Nun reck und streck dich, atme einmal tief aus und öffne die Augen, erfrischt und wach. ▲

Kapitel 7
Innere
Ressourcen

38. Der Schatz im See

Ziele: Wenn wir unser Leben genießen wollen, dann ist es wichtig, dass wir unsere Rollen als Männer oder Frauen, Väter oder Mütter etc. nicht allzu rigide interpretieren. Persönliche Vitalität hängt in einem beträchtlichen Ausmaß davon ab, dass wir flexibel denken, dass wir unsere Einstellungen im Leben weiterentwickeln und auch unser Verhalten nicht in wenigen Mustern erstarren lassen. Wir tun gut daran, wenn wir eine innere Qualität entwickeln, die der englische Mediziner Edward de Bono „Wasser-Logik" genannt hat, eine kreative, bewegliche Haltung der eigenen Persönlichkeit und den Zufällen und Ereignissen unseres Lebens gegenüber.

In dieser Phantasie laden wir die Teilnehmer dazu ein, neugierig zu werden auf ihre eigenen inneren Ressourcen, auf ihre Talente und Potentiale bzw. auf die überraschenden Angebote, die ihnen das Leben selbst macht.

Anleitung: Setz dich bequem hin und schließ deine Augen. Lass die Füße flach auf dem Boden stehen und die Hände locker in deinem Schoß liegen, die Handflächen nach oben. Atme dreimal tief aus… Wenn du gleich weiteratmest, dann spüre, wie beim Einatmen deine Rippen nach außen gehen und wie dein Bauch sich nach außen wölbt. Atme langsamer aus, als du eingeatmet hast… Spüre, dass die Luft, die du einatmest, etwas kühler ist als die Luft, die du ausatmest. Vielleicht bemerkst du auch, dass dein Körper sich größer anfühlt, wenn du einatmest, und etwas kleiner beim Ausatmen…

Du kannst nun deinen Atem sich selbst überlassen und etwas für deinen Kopf tun. Lass deine Augenlider zur Ruhe kommen, entspanne deine Stirn und deinen Kiefer. Wenn irgendwelche Gedanken durch deinen Kopf ziehen, beobachte sie einfach und lass sie dann weiterziehen…

Lass nun ganz aus dem Hintergrund deines Geistes ein Bild kommen, das zeigt, wie du an einem warmen, sonnigen Tag draußen durch die Natur gehst. Stell dir eine Umgebung vor, die ungewöhnlich schön ist… Bei dir hast du einen funkelnden Diamanten, der in einem schönen Ring gefasst ist. Dieser Ring ist dir geschenkt worden, weil er dich beschützen kann und weil er dir ungewöhnliche Fähigkeiten gibt. Mit seiner Hilfe kannst du Aufgaben erledigen, die dir normalerweise unmöglich wären. Du trägst diesen Ring an der linken oder rechten Hand. Er passt perfekt

Kapitel 7: Innere Ressourcen

zu dir. Vielleicht hast du bisher geglaubt, dass es solche Ringe nur im Märchen gibt... vielleicht hast du dir einen solchen Ring schon immer gewünscht... vielleicht bist du auch etwas unsicher, ob ein so ungewöhnlicher Ring überhaupt zu dir passt, so dass du etwas Zeit brauchst, um dich an diesen kostbaren Besitz zu gewöhnen... Sieh, wie das Licht der Sonne in dem schön geschliffenen Diamanten funkelt, so dass du Lust bekommst, mit verschiedenen Stellungen deiner Hand zu experimentieren, damit das Licht immer neu reflektiert wird...

Du gehst langsam einen kleinen Weg entlang und schaust dir deine Umgebung neugierig an. Du bist offen für alles, was du hier hören kannst, und ab und zu kannst du einen Duft bemerken, der dir vertraut und angenehm ist... Jetzt siehst du in der Nähe ein Gewässer und gehst langsam darauf zu. Am Ufer liegt ein großes, blaues Schlauchboot, auf dessen flachem Boden ein Paddel liegt.

Du kletterst in das Schlauchboot, löst das Seil, mit dem das Boot befestigt ist, und paddelst langsam hinaus auf das Wasser, bis du spürst, dass jetzt die Sonne unmittelbar über dir steht. Du legst das Paddel ins Boot und bemerkst, dass das Wasser ganz ruhig ist. Es gibt auch keinen Wind, so dass das Schlauchboot still an seinem Platz bleibt. Du bekommst Lust, dich auf dem flachen Boden des Schlauchbootes auszustrecken, schön geborgen in dem weichen Luftkissen, das dich überall umgibt. Unter dir spürst du, dass der Boden von dem Wasser angenehm gewärmt wird und dass das Wasser zu atmen scheint, indem es sich ganz langsam hebt und senkt... Du fühlst dich wie auf einem Wasserbett von unten durch das Wasser gewärmt und von oben durch die goldene Sonne...

Mit geschlossenen Augen genießt du das Empfinden von Frieden und Ruhe. Du kannst spüren, wie Anspannung, Schmerzen, Müdigkeit und Unbehagen sich allmählich in deinem Körper auflösen und dass auch dein Geist immer mehr zur Ruhe kommt. Angst, Sorgen und alle Themen des Alltags treten in den Hintergrund, und nach einer Weile bemerkst du nicht einmal mehr das Boot, in dem du liegst. Du hast das Gefühl, dass du mit deiner Umgebung verschmilzt, dass es keine Grenze mehr gibt zwischen dir und dem Wasser. Du hast den Eindruck, dass du im Wasser schwebst, und du fühlst dich ganz leicht... Du weißt auch nicht, wie viel Zeit du auf dem Wasser verbringst, aber es fühlt sich so an, als ob Stunden vergehen, in denen du dich auf eine ganz ungewöhnliche Weise tief erholst... (1 Minute)

Jetzt ist dir so, als ob du aus einem Traum erwachst, in dem du erfahren hast, dass irgendwo unter dir im Wasser ein verborgener Schatz ist, der dir gehört. Du richtest dich auf und schaust über die Bordwand ins Wasser... Vielleicht kannst du schon etwas erkennen, vielleicht siehst du noch nichts, aber du spürst, dass dein Herz anfängt, etwas kräftiger zu schlagen... Du machst eine kleine Pause, um nachzusehen, ob du immer noch den Diamantring an der Hand hast... und dann lässt du dich ins Wasser gleiten und tauchst hinab, um deinen Schatz zu finden. Bemerke, dass hier die Geräusche anders klingen als oben über dem Wasser... Schwimm ein wenig in dieser Unterwasserwelt herum und erkunde sie. Wie ist es hier?... Wie fühlst du dich in dieser Wasserwelt?... Was kannst du sehen?... Was kannst du mit deinen Händen und mit deiner Haut spüren?... Gib dir Zeit, deinen Schatz zu entdecken. Vielleicht liegt er gut sichtbar auf dem Boden des Wassers, vielleicht ist er teilweise bedeckt von Sand oder von Wasserpflanzen, vielleicht kannst du zunächst nur ein loses Tau entdecken, das irgendwo an deinem Schatz befestigt ist... Denk daran, dass du deinen Zauberring benutzen kannst, wenn es notwendig sein sollte. Wenn du deinen Schatz gefunden hast, dann kannst du überlegen, ob du ihn dort unten untersuchen willst oder ob du ihn mit nach oben in dein Boot holen willst, um ihn anschließend ans Ufer zu bringen...

Wenn du den Schatz im Wasser lassen willst, dann bemerke deine Empfindungen und die Gründe, weshalb du ihn dort lassen willst. Wenn du deinen Schatz behalten möchtest, dann bring ihn an die Wasseroberfläche und an Bord des Bootes. Benutze, wenn nötig, deinen Zauberring...

Frag dich nun, welche Veränderungen der Schatz in dein Leben bringen wird und was du mit ihm anfangen kannst. Wenn du ihn immer noch behalten willst, dann kannst du ans Ufer zurückkehren und beobachten, wie du dich dabei fühlst und was dieser Schatz für dich bedeutet...

Vielleicht entscheidest du dich auch dagegen, den Schatz zu behalten, dann kannst du ihn wieder ins Wasser zurückwerfen und ohne ihn ans Ufer zurückkehren. Bemerke, wie du dich dabei fühlst... (1 Minute)

Nun sieh, wie du mit dem Boot wieder am Ufer angekommen bist. Binde es fest und steige an Land. Sieh dich noch einmal um, damit du an diesen Platz zurückkehren kannst, wenn du das möchtest. Vielleicht hast du das Gefühl, dass hier noch andere Schätze auf dich warten...

Komm nun mit deiner Aufmerksamkeit hierher zurück. Bring vor allem deine Zufriedenheit darüber zurück, dass du bereit warst, auf die Suche nach verborgenen Schätzen zu gehen.

Reck und streck dich ein wenig, atme einmal tief aus und sei wieder hier, erfrischt und wach. ▲

39. Der Zauberberg

Ziele: Es ist gut, wenn wir uns immer wieder klar machen, dass Stärke, Unterstützung, Stabilität und Sicherheit nicht von außen, nicht von anderen Menschen kommen, sondern von innen, von uns selbst. Außerdem ist es gut, wenn wir lernen, alte Bürden abzulegen, um uns nur dann mit Problemen zu beschäftigen, wenn es an der Zeit ist.

Besonders wichtig ist es, dass wir das Fenster zum Unbewussten offen halten, um wichtige neue Botschaften zu hören, die wir brauchen, um nicht zu stagnieren, um im Fluss zu bleiben und neue Herausforderungen bewältigen zu können. Diese einfachen Dinge vergessen wir leicht. „Der Zauberberg" erinnert uns auf sehr angenehme Weise daran, und mit etwas Glück können manche Teilnehmer mit einer wichtigen Information von innen aus dieser Reise zurückkehren.

Anleitung: Setz dich bequem hin und schließ die Augen. Atme dreimal tief aus... Es genügt, wenn du diese Phantasiereise mit einer leichten Entspannung beginnst. Im weiteren Verlauf wirst du von selbst immer lockerer, immer aufmerksamer, immer offener werden.

Mach es dir an deinem Platz bequem, im Sitzen oder im Liegen... Genieße den ruhigen Rhythmus deines Atems...

Stell dir vor, dass du wieder von der sommerlichen Wiese aus startest, von der du vielleicht schon einmal zu interessanten Unternehmungen aufgebrochen bist. Heute wirst du wieder zu dem Bach kommen, der sich im hohen Gras der Wiese verbirgt. Vielleicht bekommst du irgendwann Lust, die Gegend zu erforschen, aus der der Bach kommt, heute aber gehst du in die Richtung, in die er fließt... Du folgst einfach dem kleinen Weg, der den Bach am Ufer begleitet. Du siehst, wie sich dieser Bach verändert. Manchmal ist er schmal und tief, wie du ihn auf deiner Wiese gesehen hast; manchmal wird er zu einem breiten und flachen Flüsschen. Die Sonne tanzt auf den Wellen, und das Wasser ist so klar, dass du jeden Stein im Flussbett sehen kannst.

Dann wieder wird der Bach schmaler und tiefer, und du siehst, wie sich hier und da Strudel bilden, so dass du eine Ahnung bekommst, wie viel Kraft sich unter seiner Oberfläche verbirgt.

An einigen Stellen wachsen die Bäume so dicht am Ufer, dass sie die Sonne abhalten. Die Wurzeln der Bäume laufen quer über den Weg; du musst gut auf deine Schritte achten, damit du nicht stolperst und fällst.

An solchen Stellen ist es dunkel und kühl, so dass man sich einsam und verlassen fühlt. Manchmal scheinen dir diese schattigen Wegstrecken lang.

Zum Glück wird die Landschaft wieder heller, und du kannst nach oben blicken und den freundlichen blauen Himmel durch die Zweige sehen. Die Bäume stehen hier weiter auseinander, so dass mehr Sonnenlicht auf deinen Weg fällt, der auch wieder glatter und ebener wird.

Du hast den Eindruck, dass das Wasser jetzt ein wenig schneller fließt, wo es seinem Ziel näher kommt. Bald gelangst du an die Stelle, wo das Flüsschen in ein großes Gewässer mündet, in einen See oder sogar ins Meer. Du kannst es nicht genau erkennen, aber du bemerkst, dass das Wasser hier breiter wird.

Dies ist ein hübscher Platz. Es gibt einen kleinen Strand. Du kannst niemanden sehen, trotzdem fühlst du dich hier zu Hause. Du hörst den sanften Schlag der Wellen am Ufer, und vielleicht hörst du auch den Ruf eines Wasservogels oder das leichte Klatschen, wenn ein Fisch auf der Jagd nach Insekten ins Wasser zurückfällt. Vielleicht hast du auch Lust, Schuhe und Strümpfe auszuziehen, um den Kies unter deinen Füßen und den warmen Sand zwischen deinen Zehen zu fühlen.

Du wanderst ganz versunken am Strand entlang wie in einem angenehmen Tagtraum... Hinter einer Biegung des Ufers bemerkst du, dass hier der Strand aufhört. Ein riesiger Fels reicht bis dicht ans Wasser, und an seinem Fuß führt nur noch ein schmaler Kiesstreifen weiter.

Du ziehst dir deine Schuhe wieder an und folgst diesem schmalen Kiesstreifen... Mit der einen Hand stützt du dich dabei am Felsen ab. In dem Stein glitzern rote und goldene Kristalle. Er fühlt sich warm und fest an, und etwas von der Kraft der Kristalle strömt in deine Hand und in dein Selbst...

Dies ein Zauberberg. Wenn du um den Felsen herumgehst, entdeckst du eine Tür in der steinernen Wand, die einen kleinen Spalt offen steht.

Neugierig öffnest du die Tür und trittst über die Schwelle. Du stehst in einer großen Höhle, die wie eine Empfangshalle wirkt. Auch hier ist kein Mensch zu sehen, und doch fühlst du dich zu Hause. Der Raum wirkt wie ein weiter Dom, und überall an den Wänden funkeln Kristalle im dämmrigen Licht.

Du bemerkst an der einen Wand eine glatte Fläche aus poliertem Granit mit vielen kleinen goldglänzenden Messingtüren. Du weißt, dass diese Schließfächer für dich da sind, damit du hier alle Sorgen, allen Kum-

Kapitel 7: Innere Ressourcen

mer und alle Bürden, die du vielleicht mitgebracht hast, deponieren kannst. Das tust du jetzt... Du kannst so viele Schließfächer benutzen, wie du möchtest. Verschließe sie sorgfältig und bewahre die Schlüssel in einer Tasche oder an einem Band um deinen Hals gut auf... (1 Minute)

Jetzt fühlst du dich viel leichter, nachdem du alle diese Bürden abgelegt hast... Du erkundest weiter die große Eingangshalle... und nach einiger Zeit entdeckst du ein kleines Portal, hinter dem ein Korridor beginnt. Und obgleich du zum ersten Mal an diesem Platz bist, weißt du intuitiv, dass du diesen Korridor entlanggehen und dich dabei ganz sicher fühlen wirst...

Du machst dich auf den Weg. Du hast ein merkwürdiges Gefühl dabei, aber du weißt, dass dir nichts passieren wird. Es kommt dir so vor, als ob du diesen Korridor schon kennst, obgleich du dich nicht daran erinnern kannst, jemals hier gewesen zu sein. Es ist warm, und trotzdem riecht die Luft frisch, es ist dämmerig, und trotzdem kannst du gut sehen.

Für einige Menschen ist dieser Korridor kurz und gerade, für andere ist er länger und kurvenreich, aber für jeden führt er am Ende in einen wunderschönen, besonderen Raum. Der Raum scheint mit Sonnenlicht gefüllt zu sein. Du weißt, dass ein Raum in Innern des Berges nicht sonnenhell sein kann. Trotzdem ist es so.

Irgendwo in diesem Raum wirst du einen Menschen oder einen Gegenstand antreffen, der eine Botschaft für dich hat. Wenn es ein Mensch ist, kennst du ihn oder sie vielleicht schon, aber vielleicht glaubst du auch, dass du diese Person noch nie zuvor getroffen hast. Es kann dir aber auch ein Tier begegnen oder du findest einen Gegenstand, vielleicht ein Buch, einen Brief oder ein Foto, vielleicht auch irgendein Erinnerungsstück, eine alte Bauerntruhe oder ein Spielzeug. Jedenfalls hält irgendjemand oder irgendetwas eine Botschaft für dich bereit.

Diese Botschaft kann in klaren Worten kommen, aber wahrscheinlich kommt sie eher als ein Gefühl, als eine Intuition, bei der du denkst: „Das habe ich irgendwie geahnt." Oder du findest eine Verbindung zwischen zwei Ereignissen, an die du vorher nicht gedacht hast. Oder du spürst ganz tief in dir, dass sich etwas verändert, dass etwas in dir beginnt, das Zeit braucht, um abgeschlossen zu werden.

Du kannst jetzt etwas Zeit in diesem Raum verbringen, und ich werde auf dich warten, damit du in aller Ruhe die Botschaft aufnehmen kannst, die für dich bestimmt ist, und damit du die Konzentration genießen kannst... (1 Minute)

Jetzt ist es an der Zeit, dass du diesen Raum wieder verlässt, aber du weißt, dass du immer wieder hierher zurückkehren kannst, wenn du das möchtest, denn dieser Raum gehört dir... er ist in dir...

Geh durch den Korridor wieder zurück zur Eingangshalle. Wenn du willst, kannst du die eine oder andere der Bürden, die du dort abgelegt hast, wieder auf dich nehmen. Aber du kannst ganz ruhig sein: Diese Fächer schließen wirklich sicher.

Dann geh durch die Tür wieder nach außen. Lass sie angelehnt für den Fall, dass du einmal wiederkommen willst.

Geh den schmalen Weg um den Felsen zurück und stütz dich dabei wieder mit der Hand an der steinernen Wand ab. Spüre noch einmal die Stärke, Stabilität und Sicherheit, die von innen kommen. Dann geh über den breiten Strand zurück, den Weg am Ufer des Flüsschens entlang und zurück zu deiner Wiese.

Streck dich jetzt ein wenig, atme einmal tief aus und sei wieder hier, erfrischt und wach. ▲

40. Gandors Paradies

Ziele: Auch in dieser Phantasie können die Teilnehmer wichtige Botschaften erhalten. Interessant ist dabei, dass hier eine dreifache Zeitperspektive benutzt wird. Die erste Botschaft ist in der Gegenwart verankert, die zweite Botschaft hat ihre Wurzeln in der Kindheit, und die dritte Botschaft wird von der Zukunft inspiriert. Diese kunstvolle Kombination verschiedener Lebensperspektiven kann den Teilnehmern helfen, die aktuelle Lebenssituation in einem neuen Licht zu sehen.

Anleitung: Mach es dir bequem, im Sitzen oder im Liegen... Rück etwas hin und her, bis dein Körper sich gut unterstützt fühlt... bis du dich an deinem Platz behaglich und gut aufgehoben fühlst. Dies ist deine Zeit, du musst an nichts anderes denken... nichts anderes tun... deine eigene stille Zeit... Vielleicht magst du deine Augen jetzt oder etwas später schließen...

Wenn du nun auf deinen Atem achtest... spürst du, dass die Luft beim Einatmen ein wenig kühler ist... und beim Ausatmen etwas wärmer und feuchter... Einatmen... Ausatmen... einfach und leicht... Lass dich von diesem ruhigen Rhythmus entspannen...

Von Zeit zu Zeit taucht vielleicht ein Gedanke in dir auf... begrüße ihn... und geh zurück zum einfachen Rhythmus deines Atems... Vielleicht meldet sich ein weiterer Gedanke... begrüße ihn... und kehre wieder zurück zum Fluss deines Atems... einfach und leicht... so beruhigend... während du dich mehr und mehr entspannst... locker und leicht...

Stell dir nun vor, dass du auf einer Wiese bist, von der verschiedene Wege in die Landschaft führen. Du entscheidest dich für einen, der in einen wunderschönen Wald führt mit hohen Buchen und zierlichen Birken, knorrigen Pinien und kräftigen Tannen... Es ist ein warmer Sommertag... Intensiv nimmst du die Gerüche des Waldes wahr: das würzige Harz, das bittere Aroma von Moos, den frischen Duft von Birkenblättern... Nach einer Weile kommst du an einen Erdhügel und entdeckst darin eine Tür, die einen Spalt offen steht. Du bist neugierig, ziehst die Tür ein wenig auf und schaust ins Innere des Hügels. Ein Tunnel mit festen, sicheren Wänden führt in die Erde hinab. Von seinem Ende her kommt sanftes Licht.

Kapitel 7: Innere Ressourcen

In dem Tunnel kannst du aufrecht stehen, und der Boden ist ganz eben. Langsam folgst du dem Tunnel tiefer und tiefer in die Erde.

Je weiter du kommst, desto heller wird das Licht. Dann ist der Tunnel zu Ende, und du stehst in einer großen unterirdischen Halle, erfüllt von Sonnenlicht, das durch kunstvoll angelegte Oberlichter hereinfällt. Ein großer Garten liegt vor dir. Du siehst eine Wiese voller Blumen, prächtige Bäume und blühende Sträucher. Hinter dir hörst du ein helles Lachen. Als du dich umdrehst, stehst du einem Zwerg gegenüber, der dich freundlich begrüßt. Du erfährst, dass der Zwerg Gandor heißt und dass ihm dieser Garten gehört. Gandor heißt dich willkommen. Du darfst herumgehen, um alles zu erkunden.

Zuerst siehst du einen kleinen Teich, umgeben von violetten und gelben Lilien und silbrig glitzernden Felsen. Das Wasser ist glatt wie ein Spiegel und reflektiert das Sonnenlicht. Du fühlst dich wohl an diesem schönen Teich. Während du auf das Wasser schaust, blickst du in dein Spiegelbild, das deinen Blick erwidert. Zu deinem Erstaunen erkennst du, dass dein Spiegelbild nicht so aussieht, wie du wirklich bist, sondern so, wie du gerne wärest... Und das Spiegelbild lächelt dir liebevoll zu und fängt an, zu dir zu sprechen, auf eine Weise, die du verstehen kannst... Es sagt dir etwas über dich, was wichtig ist für dein Leben. Lass dir Zeit, die Botschaft aufmerksam zu hören... Vielleicht verstehst du sie sofort, weil du etwas Ähnliches schon gedacht hast. Vielleicht enthält sie auch etwas Neues für dich, was dir zuvor nicht bewusst war... Es kann sein, dass diese Botschaft noch verschlüsselt ist. Aber du wirst sie vollkommen verstehen... (1 Minute)

Geh nun weiter auf dem Weg durch den bunten, duftenden Garten. Nach einer Biegung siehst du ein kleines Kind, das mit Seilspringen beschäftigt ist. Das Kind lächelt dir zu, und es kommt dir sehr vertraut vor... Mit einer Handbewegung lädt das Kind dich ein näher zu kommen... Dir wird klar, dass du selbst dieses Kind bist... Es ist ein Teil von dir, den du in all den Jahren vergessen hast... Wichtige Erinnerungen, Einsichten, die du als Kind hattest, kehren zu dir zurück... glasklar... weil Kinder hören und sehen können, was wirklich wichtig ist...

Du beugst dich zu dem Kind herab, um es freundlich zu begrüßen. Du spürst, wie es seine kleine Hand vertrauensvoll auf deine Schulter legt und dir etwas ins Ohr flüstert. Es erzählt dir etwas über dich, was du vergessen hast, etwas, an das du dich jetzt erinnern musst, damit du dein Leben vollständiger genießen kannst. Lass dir Zeit, dem Kind zuzuhören...

Schau dem Kind noch einmal in die Augen, ehe es zu seinem Spiel zurückkehrt. Setze dann den Weg durch den Garten fort, vielleicht mit einem Empfinden von Liebe...

Jetzt kommst du zu einer Wiese, auf der drei Schmetterlinge in der Luft tanzen. Sie singen ein Lied über das Glück... Du bleibst stehen und hörst ihnen eine Weile zu. Wenn du siehst, mit welcher Leichtigkeit die Schmetterlinge über der Wiese tanzen, erfasst dich Sehnsucht. Du bist beeindruckt von ihrer Fähigkeit, dich zu überraschen. Wie wäre dein Leben, wenn du häufiger etwas Neues, Überraschendes tätest?...

Du hast beinahe das Ende des Weges erreicht, als du einen alten Menschen am Rande des Gartens entdeckst. Er sitzt mit gekreuzten Beinen am Boden. Du hast den Eindruck, dass die Person meditiert und in tiefer Trance versunken ist. Als du näher herankommst, öffnet sie ihre Augen, als ob sie dich erwartet hätte. Und wieder dieser vertraute Blick, der auf dich gerichtet ist. Du ahnst vielleicht, dass auch diese Person du selbst bist... in jenen Tagen, wo du Weisheit und Frieden gefunden haben wirst... Nun spricht dieser alte Mensch mit dir über deine Zukunft..., während dir ein wichtiges Thema, eine entscheidende Frage ganz von selbst in den Sinn kommt... Dinge, die aus der Perspektive der Zukunft leichter gelöst werden können, vielleicht sogar in diesem Augenblick...

Der alte Mensch gibt dir ein Zeichen näher zu kommen... und er vermittelt dir in einer Weise, die du verstehen kannst, die Lösung jener Lebensfrage... Jene Einsicht, die so hilfreich ist... jetzt kann sie dich erreichen... (1 Minute)

Und die Antwort... die Einsicht kann jederzeit kommen... Vielleicht schon jetzt... Vielleicht überrascht sie dich in den nächsten Tagen... In diesem Wissen gehst du weiter. Du beendest deinen Rundgang durch den Garten und kehrst zurück zu der Wiese, wo der Zwerg Gandor dich schon erwartet, mit einem Lächeln und dem Hinweis, dass es jetzt Zeit ist für dich, in die Außenwelt zurückzukehren.

Alle Fragen und Botschaften werden für dich verständlich und offenbar durch die Weisheit deines tiefen Geistes... zur richtigen Zeit... so dass du angenehm überrascht sein wirst von den Einsichten, die dich erwarten... Und nun danke Gandor, der dich einlädt, seinen Garten auch später zu besuchen, wann immer du das wünschst...

Du wendest dich um und gehst zurück durch den Tunnel, hinauf in die Außenwelt mit all dem Wissen, das dir hier geschenkt wurde... langsam und heiter am Ende dieser Reise.

Reck und streck dich nun ein wenig, atme einmal tief aus und kehre in deine vertraute Umgebung zurück... Öffne in deinem eigenen Rhythmus die Augen und sei wieder hier, erfrischt und wach... ▲

41. Glückskekse

Ziele: Hier regen wir das Unbewusste und die Intuition der Teilnehmer an, indem wir sie in ein imaginäres China-Restaurant einladen und ihnen Glückskekse anbieten. In diesen Glückskeksen findet man kleine Zettel mit Lebensweisheiten, die fast immer irgendwie passen.

Anschließend können die Teilnehmer ihre Botschaften aufschreiben und darüber sprechen, was sie von diesen Hinweisen halten, die ihnen das eigene Unbewusste gegeben hat.

Anleitung: Setz dich bequem hin und schließ die Augen. Atme dreimal tief aus... Stell dir vor, dass du in einem China-Restaurant sitzt und gerade dein Lieblingsgericht genossen hast. Du bist sehr zufrieden, weil der unbekannte Koch ganz offensichtlich ein Meister seines Faches ist. Schau dich im Restaurant um. Sieh die kleinen, gemütlichen Tische, die bunten Laternen, und vielleicht gibt es da auch ein Aquarium mit glitzernden Goldfischen und schönen roten Glückskarpfen.

Während du dich umschaust, bemerkst du, dass der chinesische Kellner an deinen Tisch kommt und in den Händen eine schöne, jadegrün glänzende Schale trägt. Diese Schale ist mit maisfarbenen Glückskeksen gefüllt. Sieh, wie der Kellner die Schale vor dir auf den Tisch stellt und sich dann höflich wieder zurückzieht. Du weißt, dass es in diesem Restaurant üblich ist, dass sich die Gäste fünf Glückskekse nehmen... Du bist neugierig, was diesmal auf den kleinen Papierstreifen steht, die in die Kekse eingebacken sind.

Stell dir vor, dass du die Schale langsam mit beiden Händen zu dir heranholst und die Kekse etwas durcheinanderschüttelst. Bemerke den zarten Duft des Gebäcks und höre das Rascheln der Kekse, während du sie sorgsam mischst. Nun stell die Schale wieder vor dir auf den Tisch und nimm dir den ersten Glückskeks heraus. Halte ihn zwischen deinen Fingern und bemerke, wie leicht er sich anfühlt. Halte ihn eine Weile, ohne ihn zu öffnen. In diesem ersten Glückskeks wirst du ein einzelnes Wort oder einen kurzen Satz, vielleicht auch ein Bild finden, das dir irgendetwas Positives und Erfreuliches über dich selbst mitteilt, was du gerade jetzt gebrauchen, sehen oder hören kannst... Vielleicht ist es etwas, was dir bisher nicht so klar war, was du vergessen hattest, was du bisher nicht so gesehen hattest. Wenn du willst, kannst du jetzt den Glückskeks öffnen. Hole das Stück Papier mit der Botschaft heraus und betrachte sie sorgsam.

Lies, was darauf steht. Später kannst du die Botschaft aufschreiben und ausführlicher darüber nachdenken.

Nun greif wieder in die Schale und hol den zweiten Glückskeks heraus. Der zweite Keks erhält eine Information über eine Aufgabe, mit der du dich in diesem Abschnitt deines Lebens beschäftigen musst. Vielleicht ist das wieder ein Wort, ein Satz oder ein Bild... Nun öffne den Keks langsam und warte geduldig, dass auch diese Botschaft zu dir kommen kann...

Merke sie dir gut, damit du sie anschließend aufschreiben kannst, um später darüber nachzudenken.

Greif noch einmal in die Schale und nimm dir den dritten Keks. Dieser Keks enthält etwas, was du zu jemandem sagen musst. Vielleicht ist es etwas Positives, vielleicht geht es auch um ein Thema, das zwischen dir und dem anderen zu Spannungen geführt hat. Lass dir von dem Keks erzählen, was du zu sagen hast. Jetzt kannst du auch diesen Keks öffnen, um seine Botschaft zu empfangen, ein Wort, einen Satz oder ein Bild...

Auch diese Botschaft kannst du nachher aufschreiben, um in Ruhe darüber nachzudenken.

Nun nimm den vierten Glückskeks aus der Schale. Hier findest du diesmal kein Bild, sondern einen kurzen, klaren Satz. Lass es einen Satz sein, wie ihn Kinder gern von ihren Eltern hören. Lass es auch einen Satz sein, der dir gut tut, wenn du dich belastet fühlst und wenn du Schwierigkeiten meistern musst... Und jetzt öffne diesen vierten Keks und lass die Botschaft zu dir kommen. Sage sie probeweise ein paarmal zu dir...

Auch diese Botschaft kannst du nachher aufschreiben.

Nimm nun den fünften Glückskeks aus der Schale. Halte ihn einen Augenblick in der Hand und stecke ihn dann in irgendeine imaginäre Tasche. Du kannst wissen, dass darauf eine besonders wichtige Botschaft steht. Bitte öffne diesen Keks auf keinen Fall vor Ablauf eines Tages. Öffne ihn, wenn genug Zeit vergangen ist und wenn du bereit bist, eine sehr wichtige Botschaft entgegenzunehmen... Spüre deine Neugier und spüre, wie gut es ist, wenn du weißt, dass du nicht alles auf einmal wissen musst.

Nimm dir ein wenig Zeit, um über die Botschaften nachzudenken, die du von den vier Glückskeksen bekommen hast. Bemerke, dass diese Botschaften die besten Hinweise waren, die du dir jetzt geben konntest. Gib dir selbst eine kleine Anerkennung, dass du bereit warst, deine Intuition zu benutzen...

Komm jetzt mit deiner Aufmerksamkeit zurück in diesen Raum, reck und streck dich ein wenig, atme einmal tief aus und sei wieder hier, erfrischt und wach. ▲

42. Wie in Abrahams Schoß

Ziele: Manchmal kommen Teilnehmer zu uns, für die es sehr wichtig ist, dass sie neue Sicherheit im Leben bekommen. Besonders nach traumatischen Erfahrungen aller Art bietet diese Phantasie Gelegenheit, sich innerlich ganz sicher zu fühlen.

Anleitung: Manchmal ist unser Bedürfnis, uns sicher zu fühlen, besonders stark. Wir möchten uns sicher fühlen vor Bedrohungen und Verletzungen durch andere, aber auch sicher vor der eigenen Unruhe und unseren eigenen unruhigen Gedanken. Kleine Kinder finden die beste Sicherheit auf dem Schoß von Vater oder Mutter. Wir Erwachsenen können die Sicherheit tief in unserem Innern finden.

Ich möchte euch zu einem besonderen Ort, tief in eurem Innern, führen, wo ihr euch so sicher fühlen könnt wie in Abrahams Schoß. An diesem Ort könnt ihr ausruhen, und wenn ihr wollt, könnt ihr dort später auch Antworten auf eure Fragen finden.

Setz dich bequem hin und schließ die Augen. Atme dreimal tief aus... Ich werde dich an einen Ort führen, den du vielleicht aus deiner Vergangenheit kennst, als du glücklich warst... Aber du kannst dir auch einen neuen Ort schaffen... einen Ort, der alles hat, was du möchtest, und alles was du brauchst... Vielleicht ist dies ein Ort am Meer oder in einem Wald, an einem See oder auf einem Berg. Er kann überall dort sein, wo du gern wärst und wo du dich sicher fühlst, ein Ort, an dem dich nichts verletzen kann, wo du Wahrheit finden kannst, Antworten und inneren Frieden...

Jetzt achte bitte eine Weile auf deinen Atem. Bemerke, wie du ausatmest und wie du einatmest. Stell dir vor, dass du wunderbare, goldene Energie einatmest, und wenn du ausatmest, kannst du dir vorstellen, dass du alle Anspannung, alle Sorgen, alle Schmerzen als grauen oder anthrazitfarbenen Nebel aus dir herausfließen lässt. Bei jedem Ausatmen kannst du mehr Raum in dir schaffen für die heilende, goldene Energie, damit sie überall in dir zirkulieren kann, dich wärmt, dir Kraft gibt, dich heilt...

Sei nun auf einer großen Wendeltreppe, die nach unten führt an deinen eigenen sicheren Ort. Stell dir vor, dass du deine Schuhe auszieht, so dass du die Stufen deutlich unter dir spürst. Aus welchem Material sind sie?... Liegt ein Teppich auf ihnen?... Wie fühlen sie sich an?...

Leg eine Hand auf das Geländer und spüre, woraus es gemacht ist.

Kapitel 7: Innere Ressourcen

Welche Farbe hat das Geländer?... Wie breit ist der Handlauf?... Wie sehen die Stützen aus, die das Geländer tragen?...

Spüre, wie du tiefer und tiefer hinabgehst zu dem sicheren Ort in dir. Die Stufen werden breiter und breiter, während du immer tiefer hinabsteigst. Vielleicht merkst du, dass du dich ein klein wenig leichter fühlst, vielleicht nur einen kurzen Augenblick... Möglicherweise spürst du zuerst deine linke Hand oder auch deine rechte Hand ein wenig kribbeln, vielleicht empfindest du in deinen Fingerspitzen oder in deinen Fußzehen ein Gefühl der Taubheit. Was immer du in deinem Körper spürst, es ist okay. Und wenn du jetzt am Ende der Treppe angekommen bist, dann achte bitte darauf, dass du keine Schuhe anhast, damit du den Boden unter dir gut spüren kannst, denn jetzt bist du an deinem sicheren Ort. Das kann ein Zimmer sein, das du von früher kennst, oder irgendein Ort, an dem du dich irgendwann einmal wohl gefühlt hast. Vielleicht ist es aber auch ein Ort, den du noch nie gesehen hast, ein wunderschöner Strand, der Gipfel eines Berges, ein Zimmer voll Sonnenlicht... Wenn irgendwelche Bilder kommen, kannst du ihnen vertrauen. Wenn sie nicht sofort da sind, kannst du ein wenig warten, oder du kannst dir vorstellen, wie ein sicherer Ort aussehen würde, wenn du ihn dir vorstellen könntest... (1 Minute)

Schau dich an diesem sicheren Ort um. Welche Farben kannst du da sehen?... Berühre mit deiner Hand einige Dinge, die in deiner Nähe sind. Wie fühlt sich das an?... Gibt es hier irgendeinen besonderen Geruch in der Luft?... Gehört irgendein Geschmack zu diesem Ort?... Kannst du hier die Sonne spüren, die Luft, einen Windhauch?... Welche Geräusche kannst du hören?... Bemerke, welcher deiner fünf Sinne hier am deutlichsten arbeitet. Deine Sinne können dich mit diesem sicheren Ort am besten verbinden. Du wirst in der Lage sein, dich an diese Gefühle zu erinnern, mitten im Alltag, wenn du das Bedürfnis hast, dich sicher zu fühlen. Und immer wenn du an diesen Ort gehst, hast du vielleicht den Wunsch, auch die anderen Sinne zu benutzen, um diesen Ort tiefer und tiefer in dir auszudehnen. Und nun genieße es einfach und bleib eine Weile an diesem Ort. Wisse, dass dir hier nichts geschehen kann, es sei denn, du möchtest, dass es geschieht. Wenn irgendetwas Störendes erscheint, kannst du dir sofort vorstellen, wie es wieder verschwindet. Hier können nur gute Dinge für dich geschehen. Lass dein Unbewusstes dein Wächter sein. Es hat dich an diesen besonderen Ort gebracht, an diesen Ort des Friedens, des Ausruhens, der Sicherheit und der Entdeckung.

Bemerkst du, was du fühlst?... Was ist es, das dir an diesem Ort das Gefühl der Sicherheit gibt?... Fühlst du dich sicher, weil bestimmte Dinge nicht hier sind?... Welche anderen Bilder, Gefühle und Gedanken kannst du bemerken?... Lass dein Tagesbewusstsein all die Geschenke bemerken, die dein unbewusster Geist dir macht. Und immer wenn deine Gedanken diesen Ort verlassen, oder wenn du einfach spürst, dass du lange genug hier warst, dann ist es Zeit für die Rückkehr. Wenn du in deinem alltäglichen Leben zurück bist, dann wirst du wissen, dass dieser Ort des Friedens und der Sicherheit in dir existiert. Er wird immer da sein, wenn du ihn brauchst, und du wirst dich erfrischt fühlen, konzentriert, stark und ruhig.

Atme nun dreimal tief aus und spüre, wie dein Körper wieder wach wird. Ich werde langsam bis drei zählen, dann kannst du deine Augen wieder öffnen und wissen, dass du die Heimat deines wahren Selbst besucht hast. Eins... zwei... drei... ▲

Kapitel 7: Innere Ressourcen

43. Liebe, Licht und Leichtigkeit

Ziele: Dies ist eine besonders schöne Phantasiereise, die uns, wie in einem Gebet, die Gegenwart des Göttlichen fühlen lässt. Unabhängig von unserer religiösen Orientierung kann diese spirituelle Imagination helfen, uns vollständiger zu sehen, unsere Stellung in der Welt, unsere Verbundenheit mit dem Leben, den Sinn unseres Lebens.

Anleitung: Die folgende Phantasiereise kann dir helfen, zur Ruhe zu kommen und dich intensiv mit dem Leben verbunden zu fühlen. Und was verbindet uns besser mit der Welt als die Liebe?

Bitte achte darauf, dass du bequem sitzt oder liegst und dass du an einem ruhigen Ort bist, wo nichts dich stören oder ablenken kann.

Dies ist deine stille Zeit, eine friedliche, eine besondere Zeit, nur für dich allein. Rück etwas hin und her, damit deine Position noch bequemer wird. Vielleicht magst du deine Augen schließen... jetzt oder etwas später...

Vielleicht wähle ich jetzt nicht die richtigen Worte für dich, vielleicht spreche ich sie nicht in der richtigen Weise aus – bitte fühle dich frei, die Worte zu verändern und die Art, wie du sie hörst, so dass sie heute gut zu dir passen...

Du kannst dich weiter entspannen, indem du auf deinen Atem achtest, auf jedes Einatmen und Ausatmen... Dein Atem geht langsam und leicht, ruhig und auf sanfte, natürliche Art... Einatmen... Ausatmen... Bemerke, wie kühle Luft hereinströmt und wie wärmere, feuchtere Luft hinausströmt...

Atme einfach und ruhig...

Wenn dir irgendein Gedanke in den Sinn kommt, dann bemerke ihn und geh wieder zurück zum ruhigen Ein und Aus deines Atems. Lass dich treiben mit jedem ruhigen Atemzug. Sanft. Einfach. Natürlich. Dies ist deine Zeit. Deine stille Zeit, sicher und sorglos... Einfach atmen... Du genießt diesen Augenblick... diesen Atemzug, diese Ruhe... diesen Atemzug und den nächsten... deine stille Zeit...

Orte und Worte der Heilung... Lass diesen Frieden tief in dich hinein... Dies ist deine Zeit des Friedens... Noch ein leichter Atemzug... und noch einer... Entspannung... Genuss...

Stell dir nun einen Ort vor, wo du dich sicher und ruhig fühlen kannst, einen Ort, den es tatsächlich gibt, oder einen Ort, den du dir jetzt

Kapitel 7: Innere Ressourcen

schaffst, einen Ort aus deiner Vergangenheit, einen Ort, den du schon immer einmal besuchen wolltest. Lass es einen Ort sein, wo du dich gut und sicher fühlst...

Schau dich jetzt an diesem Ort um, genieße die Farben und alles, was es hier gibt... Schau nach rechts... und schau nach links...

Welche Geräusche dringen an dein Ohr?... Von Wind oder Wasser?... Vogelstimmen?... Das Prasseln des Regens an Fensterscheiben?... Mach dich vertraut mit den Geräuschen und Tönen dieses Ortes... Liegst du oder sitzt du?... Wie fühlt sich der Boden unter dir an? Spürst du Sand oder Tannennadeln? Gras oder Holzplanken? Vielleicht sitzt du in einem bequemen Sessel oder auf einem sonnenwarmen Felsen... Spüre, wie du von der Luft dieses Ortes umgeben bist, wie die Luft dich sanft umhüllt... oder wie sie dir vielleicht frisch um die Nase weht... Und auch deine Nase nimmt alles auf, was es hier gibt: Düfte von Blumen, von Moos oder von Meerwasser...

Vielleicht bist du in einem Zimmer und spürst die Wärme eines Kaminfeuers auf Gesicht und Händen... Vielleicht bist du draußen, wirst gestreichelt von einer sanften Brise... bist umgeben vom süßen Duft der Sommerblumen... Vielleicht hast du den salzigen Geruch des Meeres in der Nase... oder das schwere Aroma von frisch gemähtem Gras...

Wie gut, dass du hier sein darfst. Vielleicht bemerkst du ein leises Kribbeln auf deiner Haut oder in dir... Irgendetwas liegt in der Luft, was dich neugierig macht und anregt... Du weißt ganz sicher, dass es gut und richtig ist, dass du hier bist, dass irgendein Zauber mit diesem Ort verbunden ist, dass irgendetwas Wunderbares geschehen wird... Dies spürst du immer deutlicher, immer sicherer...

Von ganz weit weg kommt nun eine helle Gestalt auf dich zu... erst nur undeutlich zu erkennen, dann immer klarer, von einer strahlenden Aura umgeben.

Eine wunderschöne, leuchtende Gestalt nähert sich dir... vielleicht kommt sie dir bekannt vor, vielleicht auch nicht... vielleicht ist sie männlich, vielleicht weiblich... vielleicht hat diese Gestalt überhaupt nicht das Aussehen eines Menschen... Das spielt keine Rolle... Du spürst Liebe und Weisheit in der stillen Kraft des Lichtes, das näher und näher zu dir kommt... (30 Sekunden)

Das Licht kommt ganz nah heran und überflutet dich mit seiner sanften Helligkeit. Es berührt zart deine Haut. Du lässt es in dich einsinken... tiefer und tiefer... und deinen ganzen Körper durchdringen. Und dann spürst du, dass du liebevoll angeschaut wirst, dass diese Augen mit deinem Blick verschmelzen und tief in dich hineinblicken...

Du atmest diese helle Präsenz in dich ein, eine warme Welle durchflutet dich, und du spürst, dass du wahrgenommen wirst, gesehen wirst mit all deiner Verworrenheit, mit all deiner Klarheit... gesehen, verstanden und akzeptiert. Es tut dir gut, dass sich dieses Empfinden in dir ausbreitet wie ein tiefer See.

Du spürst, wie sich dein Herz öffnet für eine Wärme, die deine ganze Brust anfüllt, sanft und leicht, und dann deinen ganzen Körper. Und berührt wird auch das alte Wissen, wer du wirklich bist, wer du immer gewesen bist und wer du immer sein wirst... Du fühlst, dass deine helle und unzerstörbare Seele berührt wird, während du dich diesem Licht und dieser Wärme öffnest, eingehüllt in sanfte Helligkeit. Du fühlst dich gehalten von dem liebevollen Blick dieser leuchtenden Gestalt... gehalten durch tiefes Verständnis und ein Gefühl vollständiger Sicherheit, so dass du all die Liebe, die dir so großzügig angeboten wird, voll und tief in dich aufnehmen kannst...

Du spürst auch die Antwort deiner eigenen Liebe, frei und grenzenlos. Du verstehst, dass es dieselbe Liebe ist, die zwischen euch beiden hin- und herfließt, dass der Gebende der Empfangende ist... der Empfangende die Quelle...

Lass dir einen Augenblick Zeit, den ganzen Reichtum dieser Verbindung zu spüren und die grenzenlose Weite deines eigenen offenen Herzens. Spüre, dass du dich immer mehr ausdehnst, während du dich dieser ungewöhnlichen Liebe hingibst... während deine Umgebung funkelt und in ihrer eigenen Schönheit vibriert...

Spüre die ruhige Freude, während dein Herz in der Schönheit dieses Lichtes dahinschmilzt... über deine Grenzen hinausströmend... reine Farbe... tanzende Energie... oder eine wunderbare Melodie, im selben Takt pulsierend wie der Planet und alles Leben in der Welt...

Nun erkennst du auch die Schönheit deines eigenen Lebens und du verstehst deinen Lebensweg neu aus der Perspektive dieses mächtigen, heilenden Lichts... Du kannst Schmerz und Angst und Mühsal sehen und genauso allen Mut, alles Mitgefühl, alle Liebe... deine besonderen Gaben und Fähigkeiten, die Augenblicke deiner Begeisterung und die Augenblicke deiner Verzweiflung... Gewinn und Verlust... das alles siehst du mit der Sanftheit dieses heilenden Lichts...

Du kannst eine neue Liebe für dich selbst und für andere spüren, eine neue Bereitschaft, dir selbst und anderen Enttäuschungen zu vergeben, alles Vergangene loszulassen und Raum zu schaffen für das, was möglich ist... für all das, was du wirklich bist, für den Sinn deines Lebens... Du fühlst dich von diesem Licht gehalten... in Harmonie mit allen Dingen... Du spürst Liebe und Dankbarkeit für dieses Wissen... Verweile hier, glücklich durch so viel Liebe, Licht und Leichtigkeit...

Wenn die Zeit kommt, wird dein geheimnisvoller, leuchtender Gefährte wieder gehen, genauso sanft und leise, wie er gekommen ist, dahin zurück, woher er gekommen ist... Du fühlst dich ruhig und leicht, und du weißt, dass du diese liebevolle Gestalt wieder zu dir rufen kannst, wann immer du das möchtest... während du dich immer noch umgeben fühlst von diesem mächtigen, liebevollen Licht, das dich schützt wie ein Zaubermantel...

Lass deine Aufmerksamkeit nun in deinen Körper zurückkehren, reck und streck dich ein wenig, und atme einmal tief aus. Öffne die Augen, wenn dir danach zumute ist, und sei wieder hier, erfrischt und wach. ▲

Kapitel 8
Selbstachtung

44. Update

Ziele: Dies ist eine schöne Visualisierung, um Selbstsicherheit und Selbstvertrauen zu stärken. Oft möchten wir uns verändern und alte Einstellungen und alte Verhaltensweisen aufgeben. Hier haben wir eine Möglichkeit, diesen schwierigen Prozess zu unterstützen.

Anleitung: Setz dich bequem hin und schließ die Augen. Atme dreimal tief aus... Stell dir eine große, weiße, flauschige, lockere Wolke vor, die über deinem Kopf schwebt... Lass sie so groß sein, dass du all die Dinge, die direkt und indirekt zu deinem Mangel an Selbstvertrauen beitragen, in diese Wolke betten kannst. Die Ursachen dieses Mangels sind wie alte Computerprogramme, die dein Verhalten steuern. Trenne dich einfach von dieser alten Software, damit es in deinem Kopf Platz für ein schönes, frisches Update gibt...

Nun kannst du deinen Geist ganz entspannt wandern lassen. Und immer wenn du etwas findest, was zu deinem Mangel an Selbstachtung beiträgt, dann leg es in die Wolke, auch wenn es dir noch so unbedeutend scheint...

Während du das machst, wird dein unbewusster Geist noch andere Dinge, die dir vielleicht völlig unbewusst sind, in der Wolke verstauen, so dass sie immer dunkler wird. Wenn alles in der Wolke ist, was dir heute einfällt, dann wird sie pechschwarz aussehen. Ich werde jetzt eine Weile schweigen, damit du die Wolke beladen kannst... (1-2 Minuten)

Schau dir nun die schwarze Wolke an, die alle diese alten und negativen Programme enthält... Irgendwo hinter dir kannst du ein Licht sehen, zuerst vielleicht ganz schwach, dann heller und heller... Dieses Licht kommt von einer Sonne, von der Sonne deines Verlangens, dein Leben voll auszuschöpfen und alles, was dich unsicher macht, loszuwerden...

Lass das Licht stärker und heller leuchten, bis es damit anfangen kann, die schwarze Wolke zu verbrennen. Wenn das geschieht, wirst du die Wärme der Sonne immer deutlicher spüren... Und die Wolke wird immer kleiner und kleiner, und es bleibt nichts übrig von ihrer Dunkelheit und von alldem, was darinnen ist... Du spürst, dass du nun in der Wärme der Sonne baden kannst, so dass ihre goldenen Strahlen jede Zelle deines Körpers hell machen und dir ein wunderschönes Gefühl von Selbstsicherheit und Selbstvertrauen geben. Spüre dieses wunderbare Gefühl in deinem Körper... leichter... weiter... lebendiger...

Bring dieses gute Gefühl nun hierher in diesen Raum. Reck und streck dich ein wenig, atme einmal tief aus und sei wieder hier, erfrischt und wach. ▲

45. Bei seinem Namen genannt werden

Ziele: Hier haben Sie eine ganz besondere Phantasiereise. Die innere Bewegung der geleiteten Phantasie strömt weiter in eine intensive Paarübung. Hier kann das, was in der Phantasie „gelernt" wurde, umgesetzt und praktiziert werden. Dieses Arrangement lässt die Teilnehmer auf ganz natürliche Weise erfahren, was es heißt, sich von anderen akzeptiert zu fühlen, sich selbst und andere zu akzeptieren.

Anleitung: Ich möchte euch gleich zu einer Phantasiereise einladen, bei der ihr üben könnt, euch selbst und andere mit neuen Augen zu sehen. Wenn wir aus der Perspektive liebevoller Freundlichkeit blicken, dann sehen wir die andere Person deutlich und klar. Wir sehen ihre liebenswerten Seiten und wir sehen ihren Schatten, d. h. auch die Aspekte am anderen, die destruktiv für ihn selbst oder schädlich für andere sind, und trotzdem lieben wir ihn. Manchmal empfinden wir den Wunsch, dass der andere sich in einigen Punkten ändert, aber unsere Haltung ist trotzdem von Liebe und Fürsorge geprägt, nicht von Verurteilung oder Verachtung.

Zum Glück weiß jeder in seinem Inneren viel mehr darüber. Ich möchte euch helfen, euer inneres Wissen an die Oberfläche zu holen, damit ihr es häufiger benutzen könnt.

Setz dich bequem hin und schließ die Augen. Achte darauf, dass Kopf, Nacken und Wirbelsäule eine gerade Linie bilden. Stell die Füße flach auf den Boden, leg die Hände in den Schoß, die Handflächen nach oben. Atme dreimal tief aus... Lass deinen Atem jetzt einen schönen, natürlichen Rhythmus finden, der dir hilft, dass du dich immer angenehmer entspannst, wenn du gleich von Erinnerungsbild zu Erinnerungsbild gehst...

Erinnere dich an etwas, was du als Kind besonders gern gegessen hast, und stell dir vor, dass du es jetzt isst. Bemerke, wie es schmeckt und wie es riecht...

Erinnere dich an einen Platz, den du als Kind sehr geliebt hast, wenn du mit deinen Eltern in die Ferien fuhrst oder auf Ausflüge gingst. Stell dir vor, dass du jetzt dort sein kannst. Genieße all das, was du dort sehen und hören kannst, was du dort tun kannst...

Erinnere dich an einen Freund oder eine Freundin aus deiner Schulzeit. Stell dir das Gesicht vor, erinnere dich daran, wie es war, mit ihm oder ihr zusammen zu sein...

Erinnere dich an eine Zeit, als du verliebt warst, was du für den anderen empfunden hast, wie du dich selbst dabei erlebt hast...

Jetzt denk an die Person, die im Augenblick dein engster Freund ist. Was spürst du, wenn du gerade jetzt an diesen Menschen denkst?...

Geh nun zurück zu irgendeinem Zeitpunkt in deinem Leben, als dich jemand so beim Namen genannt hat, dass du dich mit all deinen guten Seiten und deinen Schattenseiten erkannt fühltest, dass du so gesehen wurdest, wie du warst, und gleichwohl geliebt wurdest. Vielleicht fällt dir jemand ein, der dir immer so begegnete, vielleicht erinnerst du dich an eine besondere Situation, in der jemand dir gerade so begegnete. Und wenn dir keine Gelegenheit einfällt, wo jemand dich so vollständig beim Namen nannte, dann such dir eine Situation, die diesem Wunsch nahe kommt. Lass dir ein wenig Zeit, dich daran zu erinnern... (30 Sekunden)

Wenn dir jetzt jemand eingefallen ist, der dich in besonderer Weise akzeptiert hat, dann denke an einen speziellen Augenblick, wo du das besonders deutlich erlebt hast, oder stell dir vor, wie du das mit dieser Person erlebt haben könntest... Lass dir eine Situation einfallen, wo jemand dich so beim Namen genannt hat, dass du spüren konntest: Ja, ich bin gemeint, so wie ich bin... Wie alt warst du da? In welchem Abschnitt deines Lebens war das? An welchem Ort hattest du das Erlebnis? Wie zeigte dieser Mensch, dass er dich meinte? Was sagte er? Wie sah sein Gesicht aus? Berührte er dich auf eine besondere Weise?...

Erinnere dich daran, wie du dich innerlich fühltest... Vielleicht hast du dich sicher gefühlt, warm, akzeptiert. Vielleicht hast du dich selbstbewusst gefühlt, entspannt und ruhig. Lass diese Gefühle wieder lebendig werden und spüre sie jetzt. Lass sie in dir aufsteigen und dich anfüllen... (1 Minute)

Geh nun zurück in eine Situation, in der du selbst jemanden in dieser Weise beim Namen genannt hast, eine Situation, wo du jemanden vollständig akzeptiert und geliebt hast. Vielleicht war das jemand, der sich deine Hilfe wünschte in einer schwierigen Situation. Es ist egal, ob es ein erwachsener Mensch war, ein Kind oder sogar ein Tier. Vielleicht war es jemand, den du gut kanntest, vielleicht war es eine fremde Person, die plötzlich in deinem Leben auftauchte. Es kann sogar der Held eines Buches oder eines Films sein... Erinnere dich daran, was du empfunden hast, als du so offen, so liebevoll akzeptierend warst. Spüre diese Empfindungen, als ob diese Begegnung jetzt stattfände. Wo in deinem Körper kannst du dieses liebevolle Gefühl am deutlichsten wahrnehmen?

Kapitel 8: Selbstachtung

Lass diese spezielle Situation in den Hintergrund treten und bleibe an dem inneren Platz, den du gefunden hast und von dem aus auch du so tief in andere hineinsehen und sie akzeptieren kannst. Stell dir vor, dass du jetzt vor einer anderen Person stehst, und diese Person bist du selbst. Stell dir vor, dass du dir selbst gegenübersitzt, dass du dich selbst mit bedingungsloser Offenheit und Liebe anschaust... Sieh deine Stärken, Fähigkeiten und einzigartigen Qualitäten und bestätige sie dir... Sieh auch deine Schwächen, deine Fehler und akzeptiere sie mit einem offenen Herzen... Sieh deine Schwierigkeiten und deine Triumphe, sieh deine Begeisterung und deine Schmerzen, sieh, was dich einzigartig macht und was du mit allen anderen teilst, sieh alles, was du liebst und was du hasst. Nimm all das an diesen inneren Ort des Verständnisses in dich auf und nenne dich ein paarmal mit liebevoller Aufmerksamkeit beim Namen... (1 Minute)

Nun sei der Teil von dir, der bei seinem Namen genannt wurde, der Teil, der dieses tiefe Verständnis geschenkt bekommen hat. Spüre diesen Teil in dir, genieße ihn. Spüre die Kraft, die von ihm ausgeht... (1 Minute)

Bring dieses Gefühl und dieses Wissen hierher zurück, reck und streck dich, atme einmal tief aus und sei wieder hier. Öffne die Augen und komm mit einem anderen Gruppenmitglied zusammen... Setzt euch voreinander hin und sprecht fünf Minuten lang über das, was ihr eben erlebt habt...

Jetzt sprecht bitte nicht mehr...

Schau deinem Partner in die Augen. Kehre zurück an diesen offenen, liebevollen Ort in dir, von dem aus du andere tief verstehen und sie vollständig bei ihrem Namen nennen kannst. Lasst dir Zeit, diesen Ort in dir zu finden...

Nimm deinen Partner von diesem Ort aus in dir auf. Nimm diesen Menschen in dich auf, den du vielleicht schon lange kennst, den du aber vielleicht erst vor einiger Zeit kennen gelernt hast. Nimm ihn mit deinen Augen in dir auf. Nimm so viel in dir auf, wie du kannst. Die Dinge, über die ihr in den letzten Minuten gesprochen habt, die Dinge, die du vielleicht schon über den Partner weißt, und vor allem das, was du jetzt in den Augen des anderen sehen kannst... Nimm alle die Dinge in dir auf von diesem Ort des tiefen Verstehens in dir...

Gestatte dir, deinen Partner ganz zu akzeptieren, all seine Fehler und Stärken. Nimm diese ganze Person in dich auf, die da vor dir sitzt, mit ihrer einmaligen Lebensgeschichte, die du ahnen kannst, auch wenn du sie nicht genau kennst, mit all den Hoffnungen und Enttäuschungen, mit den Anstrengungen und Träumen. Nimm alles in dich auf und nenn den anderen tief in dir bei seinem Namen... (1 Minute)

Nun kann einer von euch den Anfang machen und all dies zum Ausdruck bringen, indem er einfach den Namen des Partners laut sagt. Und wenn du dich beim Namen genannt hörst, dann nimm diese Botschaft tief in dich auf. Lass diesen Klang tief in dich einsinken, ehe du selbst den anderen beim Namen nennst... (1 Minute)

Jetzt könnt ihr miteinander darüber sprechen, was ihr eben erlebt habt. ▲

46. Revision

Ziele: Jeder Mensch macht Fehler, und es ist natürlich, dass andere uns dann kritisieren. Oft erfolgt die Kritik ungeschickt. Sie ist zu scharf, zu ausführlich, sie erfolgt zu spät. Auf ein Übermaß an Kritik reagieren wir mit Scham, und je mehr Scham wir im Innern ansammeln, desto geringer wird unser Selbstwertgefühl. In dieser schönen Phantasiereise können die Teilnehmer an kleinen und großen beschämenden Erlebnissen arbeiten und ihre eigenen Schlussfolgerungen korrigieren. Sie können die falsche kindliche Logik korrigieren, die uns sagt, dass wir als Person schlecht sind, wenn wir etwas „Schlechtes" getan haben.

Anleitung: Setz dich bequem hin und schließ die Augen. Atme dreimal tief aus...

Du kannst dich weiter entspannen, wenn ich gleich anfange, dir etwas zu erzählen, was du vielleicht in anderer Form auch schon selbst empfunden hast. Du kannst dich einfach treiben lassen und entspannen... treiben lassen und entspannen... Und du kannst dem Klang meiner Stimme zuhören und den Dingen, die ich dir gleich sagen werde.

Selbstachtung ist die Art und Weise, wie wir über uns denken. Je positiver unsere Gefühle über uns selbst sind, desto höher ist unsere Selbstachtung. Je negativer die Gefühle über uns selbst sind, desto geringer ist unsere Selbstachtung.

Selbstachtung bestimmt die Qualität unseres Lebens. Eine hohe Selbstachtung kann uns helfen, dass wir uns fähig, liebenswert und glücklich fühlen. Niedrige Selbstachtung führt dazu, dass wir uns langweilig, wertlos, inkompetent und nicht liebenswürdig finden. Wenn wir eine niedrige Selbstachtung haben, dann können wir uns zwar nach außen loyal verhalten, wir können auch entschieden handeln und wir können sogar sehr erfolgreich in unserem Beruf arbeiten, aber im Innern fühlen wir uns unsicher und sagen vielleicht im Stillen: „Wenn die Welt wüsste, wie ich wirklich bin, dann würde sich niemand für mich interessieren. Sie würden mich links liegen lassen." Dann strengen wir uns an, eine attraktive Fassade zu zeigen. Wir sind auf der Hut, damit niemand unser Geheimnis entdeckt. Weißt du, wie es kommt, dass wir so misstrauisch werden?

Lass uns gleich eine Reise durch unser Gehirn machen, wo all diese Dinge gespeichert sind.

Stell dir irgendeinen Teil in deinem Gehirn vor, wo du die Erinnerungen an all das aufbewahrst, was du in deinem Leben erlebt hast. Mach dir klar, dass dieser Teil deines Gehirns nicht nur ein Archiv ist für das, was geschehen ist, sondern auch für das, was du aus diesen Ereignissen gelernt hast. Stell dir vor, dass du im Alter von zwei Jahren ein Glas Milch umgekippt hast, und dann hörst, wie jemand sagt: „Böses Kind." Aus diesen wenigen Worten hast du vielleicht den Schluss gezogen, dass du böse bist, obgleich die Person das nicht ausdrücken wollte. Die Person war nur ärgerlich, dass sie die Milch aufwischen musste, und sie wollte, dass du das nicht wieder machst. Aber als Kind denkst du wie Till Eulenspiegel, der alles ganz wörtlich versteht. Du bildest dir ein negatives Urteil über dich: Ich bin böse, wertlos, ich kann es nicht. Du musst damit rechnen, dass das Gehirn viele solche verdrehten Urteile aus dem Denken des Kindes enthält.

Überprüfe nun dein Gehirn. Vielleicht kannst du die Botschaften sehen oder hören, die da über dich gespeichert sind. Wahrscheinlich sind sie nicht alle negativ, aber viele kommen aus dem kindlichen Denken, mit dem wir unser Leben begonnen haben. Ich werde einen Augenblick still sein, damit du diese Botschaften überprüfen kannst, die du in der Vergangenheit bekommen hast... (1 Minute)

Lass uns eine Reise in die Vergangenheit machen und herausfinden, von welchen Menschen diese Botschaften gekommen sind. Stell dir vor, dass du im Abteil eines Zuges sitzt und aus dem Fenster schaust. Lass alles in diesem Abteil leuchtend rosafarben sein, die Polster der Sitze, die Läufer auf dem Boden, die Verkleidung der Wände und der Decke. Sogar die Luft scheint rosa zu schimmern, und du kannst bemerken, dass du dich dabei auf besondere Weise entspannen kannst. Du bist ganz allein in dem Abteil und weißt jetzt, dass du mit diesem Zug eine Rundreise machen kannst, zurück bis zu deiner Geburt und dann wieder hierher zurück in die Gegenwart...

Langsam setzt sich der Zug in Bewegung und wird schneller. Vor dir hast du eine Art kleinen Steuerknüppel, mit dem du die Geschwindigkeit des Zuges kontrollieren kannst. Du kannst ihn sogar anhalten, wenn du irgendein Ereignis betrachten willst. Vielleicht möchtest du die Menschen in diesen Situationen anschauen und sie besser verstehen und natürlich auch dich selbst. Betrachte die anderen als menschliche Wesen mit menschlichen Schwächen, Grenzen und Gefühlen. Niemand ist ohne Fehler, weder du noch ich, noch die Menschen in diesen Situationen.

Nachher werde ich schweigen, damit du diese Reise in deinem eigenen Rhythmus machen kannst. Wenn der Zug bei deiner Geburt ankommt, dann kannst du einmal tief Atem holen und die Energie spüren, mit der du auf die Welt gekommen bist. Diese Energie ist dein Kern. Sie beschützt dich, sie ist liebevoll, sie ist deine Lebenskraft, sie gehört nur dir. Spüre ihre Stärke, ihre Wärme, ihren Schutz. Spüre sie wie einen warmen Mantel aus Licht, der dich umgibt und hält. Sie gibt dir die Stärke, die du bei deiner Rückfahrt brauchst. Denn auf der Rückfahrt wirst du dieselben Situationen durchfahren, aber dann kannst du deine Einstellung zu den Ereignissen verändern, wenn du das willst. Du kannst sogar das Fenster öffnen und irgendetwas tun, um das Ereignis zu verändern. Du kannst dich anders verhalten, du kannst die Menschen anders agieren lassen, weil du jetzt angefüllt bist mit Lebenskraft, die dir hilft, selbstsicherer und selbstbewusster zu sein. Nimm dir so viel Zeit für die Reise, wie du brauchst. Sorge dafür, dass es eine gute Reise für dich wird. Erinnere dich daran, dass du diese negativen Botschaften aus der Vergangenheit nicht mehr akzeptieren musst. Du kannst sie einfach zurücklassen... (20 Sekunden)

Wenn du wieder in der Gegenwart angekommen bist, atme einmal tief aus und öffne langsam die Augen. Wenn du willst, kannst du dann ein paar Notizen machen und darauf warten, bis all die anderen Gruppenmitglieder von ihrer Reise zurück sind. Ich werde jetzt schweigen... ▲

47. Hoffnung

Ziele: Wir benutzen hier das Bild der Brücke, um das Selbstbewusstsein der Teilnehmer zu stärken. Die Anstrengungen und Kämpfe der Vergangenheit werden ebenso anerkannt wie die notwendigen Aufgaben, die in der Gegenwart zu erledigen sind. Dadurch wird die Hoffnung unterstrichen: Die Zukunft kann gemeistert werden, weil wir in der Vergangenheit gelernt haben.

Anleitung: Setz dich bequem hin und schließ die Augen. Atme dreimal tief aus…

Stell dir vor, dass du in einem schönen Tal bist, das rechts und links von sanften Hügeln eingegrenzt wird. Über das Tal spannt sich eine Brücke. Es ist eine sehr schöne Brücke, die Art von Brücke, die du gern magst, und genauso hoch, dass du dich wohl fühlst, wenn du darauf stehst. Auf jeder Seite der Brücke gibt es für die Fußgänger eine Treppe, die zu der Brücke hochführt… Finde diese Treppe und steige sie langsam nach oben. Geh dann weiter, bis du in der Mitte der Brücke stehst…

Dreh dich nun um und betrachte die Straße, die über die Brücke führt. Sieh, woher die Straße kommt. Bemerke, dass diese Straße durch sehr schwieriges Gelände führt, an Schluchten vorbei, große Steigungen hinauf, tief in Täler hinab. Du staunst, dass du es überhaupt geschafft hast, hierher zu kommen. Aber du hast es geschafft, und du bist jetzt oben auf der Brücke. Betrachte diese lange, lange Straße, die zu dieser Brücke führt. Sie kann dir zeigen, wie du in dieses schöne Tal gekommen bist. Schau zurück und sieh, wie weit du gekommen bist!

Blick jetzt nach unten und schau über das Tal, das die Gegenwart ist. Vielleicht stellst du fest, dass es aus dieser Perspektive ein wenig anders aussieht. Jetzt kannst du Dinge sehen, die du vielleicht übersehen hast, als du ganz in der Nähe warst. Was uns bekannt ist, das nehmen wir oft nicht wahr. Vielleicht bemerkst du etwas, was deine Aufmerksamkeit erfordert, etwas an deinem Haus – ein Zaun, der repariert werden muss, ein Dach, das ausgebessert werden soll, ein Garten, in dem Unkraut gejätet werden muss, ein Weg, der gefegt werden muss. Irgendwie ist es leichter, diese Dinge von der hohen Brücke aus zu erkennen. Behalte sie in deinem Gedächtnis, damit du dich darum kümmern kannst, wenn du wieder hinuntersteigst… (30 Sekunden)

Dreh dich noch einmal um und blick in die andere Richtung, wohin die Brücke auch führt. Diese neue Straße sieht sehr reizvoll aus, angenehmer als die Straße, auf der du gekommen bist, obgleich du sehen kannst, dass es an dieser Straße auch einige schwierige Stellen gibt. Aber du siehst, wie die Straße weitergeht, auch wenn sie manchmal hinter einem Hügel oder in einem Tal verschwindet. Manchmal muss sie in Serpentinen einen steilen Berg überwinden, aber du findest sie immer wieder. Hier und da siehst du Stellen, die hell von der Sonne beschienen werden, dann wieder schattige Stellen. Du siehst grüne Felder und Wälder, trockene Hügel und fruchtbares Ackerland, Flüsse und Bäche, kleine Wege, die von deiner Straße abzweigen. Betrachte diesen neuen Teil deiner Reise. Die Straße wird dich dahin bringen, wohin du kommen willst, wenn du bereit bist, das Tal zu verlassen... (30 Sekunden)

Jetzt kannst du wieder zu der Treppe zurückgehen, die von der Brücke nach unten führt, und dich bereitmachen, dich deinen Aufgaben zu widmen: den Zaun zu flicken, das Dach auszubessern, den Garten zu jäten oder den Weg zu fegen...

Bring nun das gute Gefühl des Glücks und der Hoffnung hierher zurück. Reck und streck dich ein wenig, atme einmal tief aus und öffne die Augen. Sei wieder hier, erfrischt und wach. ▲

48. Unsere Macht zurückfordern

Ziele: Wenn Ihre Teilnehmer sich machtlos fühlen, weil sie sich in der Vergangenheit von Menschen oder Situationen überwältigt fühlten, weil sie nicht gelernt haben, für ihre Rechte einzutreten und bei Entscheidungen mitzuwirken, dann können sie in dieser Phantasiereise ihren Widerstand proben.

Anleitung: Kinder fühlen sich machtlos, wenn ihnen die Erwachsenen nicht zuhören oder wenn ihre Gedanken und Wünsche nicht ernst genommen werden. Wenn wir bestraft oder ignoriert werden, dann fühlen wir uns ebenfalls machtlos. Das Gefühl der Machtlosigkeit kann sich in uns ansammeln, und wir nehmen es mit in alle Situationen, in denen wir eigentlich Stärke brauchen. In Konflikten kommen leicht unsere alten Gefühle der Machtlosigkeit empor, und wir haben dann nur noch den Wunsch wegzulaufen. Wir laufen immer dann weg, wenn wir nachgeben, wenn der andere stärker ist, wenn wir aufgeben oder wenn wir uns keine Chance mehr ausrechnen. Wenn wir nicht für unsere Interessen eintreten, laufen wir ebenfalls weg. Wir blockieren unsere Lebensenergie und fühlen uns schwach und hilflos.

Ich möchte euch zu einer Phantasiereise einladen, bei der ihr üben könnt, aus dieser Rolle des Opfers herauszutreten.

Setz dich bequem hin und schließ die Augen. Atme dreimal tief aus...

Geh nach innen an deinen geschützten Platz, wo dir nichts Böses geschehen kann. Spüre, wie die Ruhe und die Schönheit dieses Platzes dir Zuversicht und Stärke gibt...

Erinnere dich jetzt an eine Situation, in der du deine persönliche Macht weggeben hast. Lass dir eine Gelegenheit einfallen, bei der du deine Macht einem anderen Menschen überlassen hast... (15 Sekunden)

Denk über diese Situation nach. Denk über diesen anderen Menschen nach... Du kannst wissen, dass du hier völlig sicher bist und dass du hier nicht verletzt werden kannst. Spüre, wie du mit jedem Atemzug die Kraft und die Klarheit deines sicheren Platzes in dich aufnimmst... Spüre, wie du mit jedem Ausatmen alle Angst, alle Furcht aus dir hinausströmen lässt... Wenn irgendeine Angst bleibt, dann lass sie einfach da sein und betrachte sie. Wie sieht sie aus? Wo fühlst du sie in deinem Körper? Gib deiner Angst irgendeine Form, irgendeine Farbe, irgendeine Größe. Dann nimm sie in eine Hand oder in beide Hände und wirf sie einfach weg. Sieh, wie sie verschwindet, und genieße es, dass du sie wegwerfen, dass du sie loslassen kannst... (15 Sekunden)

Wenn du bereit bist, kannst du jetzt den Menschen einladen, dem du Macht über dich gegeben hast. Wenn du aus irgendeinem Grund diesen Menschen nicht an diesem persönlichen Platz haben möchtest, kannst du außerhalb dieses Platzes einen neuen Raum schaffen, um den du einen Ring aus weißem, schützendem Licht legst.

Begrüße diesen Menschen und danke ihm, dass er gekommen ist. Erkläre ihm, weshalb du ihn eingeladen hast, und bitte ihn, dass er dir deine Macht zurückgeben soll. Höre, wie du deine Forderung ruhig, zuversichtlich und selbstbewusst stellst. Streck deine Hand aus in der sicheren Erwartung, dass du deine Macht zurückbekommst. Wenn nötig, kannst du deine Bitte wiederholen und darauf bestehen, dass du das, was dir gehört, zurückerhältst. Sieh, wie der andere Mensch deine Macht bei sich hat. Sieh, wie er sie dir gibt oder wie du selbst die Macht zu dir zurücknimmst. Dann schau dir deine persönliche Macht an: Wie sieht sie aus? Hat sie eine Farbe, eine Form? Wie groß ist sie? Wie fühlt es sich an, wenn du deine eigene Macht in Händen hältst? Spüre deine Kraft...

Danke nun der anderen Person und bitte sie zu gehen. Spüre, wie die andere Person keine Macht mehr über dich hat... Sei wieder an deinem eigenen, sicheren Platz und setz dich bequem hin. Lass alle Energie aus deiner eigenen Macht durch deinen Körper fließen und bis in die kleinste Zelle vordringen. Bring dieses Gefühl oder dieses Empfinden deiner persönlichen Macht hierher zurück, wenn du gleich anfängst, dich zu recken und zu strecken. Atme einmal tief aus und sei wieder hier, erfrischt und wach. ▲

49. Straße zu Schönheit und Weisheit

Ziele: Dies ist eine schöne Phantasiereise für Frauen, die sich um die ersten Anzeichen des Älterwerdens Sorgen machen. Sie gibt Hoffnung, regt die Neugier an und lädt das Unbewusste ein, die Schönheit des Lebens ebenso zu genießen, wie die eigene innere Schönheit durchschimmern zu lassen.

Anleitung: Setz dich bequem hin und schließ die Augen... Versuche, es dir möglichst bequem zu machen, so dass dein Körper sich gut gehalten fühlt... Achte darauf, dass Kopf, Nacken und Wirbelsäule in einer geraden Linie sind...

Nun hol einmal ganz tief Luft... so tief du kannst... und atme tief hinein in deinen Bauch... und dann atme vollständig aus und lass alles Verbrauchte aus dir herausströmen...

Und noch einmal einatmen... Diesmal kannst du versuchen, die warme Energie deines Atems zu allen Teilen deines Körpers zu schicken, die angespannt, müde oder irgendwie eng sind... Beim Ausatmen kannst du alle Anspannung aus dir hinausfließen lassen...

Spüre, wie dein Atem zu allen Anspannungen im Körper geht, sie lockert und wärmt und weich macht, wie er alle Spannung in sich aufnimmt und beim Ausatmen sanft aus dir hinausspült, so dass du dich immer sicherer und behaglicher fühlen kannst... entspannt und locker... indem du einfach beobachtest, wie dein Atem deinen Körper pflegt und aufräumt...

Wenn irgendwelche störenden Gedanken durch deinen Geist ziehen, dann kannst du sie auch mit deinem Atem hinausfließen lassen, so dass dein Geist für eine kurze Weile ganz leer ist... zuerst vielleicht nur für den Bruchteil einer Sekunde... Du spürst, dass du die Stille in dir genießen kannst... Wenn irgendwelche Gefühle in dir herumtanzen, dann kannst du sie bemerken, freundlich anerkennen und sie dann mit dem Atem hinausschicken, so dass auch dein Herz ruhig und still wird, wie ein See ohne Wellen...

Stell dir nun vor, dass du an einem Ort bist, an dem du dich sicher fühlst und behaglich... Das kann ein Ort sein, den du kennst oder den du dir ausdenkst, ein Ort aus deiner Vergangenheit oder aus deiner Zukunft... Beides ist gut. Lass es einen Ort sein, der dir ein gutes Gefühl gibt und wo du in dir ruhen kannst...

Kapitel 8: Selbstachtung

Stell dir vor, dass du an diesem Ort in einen Spiegel schaust. Entscheide selbst, wie groß der Spiegel sein soll und wie viel er dir zeigt. Betrachte dich mit freundlicher Aufmerksamkeit und bemerke auch alle Anzeichen für das Älterwerden, wenn es das schon bei dir gibt, kleine Fältchen, graue Haare, was immer du entdecken kannst… Du kannst sie als Zeichen betrachten, dass du bereit bist, auf eine sehr wichtige Reise zu gehen, die dich an Orte führen wird, die dein Leben bereichern. Wer weiß, was dich alles erwartet, was dich neugierig machen wird, was dir gefallen wird, was dich verzaubert… Wer weiß, welche schönen, überraschenden und faszinierenden Erfahrungen das Leben für dich bereithält… Es wird interessant sein, welche Wege du gehst, um dein wahres inneres Selbst zu entdecken, deine eigene innere Stimme zu hören, deinen eigenen besonderen Weg zu finden… Und es kann so befriedigend sein, wenn du den Duft des Lebens genießt, deiner eigenen Musik folgst, zu deiner eigenen Melodie tanzt, die Vielfalt des Lebens schmeckst in deiner eigenen persönlichen Weise, so dass dein Leben immer weiter und schöner wird und du immer tiefer verstehst, was wirklich wichtig ist, und wie du dich auf ganz unterschiedliche Weise in der Welt schön fühlen kannst…

Vielleicht wirst du in der Zukunft irgendwann einmal zurückblicken auf diesen Tag, mit all dem Wissen, das dir zur Verfügung steht. Und jetzt kann es für dich interessant sein herauszufinden, wie du all das Wissen benutzen kannst, das du schon hast und das du noch erwerben wirst, wenn du auf der Straße des Lebens weitergehst und deine eigene, ganz persönliche Art entdeckst, wie du deine Persönlichkeit genießen kannst, die Schönheit deines Körpers und die Schönheit des Lebens…

Vielleicht kannst du dir selbst das Geschenk machen, dieses friedliche Gefühl zu genießen, all die Weisheit zu haben, die du in deinem Leben erworben hast, in schönen und in schweren Tagen. Und vielleicht spürst du all dein inneres Wissen wie eine schöne goldene Sonne in dir, die dich wärmt und dir Kraft gibt, vielleicht spürst du es wie einen stillen, tiefen See, der dich erfrischt und dir Gelassenheit schenkt. Vielleicht hast du ein ganz anderes, eigenes inneres Empfinden für die Weisheit und Schönheit deines Lebens, für deine Existenz…

Bring nun dieses gute Gefühl hierher zurück… die Kraft, die aus deinem Selbstbewusstsein kommen kann, wenn du dich selbst so umfassend respektierst.

Reck und streck dich und öffne die Augen. Komm wieder hierher, erfrischt und wach. ▲

Kapitel 9
Gesunder
Erfolg

50. Reinigung

Ziele: Wenn wir erfolgreich sein wollen, dürfen wir nicht vergessen, unseren Geist zu reinigen. Wir schaffen dann Platz in unserem Inneren, indem wir alle einschränkenden Gedanken der Vergangenheit, alle beschämenden Gefühle beiseite räumen und uns öffnen für die sichtbare und unsichtbare Realität, die uns umgibt. Reinigung hilft uns, in eine gute Balance zu kommen zwischen innerer und äußerer Umgebung, und vor allem hilft uns die Reinigung, unsere Fehler zu korrigieren.

Diese Phantasie gibt uns ein schönes imaginatives Reinigungsritual, mit dem wir jeden Tag beginnen können. Wir können dann mit frischer Kraft und mit neuer Hoffnung in den Tag hineingehen.

Benutzen Sie die erste Sitzung des Tages, um Ihre Teilnehmer mit dieser Phantasie vertraut zu machen.

Anleitung: Ich möchte euch zu einer Phantasie einladen, die ihr später auch selbst benutzen könnt, um wach und optimistisch euren Tag zu beginnen.

Die Träume der Nacht benutzt unser Unbewusstes, um die Ereignisse des vergangenen Tages zu ordnen und uns in eine neue geistige und gefühlsmäßige Balance zu bringen. Manchmal stellen wir fest, dass diese innere Arbeit des Aufräumens noch nicht abgeschlossen ist, und fühlen uns dann vielleicht müde, unruhig oder angestrengt. Wir können unserem Unbewussten helfen, indem wir in der Phantasie durch ein Reinigungsritual gehen, mit dem wir uns in kurzer Zeit erfrischen und auf den neuen Tag einstimmen können.

Schließ nun bitte deine Augen und atme dreimal tief aus...

Stell dir vor, dass du deine Wohnung verlässt und eine Treppe hinab auf die Straße gehst. Stell dir vor, wie du Stufe um Stufe hinabsteigst, bis du auf der Straße angekommen bist...

Verlass jetzt die Straße und sieh, wie du in ein kleines Tal hinabgehst, auf eine Wiese oder in einen schönen Garten. Geh in die Mitte dieses Ortes. Dort kannst du entweder einen Staubwedel aus Federn, einen Reisigbesen oder eine Kleiderbürste finden. Nimm das Werkzeug, zu dem du dich am meisten hingezogen fühlst, und fang an, dich schnell und gründlich damit zu reinigen, von Kopf bis Fuß, auch deine Arme und deine Beine. Während du das tust, kannst du bemerken, wie sich dein Aussehen verändert und wie sich deine Gefühle verändern... Du kannst wissen, dass du all die abgestorbenen Zellen von deiner Haut abbürstest, alle Konfusionen und alle dunklen Gefühle aus deinem Inneren...

Leg nun dein Werkzeug wieder auf den Boden und nimm zu deiner rechten Seite das Plätschern eines Flüsschens oder eines Baches wahr... Geh zum Wasser und knie dich am Ufer hin. Schöpfe mit beiden Händen etwas von diesem frischen, kühlen, kristallklaren Wasser und lass es über dein Gesicht laufen... Du kannst wissen, dass du mit diesem Wasser alles Unreine von deinem Äußeren abwäschst... Schöpfe noch einmal mit beiden Händen aus dem frischen, kühlen, kristallklaren Wasser und trinke langsam davon. Jetzt kannst du wissen, dass du damit alles Unreine im Inneren deines Körpers wegspülst. Spüre, wie du jetzt frischer, kräftiger und wacher bist...

Nun richte dich wieder auf und geh zu einem Baum, der am Rand einer Wiese steht. Setze dich unter den Baum, unter die großen Äste mit den unendlich vielen grünen Blättern. Lehne deinen Rücken gegen den Stamm und atme den reinen Sauerstoff ein, den die Blätter ausatmen. Sieh diesen Sauerstoff als ein blaugoldenes Licht, eine Mischung aus goldener Sonne und blauem Himmel, das zwischen den Blättern hindurchscheint... Sieh, wie du Kohlendioxyd ausatmest als grauen Rauch, der von den Blättern des Baumes aufgesogen und umgewandelt wird in Sauerstoff... Stell dir vor, dass die unendlich vielen grünen Blätter dir den Sauerstoff schicken, und stell dir auch vor, dass der Stamm des Baumes Sauerstoff in deinen Rücken atmet, den dein Körper mit den Poren seiner Haut aufnimmt. Langsam kannst du einen Rhythmus finden und gemeinsam mit dem Baum atmen, so dass du dich frischer und frischer fühlst...

Senke deine Finger und Zehen jetzt wie Wurzeln in die Erde und spüre, wie die Kraft des Bodens in dir hochströmt... Hier kannst du einen langen Augenblick bleiben und all das aufnehmen, was du brauchst... (15 Sekunden)

Nun steh auf, reck und streck dich ein wenig und spüre, wie du jetzt aussiehst und wie du dich fühlst. Behalte dieses Bild und diese Gefühle in dir, wenn du jetzt diesen Platz verlässt und wieder zu deiner Straße zurückkehrst... Geh zurück in deine Wohnung und komm wieder hierher auf deinen Platz... Atme einmal tief aus, öffne deine Augen und sei wieder hier, erfrischt und wach. ▲

51. Der Ballon

Ziele: Oft glauben wir, dass wir erfolgreich sind, wenn wir die Rezepte anderer kopieren, die es bereits geschafft haben. Wenn wir so vorgehen, übersehen wir, dass nachhaltiger Erfolg nur dann möglich ist, wenn wir unserer eigenen Intuition vertrauen, wenn wir unsere ganz individuellen Talente benutzen, wenn wir uns auf unsere eigene Kraft verlassen.

In dieser Phantasie haben wir die Möglichkeit, uns von allen externen Einflüssen abzugrenzen und unser eigenes vitales Energiefeld zu spüren.

Anleitung: Manchmal lassen wir uns von anderen Menschen inspirieren, die wir schätzen. Wir genießen die Zusammenarbeit mit anregenden Kollegen oder wir schätzen die Orientierung, die uns ein wertvoller Mentor geben kann. Aber um eine gute Balance zu finden, ist es wichtig, dass wir uns immer wieder Einsamkeit gönnen, in der wir uns auf das Wunder konzentrieren, das uns mit unserer Existenz gegeben ist. Wenn wir ganz für uns sind, können wir unsere Kraft und den Rhythmus unseres Lebens spüren. Vielleicht entdecken wir dann, dass wir viel selbständiger sein können, als wir glauben.

Setz dich nun bequem hin und schließ deine Augen. Atme dreimal tief aus...

Stell dir vor, dass du beim Einatmen funkelnde, helle Energie einatmest... beim Ausatmen kannst du alle Spannungen des Tages, alle ablenkenden Gedanken und Gefühle aus dir hinausfließen lassen. Finde deinen eigenen tiefen Atemrhythmus und lass Energie herein und Spannungen hinaus... (30 Sekunden)

Stell dir vor, dass du vollständig umgeben bist von einem schönen runden Ballon. Mach den Ballon so groß, dass er dich nicht einengt, dass du dich ganz behaglich fühlen kannst. Gib dem Ballon die richtige Größe, die zu dir passt, nicht zu groß und nicht zu klein... Lass ihn genug Raum haben, dass du bequem atmen kannst, und sei sicher, dass der Ballon auch unter deinen Füßen ist und über deinem Kopf.

Stell dir vor, dass dieser Ballon aus einem besonderen starken Material gemacht ist, durch das keine fremde Energie eindringen kann. Mach ihn dick genug, dass er dich vor allen fremden Einflüssen schützt. Wenn du willst, kannst du ihn ganz durchsichtig machen und ihn gleichwohl stark und kräftig sein lassen.

Im Innern des Ballons gibt es nur deine Energie. Stell dir vor, dass sie aus dir herausströmt und gegen die Innenseite des Ballons prallt. Von dort wird sie zu dir zurückgesandt. In diesem Ballon kannst du dich selbst ganz deutlich spüren, deinen Atem, deinen Herzschlag, deine Kraft. Alles, was du tun musst, ist atmen, dich entspannen und den Ballon um dich herum spüren. Vielleicht kannst du immer deutlicher bemerken, wie deine Energie in dem Ballon pulsiert und langsam stärker wird. Vielleicht bemerkst du einen Rhythmus, in dem deine Energie pulsiert, vielleicht siehst du diese Energie in irgendeiner Farbe, vielleicht hörst du einen Ton, der das Pulsieren deiner Energie begleitet. Vielleicht hat deine Energie auch eine gewisse Dichte oder eine Struktur, die du fühlen kannst. Was immer du bemerkst, spüre es ganz aufmerksam und mach dich damit vertraut.

Du kannst in deinem Ballon so lange sein, wie du möchtest. Wenn du das Empfinden hast, dass dir jetzt genügend Energie zur Verfügung steht, dann kannst du das Bild des Ballons in dir auflösen, aber das Empfinden deiner Energie behalten. Behalte dieses Gefühl deiner Kraft den ganzen Tag. Und wenn du deine Energie erneuern willst, kannst du dich wieder mit dem Ballon umgeben und das Gefühl deiner Energie zurückkehren lassen...

Wenn du bereit bist, dann reck und streck dich ein wenig, öffne die Augen, atme einmal tief aus und kehre in diesen Raum zurück, erfrischt und wach. ▲

52. Die Reise des Odysseus

Ziele: Hier werden verschiedene Metaphern zu einer heilenden Phantasiereise verbunden. Besonders in Krisenzeiten gibt diese Phantasie Tatkraft und frische Hoffnung.

Anleitung: Manchmal brauchen wir so etwas wie eine seelische Kur, um unsere Wunden zu heilen, um die Vergangenheit hinter uns zurückzulassen und wieder auf die Straße des Erfolges zurückzukehren. Ich möchte euch zu einer Phantasiereise einladen, die den Titel hat „Die Reise des Odysseus". Ihr könnt euch die einzelnen Stationen merken und später selbst auf diese Reise gehen. Die beste Wirkung werdet ihr haben, wenn ihr diese Phantasie an sieben aufeinander folgenden Tagen durchführt. Ihr braucht dafür nicht viel Zeit. Es ist ausreichend, wenn ihr euch jeden Tag für drei bis fünf Minuten messbarer Zeit auf diese Reise begebt, die euch gefühlsmäßig sehr viel länger vorkommen wird.

Setz dich bequem hin und schließ die Augen... Atme dreimal tief aus...

Stell dir vor, dass du unten am Strand stehst, über dir hoch aufragende Felsen. Finde heraus, wie du an diesen Platz am Fuße der Felsen gekommen bist... Schau nach oben auf die weißen Felsen... Finde einen scharfen Stein und ritze alle traurigen und belastenden Gefühle in den Stein, die dich so viel Kraft gekostet haben. Graviere alle deine Schmerzen und Verletzungen tief in den Fels...

Nimm dir nun ein weißes Segel und lege es unten auf den Sand, am Fuße der Felsen... Nimm Hammer und Meißel und schlage all das ab, was du in den Stein geritzt hast. Sieh, wie große und kleine Steine sich vom Fels lösen und in das weiße Segel fallen. Nun nimm die vier Ecken des Segels und verknote sie so, dass du ein großes Bündel bekommst, in dem die Steine liegen...

Sieh, wie überall am Strand Treibholz liegt von den Schiffen, die im Sturm untergegangen sind. Sammle Planken und Balken und bau dir daraus ein Boot... Nimm das Bündel mit den Steinen und lege es in das Boot... Setze die Segel und verlass die Küste, an der du jetzt bist. Befahre alle Meere und triff Menschen aus verschiedenen Ländern und lerne sie kennen. Lerne von ihnen neue Möglichkeiten, wie du auf die Herausforderungen des Lebens reagieren kannst... (30 Sekunden)

Segle weit hinaus auf den Ozean, wo das Wasser am tiefsten ist, und wirf das Bündel mit deinen Schmerzen und Enttäuschungen über Bord. Sieh, wie es in der Tiefe des Wassers verschwindet... Spüre, wie du dich jetzt leichter fühlst... Lenke dein Schiff in die entgegengesetzte Richtung und fahre dahin zurück, woher du gekommen bist. Lande in verschiedenen Häfen und lerne die Menschen dort kennen und verstehen... Komm zurück an die Küste, von der aus du die Fahrt begonnen hast... Schau auf den weißen Felsen und genieße es, wie frisch er in der Sonne strahlt... Spring oben auf das Steilufer mit der neuen Leichtigkeit, die du in dir spürst, und ruh dich oben auf einer schönen Wiese aus. Bemerke, wie sich der salzige Duft des Meeres mit dem frischen Aroma des Grases vermischt...

Atme einmal tief aus, reck und streck dich und komm mit deiner Aufmerksamkeit wieder hierher zurück. Öffne die Augen und sei wieder hier, erfrischt und wach. ▲

53. Negative Gedanken auswechseln

Ziele: Immer wieder haben wir Gedanken, die uns unzufrieden oder unglücklich machen. Vielleicht denken wir darüber nach, dass wir nicht so gut aussehen wie andere. Vielleicht möchten wir auf jemanden zugehen, aber wir sind zu schüchtern, um Kontakt aufzunehmen. In dieser Phantasie können die Teilnehmer üben, unerfreuliche Gedanken und Gefühle auszutauschen und sich selbst aus einer neuen Perspektive zu betrachten.

Anleitung: Manchmal wünschen wir uns, erfolgreicher in unserem Leben zu sein und mehr von unseren Zielen zu erreichen. Oft vergessen wir dabei, wie schöpferisch wir bereits sind. Ich möchte euch zeigen, wie ihr die Fähigkeiten, die ihr schon habt, benutzen könnt, damit ihr entdeckt, wie groß eure Möglichkeiten sind, eure Ziele Wirklichkeit werden zu lassen. Denkt einen Augenblick über euch nach und findet ein paar Dinge in eurem Verhalten oder an eurem Aussehen, die euch nicht gefallen... Wählt euch von diesen Dingen eines aus, das euch besonders unangenehme Gefühle gibt.

Setz dich bequem hin und schließ die Augen... Lege Daumen und Zeigefinger jeder Hand leicht zusammen... Hol einmal tief Luft, atme ganz tief in deinen Bauch hinein und halte die Luft fünf Sekunden lang an... Nun atme wieder aus und zähle dabei bis fünf... So ist es gut... Nun schenk dir fünf behagliche, langsame Atemzüge... So ist es gut... langsam, tief und behaglich atmen... Wenn du damit fertig bist, kannst du deine Finger wieder öffnen und in einem normalen Rhythmus weiteratmen, wie es für dich angenehm ist... Während du das tust, kannst du dich vielleicht noch ein wenig mehr entspannen... mit jedem Atemzug kannst du Spannung aus dir hinausfließen lassen... kannst du die Sorgen des Tages loslassen und tief in dich hineingehen an einen sicheren Platz, wo du dich wohl fühlst und still... Finde einen Platz in dir, wo du bequem ausruhen kannst... Du weißt, dass es viele verschiedene Möglichkeiten für deine Entspannung gibt. Es ist ganz egal, welchen Weg du findest, um noch ein wenig mehr loszulassen. Du musst noch nicht einmal wissen, dass du dich entspannst... Du kannst wissen, dass du alles, was gesagt wird, ignorieren kannst, wenn es nicht für dich passt, oder einfach abwandeln, so dass du dich noch besser entspannen kannst und den größten Nutzen davon hast... Finde einfach deinen eigenen Weg, dich ganz tief zu entspannen und das

Kapitel 9: Gesunder Erfolg

angenehme Gefühl von Frieden und Sicherheit zu spüren, indem du deine Muskeln ein bisschen weicher werden lässt oder tiefer in dein Inneres gehst oder dich von deinem Atem in ein schönes Gefühl der Ruhe und Stille tragen lässt... Ruhe und Stille...

Denke nun zurück an die Gedanken und Gefühle, die dich manchmal plagen... Stell dir vor, dass du mit lauter Leuten zusammen bist, die dieselben Gedanken und Gefühle haben und sich deshalb nicht so glücklich in ihrer Haut fühlen... Da bist du... und da sind all die anderen... und ihr fühlt euch ziemlich schlecht... Versuche einfach, die Erinnerung, dieses unangenehme Gefühl in dir, wachzurufen... (15 Sekunden)

Jetzt kannst du anfangen, dich von diesem Platz, wo ihr alle zusammen seid, langsam zu entfernen... Stell dir vor, dass du einfach weggehst an einen anderen Ort... an einen sicheren Ort... wo du die anderen aus der Ferne beobachten kannst. Stell dir vor, dass du dich ganz leicht an dem neuen Ort bewegst... in einem guten Abstand zu den anderen... Bemerke, wie du dich fühlst, wenn du diesen Abstand einhältst... und nicht mit ihnen verbunden bist...

Von diesem neuen Ort aus kannst du anfangen, an ein entgegengesetztes Gefühl zu denken. Stell dir jetzt vor, dass du genauso wärst, wie du wirklich sein möchtest. Wie würdest du dich dann fühlen?...

Du bist an einem neuen Ort, und wie durch Zauberei verwandelst du dich in die Person, die du gern sein möchtest... Lass das einfach geschehen. Gib dir selbst die Erlaubnis zu dieser Veränderung... (15 Sekunden)

Wie geht es dir jetzt?... Auf welche Weise bist du anders?... Welche wirklich guten Gefühle kannst du bei diesem neuen Bild von dir haben... wenn du dich einfach gut fühlst mit diesem neuen Bild von dir... wenn du gerade so bist, wie du es sein möchtest... und du ein gutes Gefühl hast, weil du alle deine inneren Wünsche hörst?...

Du kannst dir sogar vorstellen, dass sich diese guten neuen Gefühle in dir ausbreiten... wie ein Brunnen, der sich mit Wasser füllt... dass sie dich von Kopf bis Fuß ausfüllen... dass du so viele gute Gefühle hast, dass sie überfließen und oben aus deinem Kopf heraussprudeln wie eine kleine Quelle... und dass sie überall hinfließen wie ein kleiner Bach... auch zu der Gruppe zurück, die du hinter dir gelassen hast... so dass alle in diesen guten Gefühlen baden können... Du beobachten kannst, wie ihre Gesichter heller werden... wie sie eine andere Körperhaltung einnehmen... Ist es nicht verwunderlich, dass alle diese Leute jetzt so heiter sind, genauso heiter, wie du dich jetzt selbst fühlen kannst?...

Behalte dieses heitere, gute Gefühl in dir, wenn ich gleich von eins bis drei zähle, und komm dann mit deiner Aufmerksamkeit in diesen Raum zurück, atme einmal tief aus und öffne dann deine Augen, erfrischt und wach... Eins... zwei... drei... ▲

54. Die Pyramide

Ziele: Diese Phantasiereise greift die zentrale Idee der humanistischen Psychologie auf, dass jeder von uns ein großes ungenutztes Potential in sich hat, das es zu nutzen gilt. Dieses Potential ist eine Mischung aus all den Ressourcen, aus all den Erfahrungen, die wir im Laufe unseres Lebens in uns angesammelt haben, und aus den unendlich vielen Wünschen und Sehnsüchten, die in uns sind.

Um erfolgreich zu werden, müssen wir Zugang zu diesen inneren Schätzen finden. Wie jeder weiß, erfordert das viel Mut und Bereitschaft zur Veränderung. Unsere Angst vor dem Wandel, unsere Rücksicht auf unsere Umgebung, sind sozusagen die Wächter, die den Zugang zu diesen inneren Schätzen blockieren.

Anleitung: Setz dich bequem hin und schließ deine Augen... Atme dreimal tief aus... Mach es dir ganz bequem auf deinem Platz...

Vielleicht möchtest du dir vorstellen, dass du oben in einem wunderschönen Treppenhaus stehst und dass ich neben dir stehe. Lass die Treppe mit einem weichen, warmen Teppich bedeckt sein. Bemerke, welche Farbe der Teppich hat... Das ist gut... Du stehst barfuß auf diesem Teppich, und während du da stehst, kannst du spüren, wie deine Füße einsinken in das weiche Vlies dieses warmen Teppichs. Wenn du die Treppe hinabschaust, siehst du zwanzig Stufen. Du kannst sehen, wie die Farbe des Teppichs tiefer und tiefer und leuchtender wird. Und auf der rechten Seite der Treppe ist ein solides Geländer. Kannst du sehen, woraus das Geländer besteht?... Das ist gut so... Viele Hände sind darauf entlanggeglitten, und während du da oben auf der Treppe stehst, könntest du vielleicht den Wunsch spüren, deinen nackten rechten Fuß auf den Teil der Treppe zu stellen, der nicht mit diesem schönen, weichen Teppich bedeckt ist. Wie fühlt sich das an?... Nun bring deinen Fuß wieder auf den Teppich zurück. Jetzt kennst du schon etwas mehr von den Stufen. Wenn du gleich die Stufen hinabgehst, werde ich mit dir hinuntergehen, Schritt für Schritt, und ich werde die Stufen zählen. Vielleicht willst du sie auch mit mir zusammen zählen. Leg deine rechte Hand auf das Geländer und geh zu der zweiten Stufe hinab. Wenn du gleich weiter und weiter hinuntergehst, dann wirst du dich tiefer und tiefer entspannen können und vielleicht auch ein bisschen müde und träumerisch werden...
Nun lass uns auf die dritte Stufe gehen und weiter und weiter hinunter...

Wenn du die vierte und fünfte Stufe betrittst, bemerkst du vielleicht, dass die Farbe des Teppichs immer tiefer wird, tiefer und ruhiger... Und mit jedem Atemzug kannst du tiefer und tiefer gehen. Du spürst, wie gut es ist, wenn deine Füße in den dicken, weichen Teppich einsinken, während du die Treppe hinuntergehst... während du in diese wunderbare, träumerische Entspannung gehst... tiefer und tiefer... Vielleicht bemerkst du, dass du auf einer Wendeltreppe bist, die sich nach links dreht, gegen den Uhrzeigersinn. Du fängst an, im Kreis zu gehen, während du tiefer gehst... 10... 11... und weiter runter rundherum... 12... 13... 14... ganz bequem und entspannt. Bald bist du am Fuß der Treppe angekommen, und dort unten wirst du einen schönen Raum finden, der dir ganz allein gehört und der auf dich wartet... Dein eigener Raum, ein tiefer und schöner Ort... Und bei 20 wirst du ganz unten sein, und du wirst über die Schwelle treten... In diesem Augenblick kannst du dich ganz entspannt und sicher fühlen, 15... 16... Du gehst noch tiefer und tiefer und wunderst dich vielleicht, dass du dich so angenehm entspannen kannst, 17... 18... Du bist schon ganz dicht an diesem schönen Platz, wo du ganz entspannt und ganz sicher sein kannst, so entspannt, dass du in diesem Zustand noch eine Weile bleiben möchtest, weil du hier Zugang findest zu einer neuen Art des Erlebens... 19... 20... Jetzt bist du angekommen, bemerke, wie sich das für dich anfühlt...

Stell dir vor, dass du dich auf eine Zeitreise begibst und in wenigen Sekunden durch die Jahrhunderte zurückgehst, bis du in der Welt des alten Ägyptens bist. Du stehst in der Wüste vor dem Eingang einer großen Pyramide. Du gehst langsam einen tunnelartigen Gang nach unten, der aus großen Quadern gemauert ist, gut erleuchtet mit Fackeln, und ins Innere der Pyramide führt. Vielleicht bist du erstaunt, dass du dich so sicher und zuversichtlich fühlst, während du diesen Gang entlanggehst, der dich tiefer und tiefer mitten ins Herz der Pyramide führt...

Ganz am Ende des Ganges kommst du in einen großen Raum, der mit allen möglichen Schätzen gefüllt ist. Langsam erkennst du, dass dies die Schatzkammer ist, in der all deine ungenutzten Ressourcen liegen, all dein Potential für Erfolg und Wohlergehen im Leben, das du noch nicht ausgeschöpft hast... Alle diese Schätze sind dein Eigentum... Die Macht der Umstände hat sie dir gestohlen. Wenn du diese Schätze nicht hebst und nach draußen bringst, um sie selbst zu genießen und um andere Anteil daran haben zu lassen, dann werden sie irgendwann in diesem Raum verschlossen werden und für immer verloren sein...

Natürlich möchtest du versuchen, diesen Schatz zu heben, weil er dein rechtmäßiges Eigentum ist, aber du kannst es nicht. Irgendeine Macht hindert dich, eine Macht, die von einer riesigen schwarzen Statue ausgeht, die mitten in dem Raum steht. Die Macht dieser Statue konzentriert sich in einem leuchtenden Edelstein, der mitten in der Stirn der Statue eingelassen ist. Die schwarze Statue ist die Verkörperung all der negativen Kräfte, der Hoffnungslosigkeit, der Niederlagen und des Versagens in deinem Leben. Sie steht in diesem Raum als Wächter des Schatzes, so dass andere Wächter völlig überflüssig sind.

Um diese große Schatzkammer deines Potentials zu befreien, musst du zuerst diese negativen Kräfte überwinden, diese Mächte der Hoffnungslosigkeit, der Niederlagen und des Versagens in dir, die verhindern, dass du der Mensch wirst, der du sein kannst... Diese negativen Tendenzen haben ihre Gestalt gefunden in dieser schwarzen Wächterstatue... Geh zu der Statue hinüber und schau sie dir gut an. Nimm irgendein Gerät vom Boden auf und schlage den Edelstein aus ihrer Stirn... Sieh, wie der Edelstein auf dem Boden liegt und wie sein Licht verglimmt, so dass er dunkel und hässlich aussieht, wie ein Stück einfache Kohle. Du kannst mit dem Fuß darauf treten und ihn zu schwarzem Staub zermalmen. Nun hat der Wächter seine Macht verloren, und du kannst die schwarze Statue umkippen, so dass sie auf den Boden fällt und in tausend Stücke zerbricht...

Bemerke, wie du dich fühlst, wenn du die Schatzkammer deiner Möglichkeiten befreit hast. Du bist jetzt frei, so viel von deinen Schätzen einzusammeln, wie du tragen und mitnehmen kannst, wenn du wieder zum Eingang der Pyramide zurückkehrst... Du musst nicht den ganzen Schatz auf einmal mitnehmen, denn du kannst immer hierher zurückkehren, wenn du es möchtest. Ganz egal, wie viel du mitnimmst und wie oft du zurückkehrst, dieser Raum wird nie leer sein...

Geh jetzt hinaus in das warme Sonnenlicht und kehre in die Welt deines alltäglichen Lebens zurück mit all den Dingen, die du eingesammelt hast. Diese Schätze können alles sein, was du möchtest. Sie werden sich zeigen in neuen Ideen, neuen Richtungen, neuen Wünschen...

Immer wenn du das Gefühl hast, dass du mehr Selbstvertrauen brauchst, um etwas anzufangen, was dich reizt, dann kannst du an die Pyramide denken und an die Schätze in ihrem Inneren. Wenn du das tust, wirst du ein Empfinden von Zuversicht, Stärke und Kraft haben, das du überall in deinem Körper spürst und das dir Sicherheit gibt. Du bist in der Lage, eine Aufgabe oder ein Projekt zu bewältigen, das dir sehr am Herzen liegt.

Nun kannst du mit diesem Gefühl der Zuversicht und der Hoffnung auf neue Erfolge langsam hierher zurückkommen. Wenn du willst, kannst du aus deinem sicheren privaten Raum die 20 Stufen wieder heraufkommen. Und wenn ich die letzten Stufen gezählt habe, kannst du dich recken und strecken, einmal tief ausatmen und die Augen wieder öffnen, erfrischt und wach. 5… 4… 3… 2… 1… ▲

Kapitel 9: Gesunder Erfolg

55. Zwei Spiegel

Ziele: Dies ist eine kurze Imagination für Situationen, in denen wir uns entscheidungsschwach, ohne Elan oder in unserer Lebenslust behindert fühlen. Damit die Metaphorik dieser Übung noch wirksamer werden kann, sollte sie über einen längeren Zeitraum wiederholt werden (ca. drei Wochen).

Anleitung: Wir haben leichter Erfolg, wenn wir uns voll Energie fühlen und wenn wir den Mut in uns spüren, Entscheidungen zu treffen. Manchmal scheint uns jedoch beides zu fehlen. Für eine solche Situation gibt es eine gute Hilfe.

Ich möchte euch zu einer Imagination einladen, die auch zu eurem Unbewussten sprechen wird und euch neuen Schwung und Optimismus geben kann. Es ist ausreichend, diese kurze Übung täglich zwei bis drei Minuten zu machen, ungefähr drei Wochen lang.

Setz dich bequem hin und schließ die Augen... Atme dreimal tief aus... Stell dir vor, dass du zwischen zwei Spiegeln stehst. Schau zuerst auf den linken Spiegel und dreh dich zu diesem Spiegel ganz herum. Sieh dich darin selbst als eine Art Mumie, vollständig eingewickelt mit einer breiten Mullbinde. Lass dir einen Augenblick Zeit zu spüren, was es heißt, eine Mumie zu sein... Nun nimm das Ende der Mullbinde, das auf deinem Nabel liegt, und fang an, diese Mullbinde zügig abzuwickeln, indem du aus der Binde einen Ball machst, der immer dicker und dicker wird... (15 Sekunden)

Nimm den Ball und wirf ihn in das Zentrum einer großen dunklen Wolke, die sich am blauen Himmel über dir gebildet hat... Bemerke, wie die Wolke aufbricht und all das Wasser abregnen lässt, das sie in sich gespeichert hat. Spüre, wie der Regen auf dich herabprasselt und dich von Kopf bis Fuß reinigt... (10 Sekunden)

Jetzt atme einmal tief aus... Dreh dich nun nach dem rechten Spiegel um und schau hinein. Sieh darin dich selbst, wie du singst, tanzt und ausgelassen bist... Du kannst dir auch vorstellen, wie du irgendetwas tust, was dir intensiven Genuss gibt... (15 Sekunden)

Nimm nun deine rechte Hand und wisch einmal von links nach rechts über den Spiegel, so dass das Bild verschwindet und nur in deinem Gedächtnis aufbewahrt bleibt. Sieh, wie beide Spiegel verschwinden... Atme einmal tief aus, reck und streck dich und öffne die Augen. ▲

Kapitel 10
Wie uns Spitzenleistungen gelingen

56. Den Panzer ablegen

Ziele: Spitzenleistungen gelingen uns leichter, wenn wir tief entspannt sind, Zugang zu unserer Intuition haben und bereit sind, unsere selbstauferlegten, starren Persönlichkeitsgrenzen durchlässiger zu machen. Dies ist eine sehr schöne kurze Imagination für Kreativität und Selbsttransformation der Teilnehmer.

Anleitung: Um Spitzenleistungen erzielen zu können, brauchen wir einen ganzen Cocktail von wichtigen Eigenschaften, nämlich: Flexibilität, emotionale Empfindsamkeit, Intuition, die Bereitschaft, alte Ordnungen aufzugeben, die Toleranz für unklare Situationen, Neugier, Risikobereitschaft, Lust am Spiel und natürlich auch so etwas wie Hartnäckigkeit. Hartnäckigkeit ist vielleicht das, was die meisten Menschen aufbringen, auch wenn sie an einer tiefen Depression leiden. Aber all die anderen Eigenschaften erfordern von uns, dass wir unseren geistigen und emotionalen Panzer ablegen, mit dem wir versucht haben, uns vor Verletzungen im Leben zu schützen. Ich möchte euch zu einer kurzen Übung einladen, die mit sehr schönen Bildern arbeitet und die uns zu dieser Umwandlung anregt. Um die volle Wirkung dieser Imagination zu erzielen, ist es wiederum empfehlenswert, sie für eine gewisse Zeit jeden Tag zu wiederholen, z.B. für die Zeit von drei Wochen. Dabei kann die messbare Zeit, die ihr für diese Übung braucht, von Woche zu Woche halbiert werden: 1. Woche – 2 Minuten, 2. Woche – 1 Minute, 3. Woche – 30 Sekunden.

    Setz dich bequem hin und schließ deine Augen. Atme dreimal tief aus...

    Sieh, wie du vor einem schönen, großen Burgtor stehst. Du trägst eine Rüstung, mit der du dich vor der Welt schützt... Atme einmal aus und fang an, diesen Panzer Stück für Stück abzulegen... Fang mit deinem Helm an... Leg all die Teile deiner Rüstung hinter dir auf den Boden, bis du dich selbst nackt sehen kannst... (15 Sekunden)

    Atme nun einmal aus, öffne das Tor, damit du in den dahinter liegenden Garten gehen kannst. Vergiss nicht, das Tor hinter dir zu schließen... Du bist nun in einem wunderschönen Garten voller Blumen, Bäume und blühender Sträucher, in dem die Vögel singen und Schmetterlinge in allen Farben zu sehen sind... Genieße den Gesang der Vögel, den Duft von Blüten und Gras... Mitten in dem Garten ist ein kleiner Teich. Steige in das kristallklare, angenehm kühle Wasser des Teiches und reinige dich sehr sorgfältig... (15 Sekunden)

Dann geh wieder aus dem Wasser hinaus und sieh, wie dein Spiegelbild in der leichten Bewegung des Wassers an den Rändern verschwimmt und sich mit dem Bild des Himmels vermischt... Spring wieder in das Wasser und tauche auf den Boden, wo du etwas findest, was für dich wichtig ist... Bring diesen Fund mit nach oben und verlasse den Teich... Am Ufer liegen ganz neue Kleidungsstücke für dich, die dich vielleicht überraschen. Zieh sie an und bemerke, wie gut du dich in ihnen bewegen kannst. Sag dem Garten Adieu und geh wieder durch das Tor hinaus.

Atme einmal tief aus, reck und streck dich und komm wieder hierher zu uns in diesen Raum. Öffne deine Augen, erfrischt und wach. ▲

57. Die Angst begraben

Ziele: Ein weiterer wichtiger Hemmschuh für Spitzenleistungen kann unsere Angst sein, die uns nahe legt, auf dem bekannten Terrain unserer Gewohnheiten zu bleiben. Diese Phantasie hilft den Teilnehmern, zu differenzieren zwischen Ängsten, die vielleicht notwendig sind, und Ängsten, die unser Wachstum behindern.

Anleitung: Setz dich bequem hin, schließ deine Augen und atme dreimal tief aus...

Wenn du einatmest, kannst du dir vorstellen, dass du funkelnde, goldene Energie einatmest, die sich überall in deinem Körper verteilt und dir ein Gefühl der Frische vermittelt. Wenn du ausatmest, stell dir vor, dass du Spannungen, ablenkende Gedanken und störende Gefühle ausatmest, vielleicht in Gestalt eines grauen oder anthrazitfarbenen Rauches...

Stell dir vor, dass du an einem schönen, silbern glitzernden Strand bist... Palmen oder Pinien wiegen sich sanft im Wind... Über allem wölbt sich ein wolkenloser blauer Himmel... Spüre das warme Licht der Sonne auf deiner Haut und lass dich von ihrer Wärme noch weiter entspannen... Kannst du den Klang der Wellen hören, wenn sie sich am Ufer brechen?... Vielleicht segeln ein paar Möwen über das Wasser... Kannst du das Aroma des Meeres verspüren, den feinen Salzgeschmack aus der Luft und den würzigen Duft von Seetang und Muscheln?... Lass dir genügend Zeit, um die Schönheit dieser Szenerie zu genießen...

Geh nun zu einem großen Badelaken, das auf dem trockenen Sand auf dich wartet. Setz dich darauf und mach es dir bequem. Schau hinaus auf den Ozean und beobachte den Rhythmus der Wellen. Vielleicht empfindest du, dass die Zeit hier langsamer läuft. Nimm eine Handvoll trockenen Sand und lass ihn durch deine Finger rinnen. Spüre, wie deine Hand leichter wird, wenn immer mehr Sand auf den Boden fällt. Nun denke an irgendetwas, was dir Angst bereitet... Vielleicht hängt die Angst mit einem wichtigen Ziel zusammen; vielleicht hängt die Angst mit einem schwierigen Problem zusammen; vielleicht empfindest du auch, dass diese Angst noch gar keinen klaren Namen hat. Was immer diese Angst ist, lass sie dir langsam zu Bewusstsein kommen.

Während du über die Angst nachdenkst, kannst du deinen Körper fragen, mit welchem Teil deines Körpers diese Angst am engsten verbunden ist. Wenn du über dieses Problem nachdenkst, über deine Angst oder

Befürchtung, wo spürst du sie dann in deinem Körper? Spüre, wo die Angst in deinem Körper wohnt. Bitte deinen Körper, dir zu zeigen, wie sich diese Angst physisch anfühlt. Geh mit deiner Aufmerksamkeit an diese Stelle deines Körpers und spüre diese Angst. Empfinde, wie sich diese Angst oder Spannung anfühlt... Ist sie scharf und pointiert oder eher flächig und schwer wie ein dicker Stein?... Wenn du die Angst an verschiedenen Stellen deines Körpers bemerken kannst, dann geh dahin, wo sie anfängt, und folge ihr, wie sie sich durch deinen Körper ausbreitet. Stell dir vor, dass diese Angst irgendeine physikalische Ausdehnung hat. Nun greife in deiner Phantasie wie ein Wunderheiler in deinen Körper hinein und hole die Angst heraus. Zieh sie vorsichtig heraus und halte sie in deiner Hand. Nun kannst du sie dir anschauen. Wie sieht sie aus?... Hat sie irgendeine Farbe?... Hat sie irgendeine Oberflächenstruktur?... Was empfindest du, wenn du deine Angst in der Hand hältst?...

Du kannst nun anfangen, mit diesem Ding in deiner Hand zu sprechen. Frag die Angst, welchen Zweck sie bisher für dich gehabt hat. Frag sie, wann sie anfing. Wann hast du das erste Mal diese Spannung und die Angst empfunden? Warum hast du sie noch immer? Dient sie noch immer einem nützlichen Zweck?... (30 Sekunden)

Nimm nun deine andere Hand und trenne all das ab, was an diesem Ding, was du aus deinem Körper herausgeholt hast, noch nützlich ist. Halte in der einen Hand das, was überflüssig und hinderlich ist, und in der anderen Hand das, was vielleicht wichtig und weiterhin nützlich sein kann. Vielleicht bemerkst du, dass beide Hände unterschiedliche Gewichte tragen. Vielleicht fühlen sich beide Hände auch unterschiedlich an. Bemerke einfach den Unterschied in beiden Händen.

Nimm nun das, was noch nützlich ist. Vielleicht möchtest du es dahin tun, wo du es hergenommen hast, oder vielleicht willst du es an einer anderen Stelle deponieren. Mach einfach das, was sich für dich richtig anfühlt. Spüre, was anders ist, wenn du dieses nützliche Ding wieder in dir hast. Spüre, wozu du es gebrauchen kannst.

Mach ein tiefes Loch im Sand und leg das hinein, was du in der anderen Hand hältst, was nicht mehr für dich nützlich ist. Vergrabe es ganz tief und wisse, dass es sich jetzt auflösen kann, auflösen kann in Sand und Meerwasser, so dass es dir nicht länger Schmerzen oder Spannungen bereiten kann.

Achte darauf, dass es ganz von Sand bedeckt ist, dass keine Spuren mehr davon bleiben... Lass diese überflüssige Angst ganz aus deinen

Augen sein, ganz aus deinem Gefühl… Spüre, dass das, was du behalten hast, nützlich für dich ist und dir Energie gibt.

Bemerke, wie du dich jetzt fühlst. Bemerke, was sich jetzt anders anfühlt, wenn dieser Teil der Angst nicht länger in dir ist. Steh auf und geh den Strand entlang. Spüre, wie anders du dich jetzt fühlst, ohne diese Spannung oder Angst, die dich zurückhielt. Nimm die Sonne in dich auf und genieße die Schönheit der Natur…

Du kannst dieses gute, zuversichtliche Gefühl nun hierher zurückbringen, wenn du dich gleich reckst und streckst, die Augen wieder öffnest und wieder bei uns bist, erfrischt und wach. ▲

58. Sehr erfolgreich sein

Ziele: In dieser Phantasie können sich die Teilnehmer auf ein wichtiges Ziel konzentrieren und sich vorstellen, wie es ist, wenn sie dieses Ziel mit Energie und Selbstvertrauen verfolgen und erreichen.

Zur Vorbereitung dieser Phantasiereise ist es zweckmäßig, wenn sich die Teilnehmer zuvor drei wichtige Ziele auswählen, die sie in nächster Zeit erreichen wollen. Diese Ziele sollen für den persönlichen Erfolg wichtig sein, sie sollen aber auch für die anderen wichtigen Menschen im Leben des Teilnehmers (z. B. Familie, Freunde, Mitarbeiter) positiv sein.

Anleitung: Setz dich bequem hin und schließ die Augen. Atme dreimal tief aus...

Stell dir wieder vor, dass du auf einer schönen grünen Wiese bist... Es ist ein warmer Sommertag, und du schaust in den blauen Himmel über dir. Nun passiert etwas ungewöhnlich Schönes. Du siehst, dass eine einzelne flauschige, weiße Wolke oben über den Himmel zieht. Sie erinnert dich vielleicht an eine warme, gemütliche Decke, die du hattest, als du ein Baby warst, ganz weich und kuschelig. Wenn die Strahlen der Sonne auf diese Wolke fallen, schimmert sie vielleicht rosa oder blau oder gelb oder in irgendeiner anderen Farbe... Welche Farbe hat deine Wolke?... Jetzt lass die Wolke langsam nach unten schweben, tiefer und tiefer, und lass dich von ihr einhüllen, ganz warm und zärtlich und sicher... so dass du auf und in dieser Wolke schweben kannst wie in liebevollen, zuverlässigen Armen... Lass dich immer höher tragen, hoch in den blauen Himmel, so dass du nach unten auf die Erde schauen kannst, erst über die eine Schulter, dann über die andere. Du fühlst, dass du ganz sicher in dieser Wolke liegst und dass es ausreicht, wenn du einfach über dir in den Himmel schaust. Vielleicht fliegt deine Wolke ganz geradeaus, vielleicht schwebt sie mal höher und mal tiefer und vielleicht dreht sie sich auch manchmal herum, ganz langsam, wie ein altmodisches Kinderkarussell auf dem Jahrmarkt. Vielleicht hast du Lust, irgendwo anzukommen. Dann kannst du dich von deiner Wolke einfach an einen schönen sicheren Platz tragen lassen, wo du dich wohl fühlst. Lass dich sanft von der Wolke auf den Boden legen... Du genießt es, dass du dich jetzt so ruhig und entspannt fühlen kannst...

Lass dir nun eines von deinen wichtigen Zielen einfallen, über die du vorhin nachgedacht hast. Nimm einfach das Ziel, das dir als erstes ein-

Kapitel 10: Wie uns Spitzenleistungen gelingen

fällt, um damit zu experimentieren. Später kannst du selbst auch allein mit deinen anderen Zielen experimentieren und mehr darüber erfahren...

Stell dir vor, dass dich nichts zurückhält, dieses Ziel zu erreichen, dass du so erfolgreich wirst, wie du es gern sein möchtest...

Stell dir vor, dass du an einem Glückstag aufwachst. Du erwachst am Morgen mit dem Gefühl, dass an diesem Tag alle wichtigen Dinge zusammenpassen... Du fühlst dich ausgeruht... du fühlst dich ausgeglichen... du fühlst dich neugierig... Irgendwie hast du die letzte Zeit in deiner Sicherheitszone verbracht, wo du alles gut übersehen konntest, und jetzt möchtest du diese Sicherheitszone etwas ausdehnen...

Stell dir einfach vor, dass du Hindernisse und Barrikaden wegräumst, dass du Grenzen, die du geschaffen hast, wegschiebst und dass du deinen Horizont erweiterst... Sieh dein Ziel vor dir und sieh, wie du deine Grenzen bis dahin ausdehnst, indem du danach greifst, nach vorn oder nach oben oder nach der Seite... Behalte das Gefühl der Sicherheit, dieses angenehme Gefühl, innere Einschränkungen überwinden und so erfolgreich sein zu können, wie du es möchtest. Behalte dieses gute, ausgeglichene Gefühl, wenn du gleich diesen besonderen Tag nimmst und ihn ein wenig in die Zukunft schiebst, einen Tag, zwei Tage, eine Woche oder einen Monat... ein bisschen weiter in die Zukunft... Nun stell dir vor, dass du viele Konflikte gelöst hast, viele Probleme, und dass diese jetzt hinter dir liegen. Stell dir ein zufriedenes Lächeln auf deinem Gesicht vor, weil du Lösungen für deine Probleme gefunden und sie in die Tat umgesetzt hast. Du bist frei von alten Bürden, du bist zuversichtlich und selbstsicher. Du fühlst, dass du in dir ruhst und Energie hast...

Konzentriere dich auf das Ziel oder das Projekt, das dir im Augenblick besonders am Herzen liegt. Sieh, wie du alle anderen kleineren Ziele zurückstellst und dich auf dieses eine Ziel oder Projekt ganz konzentrierst. Sieh, wie du deine Energie in deine Arbeit einfließen lässt und wie du Schritt für Schritt weiterkommst. Sieh neue Möglichkeiten, neue Herausforderungen, die spannender sind als die alten. Spüre deine neue Energie, deine Hingabe an die Arbeit, deine Konzentration, deine neuen Ideen. Stell dir vor, dass du dein Ziel erreichst... Bemerke auch, was die Belohnung sein wird, die du für deine Hingabe an deine Arbeit und für deinen Mut erwarten darfst... (30 Sekunden)

Vielleicht ist es auch wichtig, daran zu denken, dass du all die guten Dinge des Lebens annehmen darfst... Wenn du dein Ziel erreichst, dann ist das sehr segensreich für dich, und immer wenn du Ziele in deinem

Leben erreichst, darfst du sie als positive Ereignisse sehen, die gut sind für dich, für deine Familie und die Menschen, mit denen du arbeitest. Wenn du an die Ziele in deinem Leben denkst, dann betrachte sie als wertvolle Ereignisse, wertvoll für dich, für deine Familie, für deine Freunde, für die Leute, mit denen du arbeitest... Denke einen Augenblick zurück an andere positive Ziele, die du schon erreicht hast, die gut für dich waren und für die Menschen, mit denen du zusammenlebst... Sieh, wie du weiterhin erfolgreich bist. Sieh, wie du selbst glücklich bist und rücksichtsvoll anderen gegenüber, so dass dein Erfolg für alle positiv ist. Sieh, wie du deinen Erfolg genießt und ihn zu deinem Nutzen und zum Nutzen anderer verwendest. Du hast so viele Möglichkeiten, und du kannst immer neue entdecken und das auswählen, was positiv für dich ist. Jede Wahl, die du triffst, jeder Weg, den du einschlägst, ist im Augenblick völlig richtig. Du kannst immer die Gelegenheit finden, Dinge wegzulassen oder hinzuzufügen, wie es die Situation erfordert... Sieh ganz deutlich, wie du in der nahen Zukunft viele Wahlmöglichkeiten hast und zuversichtlich sein kannst... Bring dieses Bild in die Gegenwart und sieh, wie du zufrieden, sicher und zuversichtlich bist, weil du bereit bist, deiner Intuition zu folgen und deiner Neugier. Du kannst immer Neues beginnen, Altes aufgeben und eine Wahl treffen, die dein Leben wertvoll macht.

Behalte dieses gute Gefühl nun in dir, wenn du dich gleich reckst und streckst, einmal tief ausatmest, die Augen öffnest und wieder hierher zurückkehrst, erfrischt und wach. ▲

59. Hingebungsvoll arbeiten

Ziele: Wenn wir uns wünschen, außergewöhnliche Dinge zu leisten, dann müssen wir bereit sein, hingebungsvoll zu arbeiten. Das setzt voraus, dass wir etwas tun, was uns persönlich erfüllt und was wir für wertvoll halten. Wir arbeiten dann nicht mehr, um fremden Beifall einzusammeln, sondern weil wir von unserem Projekt fasziniert sind und es genießen, dass alle unsere „Systeme", Geist, Körper und Herz, gut dabei kooperieren. Wenn wir diese umfassende Konzentration erleben, empfinden wir so etwas wie eine sehr genussreiche, angenehme Trance.

Diese sehr schöne Phantasiereise kann Ihren Teilnehmern helfen, die innere Möglichkeit zu solchen Arbeitserlebnissen vorzubereiten.

Anleitung: Setz dich bequem hin und schließ die Augen. Mach es dir so bequem wie möglich an deinem Platz. Richte es so ein, dass Kopf, Nacken und Wirbelsäule in einer geraden Linie sind...

Hol nun einmal tief Luft... Atme ganz tief in deinen Bauch... und atme auch ganz gründlich wieder aus...

Mach das noch einmal... tief in den Bauch atmen... und ausatmen, gründlich und vollständig...

Und noch einmal... einatmen, und dann schick die warme Kraft deines Atems in jeden Teil deines Körpers, der sich angespannt oder müde fühlt... und lass die Spannung beim Ausatmen aus dir hinausfließen... so dass du spüren kannst, wie dein Atem alle Spannungen lockert und deinen Körper weich macht... und dann alle Anspannung und Müdigkeit aus dir hinausatmet... so dass du dich immer sicherer, lockerer und behaglicher fühlen kannst, indem du einfach zuschaust, wie dein Atem deinen Körper reinigt...

Wenn dir irgendwelche störenden Gedanken durch den Sinn gehen, dann kannst du sie beim Ausatmen aus dir hinausfließen lassen, so dass dein Geist für ganz kurze Zeit völlig still und leer wird wie ein ruhiger, tiefer See...

Wenn irgendwelche Gefühle in dir herumtanzen, dann kannst du sie freundlich bemerken und auch sie mit dem Atem aus dir hinausfließen lassen, so dass auch dein Herz ruhig und still wird...

Stell dir nun vor, dass du irgendetwas tust, was für dich wichtig ist. Sieh, wie du an irgendeinem Projekt arbeitest oder an einer Aufgabe, die dich besonders fasziniert...

Sieh, wie engagiert du bei dieser Arbeit bist... Betrachte deine Umgebung... schau dich um... Bemerke, was du siehst... was du hörst... vielleicht auch, was du dort riechen kannst... Nimm deine Umgebung mit all deinen Sinnen wahr... Bemerke auch die Kleidung an deinem Körper, die Luft auf deiner Haut...

Versuche zu spüren, wie sich dein Körper bei dieser Arbeit anfühlt... in welcher Haltung dein Körper ist oder wie er sich bewegt...

Nun kannst du dir vielleicht vorstellen, wie es sich anfühlen würde, wenn du ganz in dieser Aktivität aufgingest... ganz und vollständig... so konzentriert, dass du dich selbst gar nicht mehr bemerkst, weil du beinahe Raum und Zeit vergessen hast... so konzentriert auf deine Arbeit... ganz frei und leicht, weil du dich ganz in deiner Tätigkeit auflöst... wie ein Tänzer, der zum Tanz geworden ist... wie ein Musikant, der selbst zur Musik geworden ist... (20 Sekunden)

Genieße einfach diese wunderschöne Harmonie zwischen Körper und Geist... Genieße die Leichtigkeit deiner Konzentration... so sanft und stetig...

Genieße die unglaubliche Weisheit deines Körpers, der weiß, was er zu tun hat, ohne dass du es ihm sagen musst... Genieße die Leichtigkeit seiner Bewegungen... leicht wie ein wunderschöner Vogel, der auf dem Rücken des Windes reitet... Nimm diesen Augenblick tief in dir auf, atme ihn in dich ein, spüre das Vergnügen, lebendig zu sein... Spüre auch die Dankbarkeit dafür, wie leicht du Zeit und Raum vergisst... weil du dich deiner Aufgabe so hingeben kannst...

Du kannst an diesen Platz und zur Schönheit dieser Erfahrung zurückkommen, wann immer du willst... Behalte dieses gute Gefühl in dir, wenn du gleich anfängst, dich zu recken und zu strecken, um langsam, wenn du dazu bereit bist, hierher zurückzukehren. Atme einmal tief aus und öffne deine Augen, erfrischt und wach. ▲

60. Kreativ sein

Ziele: Kreative Menschen empfinden ihre schöpferische Begabung manchmal auch als eine Belastung. Sie leiden unter dem Wechsel zwischen emotionalen Höhen und Tiefen, sie fühlen sich erschöpft, weil sie sich in einer kreativen Phase bereitwillig verausgaben. Sie sind anfällig für Depressionen nach einer produktiven Arbeitsphase, und oft müssen sie feststellen, dass sie die Interessen ihres Körpers vernachlässigt haben. Dann sind sie anfällig für alle möglichen Krankheiten.

Diese Phantasiereise kann dazu beitragen, dass solche Probleme gemildert werden. Sie kann sie jedoch nicht aus der Welt schaffen. Darüber hinaus kann diese Übung das Selbstvertrauen stärken und den Glauben in die eigene kreative Kraft. Damit diese Phantasie wirksam wird, sollte sie von den Teilnehmern auch unabhängig von der Gruppe häufig wiederholt werden.

Anleitung: Jeder von uns hat von der Natur die Gabe der Kreativität mitbekommen. Gleichwohl wünschen wir uns oft, dass wir diese Gabe häufiger und intensiver spüren. Darum möchte ich euch zu einer Phantasiereise einladen, die euch helfen kann, eure natürliche Kreativität öfter zur Blüte zu bringen. Es gibt allerdings eine wichtige Voraussetzung dafür: Wir alle müssen akzeptieren, dass wir unsere Kreativität nicht schlagartig einschalten können wie elektrisches Licht; wir müssen in unserem kreativen Prozess mit Wartezeiten rechnen, in denen neue Ideen, neue Lösungen heranreifen. Jedes Weizenkorn ruht eine Zeit lang in der Erde, bis es irgendwann keimt und den Keim durch die Erde ans Licht der Sonne schiebt.

Setz dich bequem hin und schließ die Augen. Atme dreimal tief aus...

Erinnere dich an all die Selbstzweifel, die deine Kreativität manchmal behindern. Stell dir vor, dass du all diese Zweifel nimmst und sie in einen Sack steckst. Du weißt, wie wirksam deine Zweifel sein können, darum kannst du dir diesen Sack jetzt als eine Quelle der Energie vorstellen, und du kannst diese Energie auf eine produktive Art benutzen. Du kannst dich dafür entscheiden, mit dieser Energie Ziele zu erreichen, kreativ zu sein und erfinderisch.

Stell dir jetzt vor, wie du diesen Sack öffnest und siehst, dass positive Energie herauskommt. Sieh diese Energie als eine leuchtende Farbe, vielleicht sogar als einen wunderschönen Regenbogen, der den Raum anfüllt und dich von Kopf bis Fuß einhüllt: Ein kräftiges, lebendiges, buntes Licht. In diesem Licht kannst du neue Richtungen für dein Handeln und neue Ideen sehen. Und vor allem kannst du vielleicht eine warme Energie in deinem Körper empfinden, die dich von den Füßen bis zum Kopf durchströmt. Lass deinen Geist ganz klar und konzentriert werden und erinnere dich an alle deine Fähigkeiten, an alle Erfahrungen, die du in dir gesammelt hast. Erinnere dich auch an deine Fähigkeit, überraschende Wünsche und blitzartige Einsichten hervorzubringen, mit denen du selbst nicht gerechnet hast. Vielleicht kannst du dich bereit erklären, diese produktive Energie in deinem Leben zu kontrollieren und zu konzentrieren und sie dorthin zu leiten, wo du sie gebrauchen kannst...

Darum ist es gut, wenn du alle deine Zweifel in einen schönen großen Sack steckst und sie in einen leuchtenden Regenbogen aus positiver Energie verwandelst, die du kreativ benutzen kannst...

Nun stell dir einfach vor, dass dich die leuchtende Kraft des Regenbogens umgibt und dass du sie durch die Poren deiner Haut in dich hineinströmen lässt, bis du ganz damit angefüllt bist...

Stell dir jetzt vor, dass du eine Straße entlanggehst, auf der das Leben pulsiert. Du fühlst dich energiegeladen und möchtest schnell an dein Ziel kommen. Du kommst an eine Kreuzung und siehst, dass die Ampel auf Rot springt. Du wartest ein wenig auf das grüne Licht und du weißt, dass das Stoppsignal nur eine Zeit lang anhält. Warum willst du diese Gelegenheit nicht benutzen, um dir ein paar tiefe, erfrischende Atemzüge zu gönnen und dich zu entspannen? Du kannst diese Pause nutzen, um Übersicht zu gewinnen. Auf der anderen Seite der Straße gibt es einen wunderschönen Park...

Du bemerkst, wie schön das Wetter ist, wie warm die Sonne scheint, und du spürst neue und heilsame Energie durch deinen Körper strömen. Du kannst diese Pause auch nutzen, um über ein Projekt nachzudenken oder über eine Aufgabe, die dich zur Zeit beschäftigt. Du kannst dir vorstellen, wie du an deine Arbeit herangehst, mit frischer Kraft und neuen Ideen, mit frischer Energie, die dir wohl tut und dich entspannt. Je ruhiger du dich fühlst, desto besser kann sich deine Kreativität entfalten... Bevor du es bemerkt hast, ist das Licht der Ampel auf Grün umgesprungen... Jetzt bist du frei voranzuschreiten, alle Hindernisse sind fort, alle Einschränkungen sind aufgehoben... Du gehst die Straße weiter entlang, und in kurzer Zeit wirst du dein Ziel erreichen, wo wiederum kreative

Ideen und neue Lösungen auf dich warten. Es wird nur ein paar Augenblicke dauern, und je entspannter du dich fühlst, desto eher wirst du dein Ziel erreichen.

Nun stell dir vor, dass du dein Ziel erreichst. Stell dir vor, dass du an deinem Arbeitsplatz angekommen bist. Das ist dein Ziel, das ist dein kreativer Platz, und du bist hier angekommen, angeregt, wach und entschlossen...

Hol einmal tief Luft und schließ die Augen einen Augenblick. Öffne sie dann wieder und bemerke, dass du ganz natürlich mit deiner Arbeit beginnst. Auf deinem Gesicht ist vielleicht ein Lächeln, du vertiefst dich in deine Arbeit, und alle deine Gedanken sind frisch und neu. Du hast das Gefühl, dass dein Körper alle deine Gedanken und Gefühle versteht, ohne dass du ihm sagen musst, was er zu tun hat... (30 Sekunden)

Lass diese guten Gefühle in dir bleiben, bewahre sie gut auf, und wenn du das nächste Mal an deine Aufgabe herangehst, dann kannst du dich leicht an sie erinnern.

Immer wenn du den Wunsch hast, kannst du diese guten Gefühle in dir wachrufen, du kannst sie mitnehmen auf jede kreative Reise, die du unternehmen möchtest, damit du leicht die richtige Richtung findest und Lösungen für deine Probleme entdeckst.

Immer wenn du in Zukunft an eine Barriere kommst, an ein Hindernis, dann stell dir einfach vor, dass das eine rote Ampel ist, die dir zeigt, dass du anhalten und eine kurze Pause machen sollst. Die Ampel wird nach einer gewissen Zeit von Rot auf Grün umspringen, damit du deine Reise zu Kreativität und guten Ergebnissen fortsetzen kannst.

Natürlich kannst du dir auch ganz andere Dinge vorstellen, wenn du an ein Hindernis kommst. Du kannst dir z. B. eine hohe Wand vorstellen, die du leicht umstoßen kannst, und du siehst dann zu, wie die Steine auseinanderfallen. Wenn du dir vorstellst, wie sich das Hindernis auflöst, kannst du deine Phantasie benutzen, um einen ganz besonderen Ort aufzusuchen, von dem du träumen und wo du auf deine Intuition hören kannst.

Vielleicht hast du Lust, dir einen Zauberweg vorzustellen, der durch einen wunderschönen Wald führt. Du kannst sehen, wie du auf diesem Weg entlanggehst und den frischen Duft der Tannen genießt und die klare und gesunde Waldluft, bis du einen Platz findest, wo du Halt machen kannst, um auszuruhen. Vielleicht gibt es dort einen schönen kristallklaren Wasserfall... vielleicht gibt es dort einen riesigen Findling, auf dem du bequem sitzen kannst, während dich die Sonne wärmt und dich entspannt. Vielleicht ist dein besonderer Ort auch ein dichtes Moospolster auf dem Boden, auf dem du dich angenehm ausstrecken und träumen kannst... Du kannst dir irgendeinen besonderen Ort ausdenken, um dort deinen Geist treiben zu lassen... Es ist nicht nötig, dass du dabei nachdenkst. Lass deinen Geist ganz natürlich treiben und sage im Stillen, dass du dich freust, wenn neue Ideen auftauchen, wenn sie aus der Tiefe deines Geistes an die Oberfläche kommen und sich weiterentwickeln... Dies ist eine sehr gute Gelegenheit für neue Ideen, an denen du dich freuen kannst, die du benutzen kannst. Während du dich treiben lässt, kannst du ganz klar sehen: neue Richtungen, neue Gedanken, neue Wege. Du bist so entspannt, dass deine kreative Energie in dir aufsteigen kann, dass du dich zuversichtlich fühlst, sicher im Gebrauch deiner Fähigkeiten.

Du kannst diese kreative Energie immer in dir wecken, weil du dich dazu nur entspannen und dich an diesen besonderen Platz erinnern musst, damit du spürst, wie deine Imagination und deine Intuition zu strömen anfangen, leicht und flüssig und sehr angenehm. Gestatte dir, dieses wunderbare Gefühl noch eine Weile zu genießen, bis du bereit bist, es hierher zurückzubringen in diesen Raum. Dann kannst du dich ein wenig recken und strecken, einmal tief ausatmen und die Augen öffnen, ganz erfrischt, wach und zuversichtlich. ▲

Kapitel 11
Vergeben

61. Blüte aus Licht

Ziele: Oft beginnt unsere Bereitschaft zu vergeben mit einem Seufzer. Vielleicht haben wir eingesehen, dass alle unsere Versuche, andere zu ändern, zu kontrollieren oder uns an ihnen zu rächen, gescheitert sind und dass Vergebung unsere letzte Möglichkeit ist, um unsere Balance wiederzufinden. Oft sind wir erst dann bereit zu vergeben, wenn wir wissen, dass der Krieg vorbei ist und dass wir ihn nicht gewinnen konnten. Wir haben eingesehen, dass Kontrolle und Macht unsere Probleme nicht lösen können.

Ein weiteres Hindernis auf dem Weg zur Vergebung ist unser Wunsch, dass Menschen, die uns Unrecht getan haben, dafür Verantwortung übernehmen, dass sie selbst den ersten Schritt tun und uns um Verzeihung bitten. Oft müssen wir erkennen, dass sich diese Erwartung nie erfüllt. Schließlich geben wir die Hoffnung auf, dass andere vielleicht doch noch so werden, wie wir sie uns schon immer gewünscht haben.

Vergebung ist für uns alle ein schwieriger Prozess. Wir können nicht erwarten, dass wir in einem einzelnen Akt der Einsicht den ganzen Weg gehen können. Oft müssen wir lange daran arbeiten, aber wir können damit anfangen. Die folgende Phantasie ist ein sanfter Einstieg in eine innere Haltung der Freundlichkeit, der Großzügigkeit und des Mitgefühls.

Anleitung: Wenn wir erwachsen werden, entdecken wir, dass Liebe stärker ist als Hass. Wahrscheinlich ist es nicht erstrebenswert, dass wir unsere Fähigkeit, zornig zu sein und zu kämpfen, vollständig aufgeben, aber wir können darauf achten, dass wir uns nicht in chronische Machtkämpfe und Rachefeldzüge verstricken. Das ist zu anstrengend. Jeder Medizinstudent lernt, dass wir 34 Muskeln benutzen müssen, wenn wir die Stirn runzeln, aber nur 16, wenn wir lächeln.

Setz dich bequem hin und schließ die Augen. Versuche so zu sitzen, dass Kopf, Nacken und Wirbelsäule eine gerade Linie bilden.

Atme nun einmal ganz tief ein... so tief du kannst... Atme ganz tief in deinen Bauch... und dann atme ganz gründlich wieder aus...

Und noch einmal... tief einatmen... Diesmal kannst du versuchen, die warme Kraft deines Atems an alle Stellen deines Körpers zu schicken, die sich vielleicht angespannt oder müde fühlen... Und beim Ausatmen kannst du mit der verbrauchten Luft auch alle Anspannung aus dir hinausfließen lassen...

Spüre, wie dein Atem an alle engen, angespannten und müden Stellen geht, sie weiter macht und weicher und wärmer, dass er alle Anspannung in sich aufnimmt und beim Ausatmen mit sich fortnimmt, so dass du dich von Augenblick zu Augenblick sicherer und behaglicher, entspannter und friedlicher fühlen kannst, wenn du erlebst, wie dein Atem dir gut tut und deinen Körper reinigt...

Nun kannst du dir vorstellen, dass du in einem schönen alten Museum bist. Dort sind Gemälde und Skulpturen von Künstlern ausgestellt, die dir etwas bedeuten. Du gehst durch die geräumigen Säle und genießt die Ruhe und die sanften Anregungen, die dir diese Kunstwerke schenken können. Du bemerkst, wie sich das Licht in den einzelnen Sälen ändert und wie vielfältig die ausgestellten Kunstwerke das menschliche Leben spiegeln. Aus immer neuen Perspektiven kannst du Menschen sehen in Augenblicken der Liebe oder der Wut, in Niederlagen oder Siegen, in Situationen des Kampfes oder der stillen Konzentration...

Nach einiger Zeit hast du vielleicht das Bedürfnis, dich etwas zu erfrischen, und du gehst an irgendeinen Ort, wo du für dich allein sein kannst. Vielleicht ist das ein schöner Raum, wo keine weiteren Besucher sind, vielleicht gehst du nach draußen in einen Innenhof, wo du die frische Luft genießen kannst, oder an irgendeinen anderen Platz, an dem du dich erholen und entspannen kannst. Vielleicht hast du den Wunsch, dass sich das Gefühl der Verbundenheit stärker in dir ausbreitet, damit du es von hier mitnehmen kannst als eine dauerhafte Erinnerung, dass es dir möglich ist, dich so offen und so friedlich, so liebevoll zu fühlen.

Stell dir nun einen großen, leuchtenden Stern vor, der schräg über dir steht und der einen Wasserfall aus Licht und Liebe über dich ausschüttet. Lass das Licht oben in deinen Kopf hineinströmen und langsam nach unten durch deinen Körper fließen. Spüre, wie dieses liebevolle Licht dein Herz weiter macht und anfüllt, so dass es anfängt zu leuchten. Sieh, wie das Licht deines Herzens auch nach außen strömt, bis du ganz eingehüllt bist in eine leuchtende Blüte aus Licht. Vielleicht siehst du dieses Licht weiß leuchten oder golden oder in irgendeiner anderen Farbe. Nun kannst du vielleicht empfinden, dass du selbst auch ein Kunstwerk bist, dem du allen Respekt und alle Liebe schenken kannst, die du auch deinem eigenen Kind entgegenbringen würdest. Im Inneren kannst du dich selbst segnen, indem du den folgenden einfachen Segen sprichst:

Möge ich Frieden finden...
Möge mein Herz offen sein...
Möge ich andere lieben wie mich selbst...

Denk nun an einen oder an mehrere Menschen, die du liebst. Sieh sie ganz deutlich vor dir...

Stell dir vor, dass das Licht der Liebe auch auf sie scheint und sie durchströmt und auch ihr Herz leuchten lässt... Stell dir vor, dass dieses Licht immer heller wird und auch sie wie eine Blüte aus Licht umschließt... Vielleicht möchtest du auch diese Menschen, die du liebst, segnen, indem du zu jedem Einzelnen innerlich diesen Segensspruch sprichst:

Mögest du Frieden finden...
Möge dein Herz offen sein...
Mögest du andere lieben wie dich selbst...

Wenn dir noch andere Menschen einfallen, kannst du auch sie segnen...

Denk nun an einen Menschen oder an mehrere, die dich verletzt haben, die dir Unrecht getan haben oder die dir etwas Wichtiges vorenthalten haben und mit denen du dich vielleicht versöhnen willst... Stell sie in die Blüte des Lichts und sieh, wie das Licht alles Negative und alle Illusionen abwäscht, wie es das auch bei dir und den Menschen getan hat, die du liebst...

Vielleicht möchtest du einen Schritt weitergehen, etwas hinter dir zurücklassen, einen neuen Anfang machen... indem du deinen Segen auch diesen Menschen gibst und zu jedem Einzelnen sagst:

Mögest du Frieden finden...
Möge dein Herz offen sein...
Mögest du andere lieben wie dich selbst...

Schau nun auf unseren wunderschönen Planeten, wie er uns vom Weltraum aus erscheint, wie ein schöner, kostbarer Saphir, der in der Unendlichkeit des Universums schwebt... Stell dir die Erde vor, umgeben von Licht – die blauen Ozeane und die grünen Kontinente, die weißen Polkappen, die Fische im Wasser, die Vögel in der Luft und Mensch und Getier auf der Erde. Du weißt, dass sich das Leben auf der Erde in Gegensätzen zeigt: Tag und Nacht, Ebbe und Flut, Gut und Böse, Reichtum und Armut, oben und unten, Krankheit und Gesundheit, männlich und weiblich. Vielleicht ist dein Herz weit genug, um all das zu halten und anzuerkennen, so dass du auch bereit bist, die Erde zu segnen, indem du leise diese Wort mitsprichst:

Möge die Erde Frieden finden...
Möge das Herz aller Menschen offen sein...
Möge die ganze Schöpfung gesegnet sein...

Du kannst das Empfinden dieser inneren Verbundenheit, das Gefühl deines offenen und liebevollen Herzens hierher mit zurückbringen, wenn du gleich beginnst, dich etwas zu recken und zu strecken und deinen Körper zu spüren. Atme einmal tief aus, öffne die Augen und sei wieder hier, erfrischt und wach. ▲

62. Liebe und Vergebung

Ziele: Vor dieser Phantasiereise müssen die Teilnehmer eine Person auswählen, gegen die sie Ärger oder Ressentiments empfinden und gegen die sie die Möglichkeit der Vergebung in Betracht ziehen.

Häufig wählen einige Teilnehmer Vater oder Mutter, die verstorben sind, und erleben dann, dass in dem imaginären Gespräch beide Seiten einander verzeihen.

Der anschließende Austausch in der Gruppe ist sehr wichtig. Alle haben auf diese Weise Gelegenheit, mehr über den komplizierten Prozess zu lernen, wie sie mit Verletzungen umgehen können, so dass wirklich eine langsame Heilung stattfinden kann.

Erinnern Sie die Teilnehmer daran, dass Versöhnung kein einmaliger Akt ist, sondern ein längerer Prozess. Die Teilnehmer werden feststellen, dass auch nach einer sehr tief empfundenen Phantasiereise alter Ärger hochkommen kann. Wir können es jedoch als ein gutes Zeichen betrachten, dass der Prozess der Heilung begonnen hat, so dass Vergebung und Versöhnung immer nachhaltiger werden.

Anleitung: Setz dich bequem hin und schließ deine Augen. Versuch dich so hinzusetzen, dass Kopf, Nacken und Wirbelsäule in einer geraden Linie sind. Beginne mit einem tiefen, erfrischenden Atemzug... indem du ganz tief einatmest... so tief wie möglich in deinen Bauch... atme dann ganz gründlich wieder aus...

Und noch einmal... einatmen... Versuche diesmal, die warme Kraft deines Atems an alle Stellen deines Körpers zu schicken, die sich eng, müde oder angespannt fühlen... Beim Ausatmen kannst du die Spannung loslassen und sie aus dir hinausfließen lassen... Du kannst spüren, wie dein Atem an alle engen, angespannten Stellen in deinem Körper geht und ihm hilft, locker zu werden, warm und weich... und wie er dann alle Anspannung einsammelt und ausatmet... so dass du dich von Augenblick zu Augenblick sicherer und ruhiger, entspannter und wohler fühlen kannst, wenn du dabei zuschaust, wie dein Atem deinen Körper reinigt und erfrischt... Du kannst auch unruhige Gedanken aus dir hinausatmen, so dass dein Geist ganz leer und weit wird und du die Ruhe genießen kannst... Genauso kannst du alle Gefühle, die vielleicht noch in dir herumtanzen, freundlich bemerken und sie mit deinem Atem nach draußen schicken, so dass auch dein Herz still wird wie ein ruhiger See...

Stell dir nun vor, dass du an einem Ort bist, wo du dich ruhig und sicher fühlst. Vielleicht möchtest du dir diesmal vorstellen, dass du frühmorgens vor Sonnenaufgang am Strand bist... vielleicht sitzt du auf einer Düne und schaust hinaus auf das weite Meer... Über dir siehst du, wie die Sterne der Nacht langsam blasser werden, und hinten am Horizont wird der Himmel langsam heller. Gleich wird die Sonne aufgehen... Du erlebst einen wunderschönen Sonnenaufgang, und je heller es wird, desto leichter wird dir ums Herz, desto entspannter und ruhiger kannst du dich fühlen.

Denk an jemanden, auf den du aus irgendeinem Grunde noch böse bist. Vielleicht soll das jemand aus deiner Vergangenheit sein, vielleicht ist das jemand, den du jeden Tag siehst... Stell dir diesen Menschen genau vor. Atme aus und spüre deine eigene innere Stärke... Atme alle Furcht oder Unruhe aus...

Lade diesen Menschen, den du jetzt vor dir siehst, ein, an diesen sicheren Platz zu kommen... Gestatte dir, diesen Menschen anzuschauen und mit ihm in Kontakt zu treten, indem du Gedanken und Gefühle mitteilst, die bisher ungesagt geblieben sind. Mit Entschiedenheit und Mut kannst du dir selbst gestatten, wahrhaftig zu sein und mitzuteilen, was du im Inneren erlebt hast...

Gib dir selbst Gelegenheit, auch zu hören, was die andere Person dir mitzuteilen hat. Nimm alles ganz offen auf, Gedanken und Gefühle, die vielleicht nicht einmal durch Worte ausgedrückt werden. Hör offen und geduldig zu, hör genau zu, was die andere Person zu sagen hat... Hör auf die Wahrheit hinter ihren Worten... Löse dich von Vorwürfen und Urteilen... Gib den Stolz auf, der so nachtragend ist... Atme tief ein und spüre, dass du selbst ganz vollständig bist... du kannst atmen, du kannst denken und du kannst fühlen... du kannst zuhören und dich mitteilen...

Schau nun in die Augen der anderen Person. Lass deine Angst los und blick hinter die Angst des anderen... Lass die Bürde des Vorwurfs los und gestatte dir zu verzeihen... Lass alle Anklagen los und sieh dich und den anderen mit neuer Klarheit. Schau hinter die Fehler und Irrtümer der anderen Person und gestatte dir, die Würde des anderen zu sehen...

Blicke dieser anderen Person wieder in die Augen und lass die schwierigen Themen, die zwischen euch standen, verblassen und verschwinden. Atme aus und spüre deine eigene innere Stärke. Und wenn es noch irgendetwas gibt, was du der anderen Person mitteilen möchtest, lass dir Zeit, das jetzt auszudrücken... (1 Minute)

Vielleicht kannst du dich jetzt von der Vergangenheit lösen und diesen Menschen so sehen, als ob du ihn auf diese Weise das erste Mal siehst, in diesem Augenblick, weil jeder von euch weiß, wer der andere wirklich ist...

Mit einem Gefühl von Freiheit, das über alles Verstehen hinausgeht, kannst du dem anderen Menschen nun Adieu sagen und zusehen, wie er oder sie geht...

Vielleicht möchtest du dieses Verzeihen auch auf dich selbst ausdehnen und dich von Schuldgefühlen und Selbstvorwürfen lösen und dir nicht länger Versäumnisse vorwerfen oder Verfehlungen ankreiden, weil du in deinem Herzen Platz machst für dich selbst... dein Herz öffnest für dich selbst, weil du weißt, dass du auch deine eigene Liebe und deinen eigenen Respekt verdienst... Während du weiter ruhig und tief atmest, kannst du spüren, wie du dich innerlich weit und frei fühlst und glücklich, weil sich dein Herz so weit öffnet für die Kraft zu lieben und für die Freude, ganz lebendig zu sein...

Du kannst dieses einzigartige Gefühl mit hierher zurückbringen, wenn du gleich anfängst, dich zu recken und zu strecken... Atme einmal tief aus, öffne deine Augen und sei wieder hier, erfrischt und wach. ▲

63. Versöhnung

Ziele: Die folgende intensive Phantasiereise kann durch eine spezifische Bestandsaufnahme der Verletzungen vorbereitet werden. Bitten Sie die Teilnehmer aufzuschreiben, welche Handlungen, Einstellungen, Verhaltensweisen sie möglicherweise vergeben möchten. Dabei ist es wichtig, dass alle ärgerlichen, rachsüchtigen, traurigen, einsamen, sehnsüchtigen oder liebevollen Gefühle aufsteigen dürfen. Auch alle Assoziationen und Gedanken dazu können notiert werden. Betonen Sie, dass jeder von uns die Wahl hat, ob er vergeben will oder nicht. Diese Bestandsaufnahme verpflichtet noch nicht zur Vergebung. Verpflichtet sind wir uns selbst gegenüber nur zur Aufrichtigkeit. Diese Aufrichtigkeit ist ein wichtiger Schritt dazu, dass wir uns so akzeptieren, wie wir sind. Die Notizen müssen niemandem gezeigt werden.

Vor dem Hintergrund dieser Bestandsaufnahme kann die folgende Phantasiereise ein wichtiger Schritt zu einer Versöhnung sein.

Die Phantasiereise geht in drei Schritten vor: Zunächst vergeben wir einem Menschen, der uns verletzt hat; dann bitten wir jemanden, uns zu verzeihen; zum Schluss machen wir den Versuch, uns selbst zu vergeben.

Anleitung: Setz dich bequem hin und schließ die Augen. Atme dreimal tief aus und geh nach innen an einen Platz, wo du dich sicher und geborgen fühlen kannst…

Lass dir einen Augenblick Zeit, um darüber nachzudenken, was es bedeuten könnte, wenn wir Vergebung in unser Leben bringen…

Stell dir nun langsam, ganz langsam, jemanden vor, gegen den du Groll in dir gesammelt hast. Lass ganz sanft ein Bild in dir entstehen, ein Gefühl, eine Empfindung für diese Person… Nun lade diese Person ein, in diesem Augenblick in dein Herz zu kommen. Vielleicht spürst du jetzt Furcht oder Ärger, so dass du den anderen Menschen nicht zu dir hereinlassen willst. Du musst dich nicht zwingen… Lass es einfach ein Experiment mit der Wahrheit sein, wenn du diesen anderen Menschen zu dir einlädst und probeweise in deinem Herzen zu ihm oder ihr sagst: „Ich vergebe dir." Vielleicht kannst du dein Herz nur eine Handbreit öffnen und sagen: „Ich vergebe dir die Schmerzen, die du mir in der Vergangenheit zugefügt hast, absichtlich oder unabsichtlich, durch deine Worte, deine Gedanken, deine Handlungen. Was immer du zu meinen Schmerzen beigetragen hast, ich vergebe dir." Vielleicht kannst du eine kurze Sekunde spüren, wie weit dein Herz ist, das immer die Möglichkeit des Vergebens hat. Lass diese Mauern des Ärgers hinter dir, so dass sich dein Herz frei fühlen kann und dein Leben sich leichter anfühlt, wenn du sagst: „Ich vergebe dir..."

Es ist schmerzlich, wenn wir jemanden aus unserem Herzen ausschließen. Lass diesen Schmerz los... Berühre diesen Menschen ganz sacht mit der Möglichkeit der Vergebung. Lass zu, dass der andere eine Sekunde in der Stille, in der Wärme und in der Geduld deines Herzens ist, wenn du den Abstand zwischen euch ein wenig schmelzen lässt in Vergebung und Mitgefühl... Vielleicht hast du jetzt einen kleinen oder einen großen Schritt gemacht. Das ist gut so... Lass die andere Person ihren Weg gehen. Verbanne sie nicht aus deinem Herzen, lass sie einfach gehen, sanft berührt durch die Möglichkeit der Versöhnung... Lass dir so viel Zeit, wie du brauchst, lass den anderen Menschen gehen und bemerke, was du empfindest, wenn er oder sie geht.

Du kannst nun an jemanden denken, der auf dich böse ist, der Groll gegen dich empfindet, der sein Herz für dich verschlossen hat. Lade diesen Menschen zu dir in dein Herz ein, für einen kurzen Augenblick. Bemerke, welche Barrieren es in deinem Herzen gibt, lass alle Härte in dir schmelzen und sich einen kurzen Augenblick auflösen. Lade die andere Person ein und sage probeweise: „Ich bitte dich um Verzeihung. Ich möchte, dass du mich wieder in dein Herz lässt, dass du mir vergibst, was ich dir angetan habe, was dir Schmerzen bereitet hat durch meine Worte, durch meine Handlungen und auch durch meine Gedanken... Ich bitte dich um Verzeihung."

Lass zu, dass du von der Vergebung dieses Menschen berührt wirst. Lass dir verzeihen. Gestatte dir, wieder im Herzen des anderen zu sein... Vielleicht kannst du spüren, wie die Bereitschaft zur Versöhnung dich berührt. Nimm sie an, atme sie in dein Herz hinein.

Bestätige noch einmal deinen Wunsch nach Vergebung: „Verzeih mir, dass ich dir Schmerzen bereitet habe, durch meinen Zorn, meine Angst, meine Dummheit, meine Vergesslichkeit, meine Blindheit, meine Gier, meine Zweifel und meine Konfusion... Lass mich wieder in dein Herz..."

Nimm die Vergebung an... Vielleicht bemerkst du auch, dass dein Geist diese Vergebung abwehrt. Du weißt, wie erbarmungslos wir oft zu uns selbst sind. Lass diese innere Härte schmelzen in der Wärme und Geduld des Vergebens...

Spüre, wie die andere Person dir vergibt...

Wenn du bemerkst, dass dein Geist immer noch glaubt, dass er Versöhnung nicht verdient, dass er verdient zu leiden, dann lass ihn einen Augenblick, einen kurzen Augenblick berührt werden von der Möglichkeit der Versöhnung.

Sag nun dem anderen Menschen Adieu und lass ihn weiterziehen, nachdem ihr euch vielleicht nur einen winzigen Augenblick erkannt habt, jenseits aller Missverständnisse.

Wende nun deine Aufmerksamkeit dir selbst zu und sage zu dir selbst: „Ich verzeihe dir." Nenne dich in deinem Herzen mit deinem eigenen Vornamen und sage: „Ich vergebe dir." Vielleicht kannst du jetzt irgendwelche Einwände deines Geistes hören, dass wir uns nicht selbst vergeben können oder dürfen. Dann spüre einfach die Härte dieses Urteils und lass es langsam, ganz langsam sanfter werden und auch von der Möglichkeit des Vergebens berührt werden...

Komm zurück in dein Herz, vergib dir selbst. Lass das Leben zurückkommen in dein Herz, lass dich vergeben und lass dieses Gefühl deinen ganzen Körper anfüllen. Spüre diese Wärme, die nur den einen Wunsch hat, dass es dir gut geht... Sich selbst zu vergeben ist manchmal am allerschwersten. Darum ist es gut, wenn du dich selbst liebevoll betrachtest, so wie du dein Kind betrachten würdest. Nimm diese Liebe an und spüre, wie du dann selbst stärker lieben kannst...

Spüre das Wunder von Versöhnung, von Mitgefühl und innerer Klarheit... Vielleicht kannst du sehen, dass die Kraft der Versöhnung dich umgibt wie ein sehr helles Licht, das auch all die Menschen berührt, mit denen du zu tun hast, all die Menschen, die ebenfalls diesen Schmerz kennen und wissen, wie man sich fühlt, wenn man sich selbst verurteilt... so isoliert und verloren. Mach anderen Mut mit deiner Bereitschaft zur Versöhnung... Lass die Kraft der Versöhnung nach draußen strahlen, bis sie die ganze Welt umfasst. Lass die ganze Erde wie einen kleinen Ballon in dem Herzen der Versöhnung schweben... sanft gewiegt auf einem Ozean unendlichen Mitgefühls... Und vielleicht kannst du spüren, wie die Kraft der Versöhnung das Leid kleiner macht, den Zorn, die Angst, die Zweifel... so dass alle Herzen weiter werden und der Geist klar... Und ganz tief in dir weißt du, dass wir uns nur versöhnen können, wenn wir einander wieder und wieder mit Vergebung berühren.

Bring dieses Gefühl der inneren Verbundenheit hierher zurück, wenn du dich gleich reckst und streckst... Atme einmal tief aus, öffne die Augen und sei wieder hier, erfrischt und wach. ▲

64. Mitgefühl und Vergebung

Ziele: Für Erwachsene ist es oft schwerer, anderen zu vergeben. Während Kinder vielleicht durch das hohe Tempo ihrer geistigen Entwicklung über viele Verletzungen, die ihnen zugefügt werden, hinwegkommen und auch bereit sind, ihnen zugefügtes Unrecht zu verzeihen, bleiben Erwachsene oft jahrelang fixiert auf ihre Verletzungen. Eigene Fehler oder die von anderen werden nicht vergeben und blockieren die weitere innere Entwicklung. Für jeden Erwachsenen ist es eine wichtige Aufgabe, Mitgefühl und Verständnis sowohl für die eigene Unzulänglichkeit als auch für die Unvollkommenheit unserer Mitmenschen zu entwickeln. Nur mit einer großzügigen, toleranten inneren Einstellung können wir unsere Maßstäbe ändern und unsere seelischen Wunden heilen lassen. Groll, Ressentiments und Rachsucht dagegen halten unsere Wunden offen. Sie belasten uns, lähmen uns und können in vielen Fällen sogar unsere körperliche Widerstandskraft schwächen. Wenn wir dagegen die Haltung des Vergebens kultivieren, können wir Heiterkeit und Glück viel stärker erleben.

Die folgende Phantasiereise ist eine schöne Hilfe, innere Versöhnungsbereitschaft einzuüben. Laden Sie die Teilnehmer zuvor ein, kurz darüber nachzudenken, wer ihre Vergebung braucht. Räumen Sie die Möglichkeit ein, dass in der Phantasie gleichwohl irgendeine andere Person erscheint.

Wenn die Teilnehmer noch nicht sehr vertraut sind mit der „Versöhnungsarbeit", dann ist es empfehlenswert, wenn sie mit kleineren Verletzungen beginnen und sich noch nicht mit ihrem schlimmsten Feind konfrontieren.

Anleitung: Setz dich bequem hin und schließ die Augen. Seufze ein paarmal kräftig... Seufzer der Erleichterung... und atme dabei tief aus... Vielleicht bemerkst du, dass dein Körper sich ein wenig strecken möchte oder gähnen...

Achte nun einfach auf deinen natürlichen Atemrhythmus. Spüre, wie sich dein Körper sanft nach vorne wölbt, wenn du einatmest, und gestatte dir, dich beim Ausatmen mehr und mehr zu entspannen...

Jedes Ausatmen ist eine schöne Möglichkeit, loszulassen... ein bisschen mehr Entspannung zu finden... eine angenehme Schwere zu spüren...

Sinke nun ganz tief in dich hinein und reise an einen ruhigen Platz in deinem Geist, vielleicht auf eine sonnenüberflutete Lichtung, wo du den frischen Duft eines Frühlingswindes genießen kannst... Beim Atmen kannst du dich in der Wärme der Sonne entspannen und spüren, wie der sanfte Wind dein Gesicht streichelt... Du kannst mehr und mehr die Schönheit deiner Umgebung genießen, all die Töne und Düfte... Gräser, Bäume und Blumen... Vögel und Schmetterlinge... den ganzen Reichtum des Lebens hier auf dieser Wiese... den Ruf der Enten und das Rauschen des Windes in den Bäumen... Du kannst den Frieden spüren an diesem besonderen Platz... und die Kraft des Lebens, die der beginnende Frühling verspricht.

Du kannst auch die Kraft des Lebens in deinem eigenen Körper spüren... bei jedem Atemzug... bei jedem Einatmen und bei jedem Ausatmen... Du kannst so atmen, dass du im selben Rhythmus atmest wie die Wiese und all die Lebewesen um dich herum...

Lass die Wiese einen Platz der Sicherheit, der Wahrheit und des Friedens sein, einen Platz innerer Weisheit, zu dem du immer zurückkehren kannst... Wisse, dass es auf dieser Wiese viele besondere Plätze gibt, die du entdecken kannst, Plätze, an denen du deine Stärke spüren, und Plätze, wo du dich besonders sicher und geborgen fühlen kannst.

Am Rande der Wiese beginnen verschiedene Wege... All deine Erfahrungen, die du in deinem Leben gemacht hast... Wege über sanft geschwungene, im Licht der Sonne liegende Hügel, Wege durch dunkle, enge Täler, durch Labyrinthe enger Wälder und Wege durch große, offene Räume. Jeder dieser Wege, hoch oder tief, ist wie ein Regenbogen, denn er führt zu einem Topf mit Gold, zu einem Geschenk der Einsicht und des Lernens.

Geborgen in der Sicherheit der Wiese, dieses besonderen Platzes, kannst du die Wege deines Lebens überblicken... Beziehungen, die du mit anderen Menschen hattest. Lass dir eine Beziehung zu einem Menschen einfallen, gegenüber dem du immer noch Ärger, Verletzung oder irgendein anderes Gefühl spürst, das den Weg zur Vergebung blockiert... Gib dir Zeit, bis ein symbolisches Bild dieses Gefühls erscheint, das auf irgendeinem der Wege auf die Wiese kommt... um dir das Geschenk einer Einsicht zu bringen.

Geleite diesen Boten deiner Gefühle an einen Platz auf der Wiese, der für dich passend ist. Vielleicht ist es für dich ein Platz der Stärke, vielleicht ist das für dich ein Platz der inneren Ruhe und der Sicherheit.

Weil du dich verändert hast, seitdem du das letzte Mal dieses Gefühl gespürt hast, wünschst du dir vielleicht, diesen Boten kleiner oder größer zu machen.

Setz dich nun auf den Boden und denke an die Situation, die der Vergebung bedarf... Frage dein Gefühl, wie es dich damals in dieser Situation geschützt hat... und danke ihm für seine Hilfe... Frage das Gefühl, ob es jetzt andere Möglichkeiten für dich gibt, dass du dich sicher fühlen kannst... Möglichkeiten, dein Herz wieder zu öffnen... und frage dein Gefühl, was es dich lehren kann über die andere Person... und über dich selbst... (1 Minute)

Danke dem Gefühl für das, was es dir erzählt und erklärt hat, und statte deinen Dank ab, indem du es loslässt, so dass seine Energie an die Quelle des Lebens zurückfliegen kann... als ein Vogel... als eine Melodie... als ein Lichtstrahl oder in irgendeiner anderen Form... Du kannst wissen, dass das Gefühl dir ganz spontan zu Hilfe kommen wird, wenn du es wieder brauchst. Es kann ganz frei kommen und ganz frei wieder gehen... ganz frei und spontan wie der Frühlingswind, der vielleicht dein Gesicht kühlt und dann wieder weiterzieht, um alles zu bewegen, was bewegt werden muss.

Spüre die Kraft des Lebens in all den neuen Trieben der Büsche und Bäume, aus all den Wurzeln, die im Winter geruht haben. Vielleicht kannst du so etwas wie Dankbarkeit empfinden für das Leben um dich herum, für dein eigenes Leben und für das Wissen, dass deinem Schuldiger und dir vergeben werden kann, jetzt und für alle Zeit. Und du kannst dieses ruhige, warme Gefühl mit hierher zurückbringen in diesen Raum... Lass dir so viel Zeit, wie du brauchst... und dann reck und streck dich, öffne die Augen, sei wieder hier und fühle dich ein wenig leichter als zuvor. ▲

65. Sich selbst vergeben

Ziele: Wenn wir uns selbst vergeben wollen, müssen wir auch bereit sein, uns mit unserem „Schatten" zu konfrontieren, denn in der Regel sind jene Aspekte unserer Persönlichkeit beteiligt, die wir nicht kennen oder anerkennen, wenn wir etwas getan haben, was wir uns selbst nicht verzeihen wollen. Auch unsere Schatten verdienen Mitgefühl und Vergebung.

Oft müssen wir jenes alte Gefühl von Grandiosität aufgeben, das dem Kind Sicherheit gab. Wir glaubten, dass wir einen „besonderen Status" haben und dass wir darum vom Schicksal anders behandelt werden müssten als alle anderen Menschen. Wir glaubten, dass wir besondere Rechte hätten, besondere Ansprüche oder besondere Verpflichtungen. In gewisser Weise fühlten wir uns als Kind gottähnlich. Als Erwachsener brauchen wir den Schutz solcher Ideen nicht mehr. Wir müssen nicht mehr an unsere Unfehlbarkeit glauben oder unrealistische Ansprüche an uns stellen oder besonderes Glück für uns erhoffen. Wir müssen die Tatsache akzeptieren, dass wir keinen besonderen Status haben, aber gerade da liegt unsere Chance. Wenn wir nicht besser oder schlechter als jeder andere sind, dann dürfen wir genauso Vergebung beanspruchen.

In dieser Phantasiereise können die Teilnehmer in fremde Teile ihrer Person gehen, ihren Schatten begrüßen und ausprobieren, wie es ist, wenn sie sich verzeihen.

Anleitung: Setz dich bequem hin und schließ deine Augen, atme dreimal tief aus… Mach es dir wirklich bequem und bemerke, wie ruhig und zuverlässig dein Atem geht und wie er dir hilft, dass du dich immer ruhiger und entspannter fühlen kannst. Langsam einatmen… langsam ausatmen… einatmen und ausatmen…

Wenn du einatmest, kannst du dir vorstellen, dass du die Kraft des Lebens einatmest, und wenn du willst, kannst du ihr eine Farbe geben, die dir gut gefällt, vielleicht leuchtend rosa oder blau oder irgendeine andere Farbe. Wenn du ausatmest, kannst du deinen Schmerz ausatmen, alle Vorwürfe, die du dir machst, und alle Hoffnungslosigkeit. Und wenn du willst, kannst du der Luft, die du ausatmest, auch eine Farbe geben, grau oder dunkelbraun… und vielleicht kannst du sehen, wie diese Farbe heller wird, je ruhiger und friedlicher du dich fühlst…

Stell dir vor, dass du auf einer wunderschönen Wiese bist. Die Luft ist warm, und über den blauen Himmel ziehen flauschige weiße Wolken. Am Rande der Wiese beginnt ein Wald. Geh langsam auf den Wald zu und hinein... Im Wald angekommen, fühlst du dich beschützt von hohen Bäumen, durch deren Zweige das Licht der Sonne gedämpft wird. Überall hörst du Vogelstimmen, und unter deinen Füßen ist ein Teppich aus Moos und Waldboden... Du bemerkst einen kleinen Weg, der durch den Wald führt, und folgst ihm neugierig. Die Luft ist warm, und ein zarter Wind streichelt dein Gesicht. Du fühlst dich hier ganz sicher...

Nach einer Biegung führt der Weg auf eine Lichtung. Gegenüber siehst du ein einladendes Blockhaus. Fest gefügt aus kräftigen Stämmen und mit Blumen vor den Fenstern. Du steigst die Stufen zu einer Veranda empor und klopfst an die Tür... Du hörst ein paar Schritte und gehst ein wenig zurück... Dann öffnet sich die Tür... Die Person, die dir öffnet, kommt dir bekannt vor. Du bemerkst, dass diese Person genauso aussieht wie du selbst. Dein Gastgeber lädt dich ein und deutet auf einen Tisch, an dem sich zwei Stühle gegenüberstehen. Du setzt dich neugierig und erwartungsvoll hin zu erfahren, wer dieser Teil von dir ist, den du hier im Wald gefunden hast...

Während du mit deinem Gastgeber sprichst, bemerkst du, dass du mit all den Teilen deiner Persönlichkeit sprichst, die du bisher nicht gemocht hast, die du verurteilt hast, die du abgelehnt hast...

Hier sitzt dein Schatten, deine dunkle Seite: dein Bedauern, deine Gewissensbisse, dein Ärger, deine Gier, deine Kleinlichkeit, deine Blindheit, alles, was du bisher nicht wahrhaben oder akzeptieren wolltest. Und während du mit diesem bisher verleugneten Teil deiner Person zusammensitzt und sprichst, empfindest du mehr und mehr Mitgefühl mit dieser Person. Du bemerkst, dass dies auch dein verletztes Selbst ist, das viel gelitten hat... Du bemerkst, wie viel Zeit und Energie du verschwendet hast, weil du diesen Teil von dir nicht mochtest, weil du nicht wusstest, wie du ihn besser benutzen konntest.

Du hast diesem Teil deiner Person viele Verletzungen zugefügt, weil du nicht gut für ihn gesorgt hast. Du hast nicht rechtzeitig Ja oder Nein gesagt; du hast dich nicht abgegrenzt; du hast deine Wünsche nicht mitgeteilt und deine Abneigungen; du hast dir nicht gestattet, alle deine Gefühle zu spüren und gründlich auszuprobieren, was zu dir passt und was nicht... Plötzlich sagst du zu deinem Gegenüber: „Genug, ich will dich nicht mehr verletzen. Du wolltest mir kein Leid zufügen. Du hast alles getan, was in deiner Möglichkeit stand. Ich will dich nicht länger aus meinem Leben verbannen. Du gehörst zu mir, und ich möchte von dir lernen. Bitte vergib mir, es tut mir Leid, wie ich dich behandelt habe..."

Höre, wie der andere Teil von dir antwortet: „Ich vergebe dir und ich hoffe, dass du dir selbst vergibst. Wir beide verdienen Mitgefühl. Vielleicht können wir beide zulassen, dass wir einen Platz in deinem Herzen finden. Wir gehören zusammen, und wir wollen den Krieg gegeneinander beenden..."

Langsam streckst du deine Hand über den Tisch und ergreifst die Hand des anderen. Sieh, wie ihr langsam beide aufsteht, aufeinander zugeht und euch umarmt... nicht länger geteilt, nicht länger Fremde, nicht länger Feinde, sondern neugierig auf die vielen Möglichkeiten, die es jetzt gibt... Und vielleicht fühlst du dich auch erinnert an die Geschichte vom verlorenen Sohn, an diese Geschichte der Rückkehr und der Versöhnung. Vielleicht fühlst du dich erleichtert, reicher und vollständiger...

Wisse, dass du an diesen Ort der Einheit, der Versöhnung und der Bereitschaft, dir selbst zu verzeihen, zurückkehren kannst, wann immer das nötig ist. Du kannst an diesen Ort immer zurückkehren, wann immer du vergessen hast, dass du aus so vielen Teilen bestehst, die alle zu dir gehören wie Kinder zu einer Familie. Du weißt, dass jedes Kind anders ist und auf seine Weise liebenswert und wertvoll.

Bring dieses gute Gefühl hierher zurück, reck und streck dich ein wenig, öffne die Augen. Sei wieder hier, erfrischt und wach. ▲

12. Kapitel
Aber die Liebe ist die grösste...

66. Sich geliebt fühlen

Ziele: Wenn Sie mit Teilnehmern arbeiten, die darunter leiden, dass sie sich als Kinder nicht wirklich geliebt fühlten, dann können Sie ihnen mit dieser Phantasiereise helfen und der Gruppe ein schönes Geschenk machen. Die Teilnehmer sollten diese Imagination später selbst wiederholen und sich frei fühlen, sie in dem einen oder anderen Punkt auch abzuändern. Die Phantasiereise hilft dabei, dass wir unabhängig von unseren Eltern das Empfinden entwickeln, geliebt zu werden.

Anleitung: Setz dich bequem hin und schließ deine Augen. Atme dreimal tief aus… Spüre, wie sich dein Körper bewegt, wenn du einatmest… wie dein Körper sich ausdehnt, Bauch und Brust… Und wenn du ausatmest, spüre, wie du die verbrauchte Luft hinauslässt. Gib dem Rest der verbrauchten Luft einen kleinen Stoß, so dass deine Lungen richtig leer werden… Atme langsam und ruhig weiter… Gestatte deinem Atem, dass er dir hilft, immer ruhiger, immer entspannter zu werden…

Nun stell dir vor, dass du auf einem kleinen Waldweg bist in einem tiefen, grünen Forst. Rechts und links siehst du alte, große Bäume. Spüre die Weisheit dieser Bäume, die schon so lange da stehen, die den Stürmen des Winters getrotzt haben und in der Hitze des Sommers Schatten gegeben haben. Geh diesen Weg weiter und komm nach einiger Zeit an eine Lichtung. Am Ende dieser Lichtung treten die Bäume ein wenig zurück, so dass du in der Ferne einen hohen Berg sehen kannst… Du fühlst dich von der Kraft dieses Berges angezogen und entscheidest dich, näher heranzugehen. Am Fuß des Berges kannst du eine lange Treppe sehen. Nach einiger Zeit stehst du unten am Anfang der Treppe und schaust langsam nach oben… Du siehst, dass sich die Treppe irgendwo in den Wolken verliert, die den Gipfel des Berges umgeben. Du fängst an, die Treppe hinaufzusteigen… Auf jeder Stufe kannst du spüren, wie sich dein Körper leichter und freier fühlt… Je weiter du nach oben kommst, desto leichter kannst du dich fühlen… Nach einiger Zeit kommst du in die Wolken. Ihr sanftes Weiß scheint alle deine Sorgen und Schwierigkeiten von dir wegzunehmen… Nach einer langen Zeit kommst du am Ende der Treppe an, und du siehst, dass du jetzt über den Wolken bist.

Oben auf dem Berg ist ein Plateau… Etwas weiter weg siehst du die weißen Mauern einer alten Bergkirche. Die Dächer sind mit verwitterten

Holzschindeln gedeckt... Du bleibst einen Augenblick stehen und betrachtest die Bergkirche. Irgendwie hast du das Empfinden, dass du dort etwas Besonderes finden wirst, was du schon lange suchst. Du gehst langsam auf die Kirche zu, und beim Näherkommen siehst du, dass das Portal offen steht. Du fühlst dich eingeladen und gehst langsam hinein. Die hohen Wände sind reich mit schönen Fresken bemalt, und durch die bunten Glasscheiben fällt farbiges Licht herein. In der Mitte steht ein Tisch mit einem kleinen goldenen Kästchen. Du gehst näher heran, angezogen von dem goldenen Glanz. Du hast das Gefühl, dass von diesem kleinen Kästchen Wellen der Liebe ausgehen, die dich hierher geführt haben. Du stehst vor dem Kästchen und lässt dich von dem Gefühl der Liebe und des Friedens durchdringen, das du dir schon so lange gewünscht hast... Nach einiger Zeit öffnest du das Kästchen und entdeckst im Inneren ein wunderschönes Geschenk für dich. Du nimmst es behutsam heraus und hältst es an dein Herz. Du spürst Wärme, Liebe und eine tiefe Zufriedenheit. Du hättest es nie für möglich gehalten, dass du dieses wunderbare Gefühl von Frieden, Geborgenheit und Liebe so deutlich in deinem Herzen spüren könntest... Du gönnst dir ein paar tiefe Atemzüge, um dieses Gefühl nie wieder zu vergessen.

Und ohne Bedauern nimmst du Abschied von der alten Bergkirche, weil du weißt, dass du diesen Platz der Liebe und des Friedens immer in dir behältst, dass du ihn immer wiederfinden kannst. Du gehst zurück über das Plateau bis an die Treppe. Du schaust noch einmal zurück und wirfst noch einmal einen Blick auf die schöne alte Bergkirche. Die Tür steht weit offen, damit du jederzeit zurückkehren kannst...

Langsam steigst du die Treppe hinab... durch die flauschigen weißen Wolken bis hinab an den Fuß des Berges... zurück auf die Lichtung und auf den Weg durch den Wald... Langsam gehst du den Weg entlang... und jetzt fühlst du dich noch mehr mit den riesigen, weisen alten Bäumen verbunden... Und während du langsam durch den Wald wanderst, spürst du wieder den Rhythmus deines Atems... du fühlst den Rhythmus deines Herzschlages... Du atmest tief und gründlich...

Sei nun wieder an dem Platz, von dem aus du die Reise begonnen hast. Bring das Gefühl von Liebe und Frieden hierher zurück. Bemerke deinen ganzen Körper, indem du dich reckst und streckst... Atme einmal tief aus und öffne die Augen, erfrischt und wach. ▲

67. Sich selbst lieben können

Ziele: Sich selbst liebevoll zu begegnen, ist keine leichte Sache. Darum führen wir die Teilnehmer langsam durch diese Imagination und benutzen eine tiefe Entspannung, das Bild des sicheren Platzes und das Hilfsmittel der Filmleinwand. Erst dann fordern wir die Gruppenmitglieder dazu auf, sich mit den Augen eines anderen zu sehen, der viel liebevoller ist als wir selbst.

Anleitung: Setz dich ganz bequem hin und schließ die Augen. Achte darauf, dass Kopf, Nacken und Wirbelsäule eine gerade Linie bilden…

Hol ein paarmal tief Luft und atme ganz gründlich ein… indem du die warme Energie deines Atems an alle Stellen deines Körpers schickst, die sich vielleicht eng, müde oder angespannt anfühlen… und lass alle Unbehaglichkeit beim Ausatmen aus dir hinausfließen… so dass du spüren kannst, wie dein Atem alle Müdigkeit und Verspannung löst und weicher macht… und dann alle Spannung in sich aufnimmt und aus dir hinausfließen lässt, so dass du dich ganz sicher und behaglich fühlen kannst… entspannt und ruhig, wenn du merkst, wie schön dein Atem deinen Körper entspannt… Und auch alle störenden Gedanken und Gefühle kannst du mit deinem Atem aus dir hinausfließen lassen, so dass du innen ganz still und ruhig wirst wie ein glatter See…

Stell dir jetzt irgendeinen Platz vor… drinnen oder draußen… wo du dich ganz sicher und friedlich fühlen kannst… ein Platz, den du dir ausdenkst oder den es tatsächlich gibt… ein Platz, den du schon kennst, oder ein Platz, den du schon immer besuchen wolltest… Geh einfach dorthin, wo du dich gut fühlen kannst… (30 Sekunden)

Lass diesen Platz nun Wirklichkeit werden für dich… Schau dich um und nimm ihn mit deinen Augen in dich auf… Genieße die Farben, genieße jedes Detail mit deinen Augen, wenn du dich nach links umsiehst und wenn du dich nach rechts umsiehst…

Und achte auch auf alle Geräusche, die du hier hören kannst… die Musik des Windes oder des Wassers… den Gesang der Vögel… die sanften Geräusche der Nacht… vielleicht das leise Trommeln von Regen auf dem Dach… Was immer du hörst, lass deine Ohren die Geräusche dieses besonderen Platzes genießen, der so sanft und sicher für dich ist…

Spüre auch den Untergrund, auf dem du sitzt oder liegst… vielleicht spürst du Kies unter deinen Füßen oder Sand, Moos oder Gras… Vielleicht sitzt du in einem gemütlichen Lehnstuhl oder du liegst auf einer schönen warmen Decke in der Sonne...

Spüre auch die Luft auf deiner Haut... frisch und kühl oder sanft und warm, duftend oder feucht... Und wenn du drinnen bist, spürst du vielleicht die Wärme eines gemütlichen Feuers auf Gesicht und Händen... oder du bist draußen und lässt dein Gesicht von der salzigen Meerluft streicheln... Bemerke einfach, wie angenehm sich dieser Ort für deine Haut anfühlt...

Vielleicht kannst du die verschiedenen Düfte bemerken, die es hier gibt... den starken Duft von Blumen oder den kräftigen Geruch von Meerluft, das süße Aroma einer gemähten Wiese oder den bitteren Geruch von Waldmoos...

Allmählich genießt du das Gefühl der Sicherheit und Schönheit an diesem Ort immer mehr und bist dankbar dafür, dass du hier bist. Du kannst vielleicht auch ein leises Kribbeln bemerken, eine unsichtbare Spannung in der Luft, die in dir das Gefühl von Erwartung und Neugier weckt... eine Ahnung, dass sich irgendetwas Wunderbares für dich ereignen wird...

Du schaust nach vorn und du bemerkst, dass vor dir eine Leinwand auftaucht, die ganz zart flimmert und die heller und heller wird... Und mit einer friedlichen Neugier beobachtest du diese Leinwand und bemerkst, dass irgendein Bild darauf erscheint... deutlicher und deutlicher... Du erkennst, dass dies irgendeine besondere Person ist... vielleicht jemand, der dich einmal sehr geliebt hat... vielleicht ein besonderer Lehrer oder ein Mentor... Vater oder Mutter oder einer von deinen Großeltern... vielleicht jemand, den es einmal in deinem Leben gab, oder vielleicht jemand, den es immer noch gibt...

Es könnte auch das Bild eines Engels, eines Schutzgeistes oder eines besonderen Tieres sein... das ist ganz gleich... Lass es jemanden sein, von dem du weißt, dass er gut und weise, freundlich und liebevoll ist und in der Lage, mit dem Herzen die Wahrheit der Dinge zu sehen, tief und klar... Du wartest einfach ab, wie diese besondere Person deutlicher und deutlicher auf der Leinwand erscheint, bis du ein klares, dreidimensionales Bild siehst und die Haltung der Person erkennst... ihre Kleidung... was sie gerade tut... in jeder Hinsicht deutlich und klar... (30 Sekunden)

Du gehst ganz sanft und leicht an dieses Bild heran, weil du dich so sehr davon angezogen fühlst, weil du es von ganz nah betrachten willst... Und weil die Person dich nicht bemerkt, kannst du langsam und vorsichtig um sie herumgehen und sie von allen Seiten betrachten... den Ausdruck ihres Gesichtes, das Profil und die Rückseite... Du kannst die Atmosphäre spüren, die diese Person umgibt, diese besondere Aura, die sie ausstrahlt...

Du hörst diese Person atmen oder den Klang ihrer Stimme...

Möglicherweise bemerkst du auch den Duft, der diese Person umgibt...

Geh einfach langsam um die Person herum und bemerke ihre Gegenwart... Jetzt kannst du vielleicht für einen kurzen Augenblick den sicheren Platz der Leinwand benutzen, um für ganz kurze Zeit in den Körper dieser anderen Person hineinzuschlüpfen, einfach hineinzugehen in diesen anderen Körper, nur ganz kurz...

Vielleicht bemerkst du, wie du dabei zögerst... Dann kannst du dir etwas mehr Zeit geben, dein Zögern bemerken und es dann langsam wegschmelzen lassen, weil du mehr verstehen möchtest, weil du mehr lernen möchtest, weil du ausprobieren möchtest, wie es ist, wenn du so atmest wie diese Person, wenn du Hände und Füße hast wie diese Person, wenn du die Welt so siehst wie diese Person... Versuche einfach, so zu atmen wie dieses andere Wesen, versuche, so zu fühlen wie dieses andere Wesen... Vielleicht spürst du dann Wärme, Frieden und Ruhe oder du fühlst, wie dein Herz plötzlich weiter wird... Vielleicht fühlst du auch Gelassenheit und Sicherheit... Bemerke einfach, wie sich das anfühlt in deiner Brust, in deinem Bauch... in deinen Muskeln und in deinen Knochen... wenn du für eine kurze Weile in diesem anderen Körper bist...

Vielleicht kannst du die Welt mit den Augen der anderen Person sehen... mit ihren Ohren hören... und spüren, was du dann fühlst, wenn du so atmest wie diese Person, wenn du fühlst, was sie fühlt, und wenn du spürst, wie ihr Herz in deinem Herzen schlägt, gleichmäßig und ruhig... (30 Sekunden)

Nun kannst du mit diesen anderen Augen herüberblicken und dich selbst anschauen und sehen, wer du wirklich bist. Du kannst tief in dich hineinsehen und all die Schätze sehen, die im Innern deiner Existenz verborgen sind... (30 Sekunden)

Vielleicht ahnst du jetzt, wozu du hier auf der Welt bist... mit all deinen besonderen Gaben und Fähigkeiten... Lass dir einen Augenblick Zeit, dies zu spüren... ganz sanft und leicht und mit aller Aufmerksamkeit, die dir möglich ist... (30 Sekunden)

Kapitel 12: Aber die Liebe ist die größte…

Sag nun diesem anderen Körper sanft Adieu… ganz so, wie es sich für dich richtig anfühlt… Kehre langsam zurück in deinen eigenen Körper und nimm den ganzen Reichtum dieser Erfahrung mit… sei wieder in deinem eigenen Körper und atme deinen eigenen Atem… durch deine eigene Nase und durch deinen eigenen Mund… und sei wieder zu Hause… wieder verbunden mit deinem Körper, deinem zuverlässigsten Gefährten und deinem ältesten Freund…

Gleite nun heraus aus dieser Zauberleinwand und sieh, wie du wieder an deinem sicheren und ruhigen Ort bist… mit all den schönen Dingen, Tönen und Gerüchen… Sieh, wie die Leinwand langsam verschwindet, und spüre, wie du hier auf deinem Platz in der Gruppe sitzt. Spüre, wie du langsam und gleichmäßig atmest…

Kehre nun mit deiner Aufmerksamkeit hierher zurück. Reck und streck dich ein wenig, dann öffne die Augen, erfrischt und wach. ▲

68. Das Herz heilen

Ziele: Manchmal fühlen sich unsere Teilnehmer verletzt, verlassen oder bedroht. Sie sind dann eingeschränkt in ihrer Fähigkeit, andere frei und spontan zu lieben. Diese Phantasie kann helfen, das verletzte Herz heilen zu lassen.

Anleitung: Setz dich bequem hin und schließ die Augen. Rück ein bisschen hin und her, bis du das Gefühl hast, dass dein Körper wirklich eine gute Haltung gefunden hat, Kopf, Nacken und Wirbelsäule in einer geraden Linie…

Hol einmal tief und gründlich Luft… so tief du kannst… lass die Luft tief in deinen Bauch hineinströmen… und atme dann vollständig aus…

Und noch einmal… einatmen… Diesmal kannst du versuchen, die warme Kraft deines Atems zu allen Teilen deines Körpers zu schicken, die sich angespannt oder eng oder unbehaglich fühlen… Und beim Ausatmen kannst du die Spannung aus dir hinausfließen lassen…

Wenn du gleichmäßig weiter ein- und ausatmest, kannst du vielleicht spüren, wie dein Atem an alle angespannten und müden Stellen deines Körpers geht, sie locker macht und wärmt, wie er all deine Spannungen in sich aufnimmt und beim Ausatmen aus dir hinausfließen lässt… so dass du dich immer sicherer und behaglicher fühlen kannst, entspannt und locker… Alle störenden Gedanken oder Gefühle kannst du bemerken und ganz freundlich mit deinem Atem wegfließen lassen, so dass du für einen kurzen Augenblick ganz ruhig und still sein kannst wie ein See ohne Wellen.

Stell dir nun vor, dass du tief in dich hineingehst, an einen schönen Ort, wo du dich sicher und behütet fühlst… an einen Ort, den du kennst oder den du erfindest… einen Ort aus deiner Vergangenheit oder einen Ort, zu dem du immer schon einmal wolltest… Lass es einen Ort sein, wo du dich so richtig wohl fühlen kannst…

Benutze die Kraft deiner Phantasie und stell dir eine blaue Wolke vor, die in der Luft vor dir schwebt. Lass diese Wolke einen endlosen Vorrat an heilender Kraft in sich bergen, der nie erschöpft sein wird… Betrachte diese blaue Wolke und fühle ihre Wärme und ihre heilende Kraft…

Beginne nun, mit jedem Atemzug etwas von der heilenden Kraft dieser blauen Wolke in dein Herz zu atmen… Mit jedem Atemzug kannst du dir vorstellen, dass ein feiner Strahl blauer, heilender Kraft aus der Wolke in dein Herz strömt... Sieh einen Pfad blauer, heilender Kraft von der blauen Wolke zu deinem Herzen gehen... atme tief und vollständig weiter und bring mit jedem Atemzug neue, heilende Kraft in dein Herz...

Vielleicht kannst du spüren, wie sich dein Herz langsam mit heilender Kraft füllt... Lass dein Herz ganz voll werden, lass alle Winkel und feinsten Verästelungen sich mit dem Licht der Heilung füllen... Lass keinen Winkel in deinem Herzen bleiben, der von der heilenden Kraft der blauen Wolke nicht berührt wird... (15 Sekunden)

Wenn dein Herz ganz voll ist, dann lass diese heilende Kraft aus deinem Herzen überfließen, so dass sie in deinen ganzen Körper fließt, in deine Brust und in deinen Bauch, in deine Arme und deine Beine, in deinen Kopf und in deinen Rücken...

Lass deinen Körper sich mit heilender Kraft füllen... Lass die heilende Kraft deine Beine und Füße füllen... dein Becken und deinen Bauch... deine ganze Brust... Lass auch Arme und Hände sich anfüllen mit heilender Kraft... Nacken und Kehle... Spüre, wie die heilende Kraft auch deinen Kopf anfüllt...

Wenn dein ganzer Körper mit der heilenden Kraft aus der blauen Wolke angefüllt ist, lass sie aus dir hinausfließen... oben aus deinem Kopf und aus jeder Pore, bis du eingehüllt bist in eine Sphäre aus heilender blauer Kraft... Diese heilende Kraft wird dir helfen, alle deine Verletzungen zu heilen. Diese heilende Kraft wird dir immer zur Verfügung stehen... Wann immer du Liebe und Kraft brauchst, kannst du dich an diese blaue Wolke erinnern, ein paar tiefe Atemzüge tun und dein Herz wieder damit füllen...

Behalte dieses Gefühl der Hoffnung und der Heilung in dir, wenn du gleich mit deiner Aufmerksamkeit hierher zurückkehrst. Reck und streck dich ein wenig, atme einmal aus und dann öffne deine Augen, erfrischt und wach. ▲

69. Für das innere Kind sorgen

Ziele: Dieses Experiment kann eine sehr intensive Erfahrung sein, weil wir hier eine Imagination mit den heilsamen Möglichkeiten physischer Zuwendung kombinieren. Immer zwei Gruppenmitglieder arbeiten dabei zusammen. Jeweils einer von ihnen kann mit Hilfe einer geleiteten Altersregression wieder zum Kind werden, das Trost und Zuwendung braucht. Der Partner kann all seine Intuition benutzen, um auf die völlig individuellen Bedürfnisse dieses Kindes einzugehen.

Es ist wichtig, dass beide Partner genügend Vertrauen zueinander haben bzw. bereit sind, sich auf eine nicht vorhersehbare Weise voneinander beschenken zu lassen.

Bei dieser Übung muss genügend Platz vorhanden sein, damit der eine Partner sich bequem auf dem Boden ausstrecken kann, am besten auf einer behaglichen Unterlage, und der andere sich frei um die liegende Person herum bewegen kann.

Wenn Sie wollen, können Sie während dieser Übung auch ruhige Musik spielen, z.B. ein Stück von der CD: Anna Lelkes spielt die goldene Harfe (ZYX CLS 4130; sehr schön sind die Stücke von Glinka: Variationen über ein Thema von Mozart, und von L. Spohr: Fantasie op. 35.)

Anleitung: Jeder von uns hat die Erinnerung in sich an das Kind, das er einmal war. Diese Erinnerung macht es uns möglich, zu lieben und uns lieben zu lassen, unsere Verletzlichkeit ebenso wie unsere Spontaneität und Kreativität.

Dieses „innere Kind" dürfen wir nicht vergessen, sondern wir müssen von Zeit zu Zeit für dieses Kind sorgen, damit wir lebendig und sensitiv bleiben können. Ich will euch gleich zu einer Phantasiereise einladen, bei der ihr das ausprobieren könnt. Damit es euch leichter fällt, könnt ihr euch dabei gleich von einem Partner helfen lassen.

Überlegt euch bitte, mit wem ihr diese Übung machen wollt, welchem anderen Teilnehmer ihr eure weiche und verletzliche Seite zeigen mögt... Wenn ihr einen Partner gefunden habt, dann entscheidet bitte, wer von euch als erster etwas für sein „inneres Kind" geschenkt bekommen möchte... Nachher werdet ihr die Plätze wechseln, so dass jeder von euch einmal der empfangende und einmal der gebende Partner ist.

Der empfangende Partner soll sich jetzt bequem auf den Boden legen und die Augen schließen. Der gebende Partner setzt sich zunächst still daneben und versucht intuitiv, das liegende Gruppenmitglied in sich aufzunehmen und die Veränderungen zu verstehen, die im Laufe der Phantasiereise zu bemerken sind, während er Gesicht, Atmung und Herzschlag seines Partners beobachtet. Im Verlauf dieser Phantasiereise werde ich abwechselnd zu euch beiden sprechen. Zunächst wende ich mich an die empfangenden Partner auf dem Boden. (Wenn Sie Musik spielen wollen, können Sie diese jetzt beginnen lassen.)

Während du bequem und behaglich auf deiner Decke liegst, kannst du anfangen, tief und ruhig ein- und auszuatmen... indem du die warme Energie deines Atems an alle Stellen deines Körpers schickst, die sich vielleicht eng, müde oder angespannt anfühlen... und lass alle Unbehaglichkeit beim Ausatmen aus dir hinausfließen... so dass du spürst, wie dein Atem alle Müdigkeit und Verspannung löst und weicher macht... und wie er dann alle Spannung in sich aufnimmt und aus dir hinausfließen lässt, so dass du dich ganz sicher und behaglich fühlen kannst... entspannt und ruhig, während du bemerkst, wie schön dein Atem deinen Körper entspannt... Und auch alle störenden Gedanken und Gefühle kannst du mit deinem Atem aus dir hinausfließen lassen, so dass du innen ganz still und ruhig wirst wie ein glatter See...

Stell dir vor, dass du auf einem Floß liegst und einen langsam fließenden Fluß hinabtreibst... Spüre, wie das Floß dich sanft auf dem Wasser wiegt und dich noch mehr entspannt... Spüre die Sonne auf deinem Körper, wie sie dich angenehm erwärmt... Und während du den Fluss hinabtreibst und die Sonne genießt, kannst du vielleicht in der Ferne die Vögel singen hören... Du siehst, wie die Ufer des Flusses an dir vorbeigleiten, während du dir gestattest, immer lockerer zu werden und immer tiefer in dich hineinzugehen...

Dies ist der Fluss deines Lebens, und du treibst zurück durch die Zeit, ein Jahr zurück... zwei Jahre zurück... und erinnerst dich an die Ereignisse aus diesen Jahren, während du durch dein Leben zurücktreibst und du diese Ereignisse ganz kurz auftauchen und wieder verschwinden lässt... drei Jahre zurück... fünf Jahre zurück... immer weiter treibend auf dem Fluss deines Lebens, zurück in die Vergangenheit... 10 Jahre zurück... während du spürst, dass du jünger wirst, während du durch die Jahre zurückgehst... fünfzehn Jahre zurück... Kannst du dich erinnern, wie dein Leben damals war?... Geh weiter zurück, bis du ungefähr Anfang 20 bist... und noch weiter zurück in die Jahre, als du ein Teenager warst... und bemerke, wie du dich dabei veränderst, wie du dich in diesem Alter fühlst... treibe noch weiter zurück... Komm zurück in deine Kinderzeit und spüre, wie du dich jetzt fühlst... Sei wieder ein ganz kleines Kind oder ein Baby, das die liebevolle Zuwendung von Erwachsenen oder älteren Geschwistern braucht... Lass dich diesen Wunsch spüren, umsorgt zu werden, im Arm gehalten zu werden, gestreichelt oder umarmt zu werden. Vielleicht hast du gerade schlecht geträumt, oder du fühlst dich einsam. Vielleicht hat dich irgendein lautes Geräusch erschreckt, oder du brauchst einfach etwas Fürsorge, weil du noch so klein bist. Erinnere dich an dieses Bedürfnis, dass jemand für dich da sein soll, damit du dich wohl fühlen kannst...

Spüre dieses Verlangen auch in deinem Körper. Lass dir von deinem Körper sagen, wie sehr er es braucht, berührt zu werden. Geh ein wenig unter deine Haut und lass dir von deinem Körper sagen, was er sich wünscht. Vertrau darauf, dass er dir sagen wird, was er braucht. Dein Körper weiß genau, was dir gut tut. Vielleicht möchte er, dass du hochgenommen wirst, so dass du aufrecht sitzen kannst; vielleicht möchte dein Haar gestreichelt werden; vielleicht möchte dein Kopf in einem Schoß liegen; vielleicht möchtest du in jemandes Armen liegen... Was immer es ist, lass es dir von deinem Körper mitteilen. Wenn du das herausgefunden hast, kannst du deinem Partner leise sagen, was du dir von ihm wünschst, wie er dich halten oder berühren soll. Du kannst das auch ohne Worte ausdrücken, indem du dich z.B. an deinen Partner kuschelst und ihn irgendwie berührst; du kannst ihm auch sagen, wie er dich berühren soll. Wenn du aus irgendeinen Grunde nicht genau weißt, was du möchtest, dann kannst du dir nur das wünschen, was dir jetzt möglich ist, z.B.: „Schau mich an... Setz dich ein wenig näher zu mir..." Lass dir Zeit, spüre, was du brauchst, und lass dir geben, was du bekommen kannst.

Die sitzenden Partner sollen sich jetzt öffnen und ihr Herz diesem Kind zuwenden, das euch braucht. Achtet darauf, dass auch ihr in einer bequemen Haltung seid, damit ihr die Lockerheit habt, dieses Kind zu berühren und zu umsorgen. Rückt zu ihm heran oder tut, was immer ihr tun müsst, damit ihr euch selbst wohl und entspannt fühlt. Achtet darauf, dass auch ihr diese Situation genießen könnt, damit ihr keine Spannung auf euren Partner übertragt. Wenn euch euer Partner um etwas bittet, das euch unbehaglich ist, dann sagt ihm einfach, wo eure Grenzen sind... Vielleicht könnt ihr herausfinden, was euch beiden gut tut.

Vielleicht können die empfangenden Partner dieses Vergnügen genießen. Nehmt von dieser Zuwendung so viel an, wie ihr könnt. Ihr dürft wissen, dass ihr Liebe und Zuwendung verdient. Ihr dürft wissen, dass dieser offene, warme, verletzliche, bedürftige Teil von euch einzigartig und liebenswert ist, dass ihr liebenswert seid, dass ihr wertvoll seid, dass es ein Vergnügen ist, euch zu berühren und euch nah zu sein.

Gebt euch die Möglichkeit, euch zu bewegen oder eine andere Position einzunehmen oder auf eine andere Weise berührt zu werden. Ihr könnt euren Partner bitten, dass er noch etwas anderes tun soll oder dass er das, was er gerade macht, ein wenig anders tut. Und ihr könnt eure Wünsche so oft ändern, wie ihr wollt. Ihr könnt euch bewegen oder still liegen bleiben. Macht das, was euch wirklich gut tut, denn diese Zeit gehört euch ... bleibt ganz locker und überlasst euch der Wärme und der Fürsorge dieses Augenblicks...

Ich möchte den fürsorglichen Partnern sagen, dass ihr auch auf euren Körper hören könnt. Vielleicht hat euer Körper Vorschläge und Wünsche, wie er für den anderen da sein möchte. Vergesst nicht, darauf zu achten, dass eure Position für euch bequem sein soll. Gebt so, dass ihr euch dabei wohl fühlt. Und den kleinen Kindern möchte ich sagen, dass ihr es dem Partner sagen könnt, wenn ihr etwas nicht wollt und sich etwas nicht gut anfühlt. Atmet schön tief und versucht, genau das zu bekommen, was ihr braucht... Dies ist euer angeborenes Recht... (2-3 Minuten)

Trennt euch nun langsam und rückt voneinander ab. Wer jetzt das Kind war, kann das Gefühl der Wärme, der Geborgenheit mitnehmen. Trennt euch langsam von eurem Partner, und wenn ihr wieder allein auf dem Boden liegt, bequem und behaglich, nehmt das gute Gefühl mit... Bleibt auf dem Boden liegen und fühlt euch immer noch geliebt und umsorgt, spürt immer noch, dass ihr diese Liebe verdient, spürt immer noch, dass ihr so viel bekommen habt...

Bleibt noch eine Weile auf diesem Platz und lasst die Gefühle in euch nachklingen... Fühlt euch vollständig... geliebt... einzigartig... wertvoll... Spürt, dass dieses gute Gefühl in euch ist... Und auch wenn dieses schöne Erlebnis ein Geschenk eures Partners ist, so gehört dieses gute Gefühl euch. Spürt diesen Platz in euch, wo dieses gute Gefühl wohnen kann. An diesen Platz könnt ihr gehen, wenn jemand euch beschenkt, und an diesen Platz könnt ihr auch gehen, wenn ihr allein seid. Lasst euch jetzt noch etwas Zeit, allein an diesem Platz zu sein, und spürt diese Wärme in euch, diese innere Vollständigkeit, diese Entspannung... (1 Minute)

Bringt dieses schöne Gefühl hierher zurück... Lasst euch vom Fluss eures Lebens wieder zurücktreiben durch all die Jahre... und spürt dabei,

Kapitel 12: Aber die Liebe ist die größte...

dass ihr etwas Wertvolles mitbringt. Und während ihr langsam wieder älter und älter werdet, fallen euch vielleicht andere Dinge aus eurem Leben ein, andere Bilder, andere Erinnerungen... bis ihr wieder euer jetziges Alter erreicht habt...

Reckt und streckt euch ein wenig, spürt euren Körper von Kopf bis Fuß, atmet einmal tief aus und öffnet dann die Augen, erfrischt und wach... Richtet euch langsam auf in eurem eigenen Tempo, schaut den Partner an mit den Augen eures erwachsenen Selbst...

Ihr könnt euch nun darauf einstellen, dass ihr gleich die Rollen wechselt, um dann eurerseits für euren Partner dazusein, der ebenfalls auf dem Fluss seines Lebens zurücktreiben wird. Und am Ende seiner Reise könnt ihr euch dann beide austauschen und einander mitteilen, was ihr dabei erlebt habt.

(Wiederholen Sie bitte die Anleitung, eventuell in etwas verkürzter Form.) ▲

70. Heilung und Liebe

Ziele: Heilen heißt zusammenfügen. Wenn wir selbst Heilung finden wollen, dann dürfen wir nichts ausschließen, sondern wir sind aufgefordert zu integrieren.

In dieser Phantasiereise können sich die Teilnehmer innerlich verbunden fühlen mit ihren Nächsten, mit ihrer Familie, aber auch mit all jenen, zu denen sie eine schwierige Beziehung haben. Einbezogen wird in immer größer werdenden Kreisen die ganze Erde und das Universum.

Anleitung: Setz dich bequem hin und schließ die Augen. Rück ein bisschen hin und her, bis du das Gefühl hast, dass dein Körper wirklich eine gute Haltung gefunden hat, Kopf, Nacken und Wirbelsäule in einer geraden Linie...

Hol einmal tief und gründlich Luft... so tief du kannst... lass die Luft tief in deinen Bauch hineinströmen... und atme dann vollständig aus...

Und noch einmal... einatmen... Diesmal kannst du versuchen, die warme Kraft deines Atems zu allen Teilen deines Körpers zu schicken, die sich angespannt oder eng oder unbehaglich fühlen... Und beim Ausatmen kannst du die Spannung aus dir hinausfließen lassen...

Wenn du gleichmäßig weiter ein- und ausatmest, kannst du vielleicht spüren, wie dein Atem alle angespannten und müden Stellen erreicht, sie locker macht und wärmt und wie er all deine Spannungen in sich aufnimmt und beim Ausatmen aus dir hinausfließen lässt... so dass du dich immer sicherer und behaglicher fühlen kannst, entspannt und locker... Alle störenden Gedanken oder Gefühle kannst du bemerken und ganz freundlich mit deinem Atem wegfließen lassen, so dass du immer für einen kurzen Augenblick ganz ruhig und still sein kannst wie ein See ohne Wellen.

Stell dir vor, dass ein leuchtendes weißes Licht dich ganz und gar umgibt und schützt. Lass dieses beschützende weiße Licht dafür sorgen, dass du jetzt nur Gutes gibst und dass du nur Gutes bekommst.

Stell dir nun unseren Planeten vor. Stell dir vor, wie der Erdball durch den Weltraum gleitet... Sieh, wie die Erde sich dreht, bemerke die Kontinente und die blauen Ozeane. Gestatte dir für einige kurze Augenblicke, eine Welt zu sehen, die voll Frieden ist... voll Freude... und Liebe... Blumen, Gräser und Bäume wachsen im Überfluss, und alle Menschen auf der Welt können sich von den Früchten der Erde ernähren... Für alle von uns gibt es genügend Nahrung und sauberes Wasser. Wir teilen uns die Früchte der Erde und geben einander großzügig von allem ab. Wir respektieren die Tiere und die Natur und alles, was auf der Erde lebt. Während du Achtung und Respekt für alle Formen des Lebens empfindest, stell dir jene Menschen vor, die dich auf irgendeine Weise verletzt haben, und schick ihnen dein Verständnis und heilendes weißes Licht... Lass dir etwas Zeit, jeder Person zu vergeben, die dir Leid zugefügt hat, und schicke jedem, der dir wehgetan hat, einen heilenden, liebevollen Gedanken. Und während du das tust, werde ich eine Minute schweigen... (1 Minute)

Sieh oder spüre nun, wie starkes, reinigendes, heilendes Licht die Menschen in deiner Familie umgibt, deine Mutter... deinen Vater... deine Schwestern... deine Brüder... deine Freunde... deine Kinder... deine früheren Ehepartner oder Geliebten... deine gegenwärtigen Ehepartner oder Geliebten... deine Verwandten... deine Lehrer... deine Mitarbeiter... deine Vorgesetzten...

Sieh ein starkes, reinigendes Licht um jeden, der dir vielleicht ein Leid getan hat. Erinnere dich an einige dieser Menschen und umgib sie mit einem liebevollen, heilenden Licht... (1 Minute)

Schick liebevolles, heilendes Licht zu all den Menschen, die dir im Leben geholfen haben. Versuche, jeden von ihnen anzuschauen, und schick ihnen deine dankbaren Gedanken... (1 Minute)

Stell dir deine Haustiere vor und all die Tiere, die du täglich in deiner Umgebung sehen kannst und die so viel Freude in dein Leben bringen. Schick diesen Tieren Gesundheit und Liebe... (15 Sekunden)

Jetzt ist es an der Zeit, dass du dir selbst liebevolles, heilendes Licht schickst und dir deine Fehler und Versäumnisse, deine Indiskretionen und vielleicht sogar deine Grausamkeiten vergibst... (30 Sekunden)

Lass dir nun all die guten Taten einfallen, zu denen du in deinem Leben fähig warst. Gib dir selbst all den Respekt, den du verdienst... Schick dir selbst liebevolles, heilendes Licht, weil du es genauso verdienst wie all die anderen Lebewesen auf der Erde... (30 Sekunden)

Spüre diesen friedlichen, liebevollen Platz in dir, der es dir möglich macht, Mitgefühl zu haben, dich mit Nahem und Fernem verbunden zu fühlen. Und wenn du gleich mit deiner Aufmerksamkeit hierher zurückkommst, dann bring dieses Gefühl innerer Freude und lebendiger Kraft hierher zurück... Reck und streck dich ein wenig, atme einmal tief aus, öffne deine Augen und sei wieder hier, erfrischt und wach. ▲

71. Einen alten Freund treffen

Ziele: Hier können Sie Ihre Teilnehmer zu einer Phantasiereise einladen, die vergessene Wünsche und Sehnsüchte ans Licht bringen kann. Übersehene Teile der Person bekommen neue Beachtung, und intensives Lernen kann stattfinden: Wir alle haben die Fähigkeit, uns in uns selbst zu Hause zu fühlen.

Anleitung: Setzt euch bequem hin und schließt die Augen. Atmet ein paarmal tief aus...

Wenn du gleich weiteratmest, kannst du dir vorstellen, dass du die Luft durch deine Zehenspitzen zu dir hereinziehst, bis du die ganze Länge deines Körpers mit deinem Atem angefüllt hast. Wenn du ausatmest, kannst du dir vorstellen, dass du zuerst die Luft aus deinem Kopf hinausfließen lässt und dann weiter unten all die Luft aus deinem Körper bis zu deinen Zehenspitzen... Mach das fünf Mal auf diese Weise...

Atme einfach weiter, wie es für dich im Augenblick ganz natürlich ist. Bemerke, wie das Atmen deinen Körper entspannt...

Spüre dabei, wie du dich bei jedem Atemzug in Zeit und Raum ausdehnst... Gib dir genügend Raum, um zu fühlen. Lass alle Hindernisse sich auflösen, die dein Empfinden vielleicht blockieren...

Stell dir vor, dass dein eigener Geist in deinem Körper zu leuchten beginnt. Gib dir jetzt die Erlaubnis, ganz du selbst zu sein. Wenn du dazu bereit bist, ganz du selbst zu sein, dann bist du wie ein strahlendes Licht. Stell dir vor, dass du jetzt dieses strahlende Licht bist... wie ein Stern, der an dem großen, schwarzen Himmel der Welt steht...

Gib dir ein wenig Zeit zu spüren, wie dein Licht leuchtet... (15 Sekunden)

Stell dir nun vor, dass sich dein Licht in einem kleinen Stern konzentriert, der sanft auf deiner Stirn ruht. Lass diesen Stern einen Weg erleuchten, der vor dir liegt, einen Weg, den du sehen, spüren und hören kannst. Es ist der Weg deiner geheimen Träume, deiner tiefsten Sehnsüchte und Wünsche... Bemerke, dass dieser Weg vor dir ist und dass du darauf stehst. Wenn du diesen Weg weitergehst, dann gehst du auf das zu, was du am stärksten liebst.

Fang einfach an, diesen Weg entlangzugehen... Bemerke alles, was du sehen kannst... bemerke alles, was du hören kannst... bemerke alles, was du empfinden kannst...

Geh weiter auf diesem Weg. Allmählich kommst du an einen besonderen Ort, wo du dich ausruhen kannst und wo deine ganze Existenz Erfrischung findet und die Art von Fürsorge, die du im Augenblick brauchst... Das kann ein Ort sein, den du kennst, und es kann ein Ort sein, der für dich auf vielerlei Weise neu ist. Lass es einen Ort sein, wo du dich so fühlst, als ob du ganz und gar eingehüllt bist in Liebe...

Wenn du diesen neuen Ort gefunden hast, dann ruhe aus... Mach es dir dort bequem. Lass alle Gefühle von Müdigkeit oder Verletzung, die vielleicht in dir sind, sanft berührt und geheilt werden durch die Liebe, die du an diesem Ort findest. Lass dir so viel Zeit, wie du jetzt brauchst. Ich werde eine Minute schweigen, damit du bekommen kannst, was du dir wünschst... (1 Minute)

Lass deinen Blick umherschweifen und schau dich in deiner Umgebung um... Was kannst du alles dort sehen?... Was kannst du dort alles hören?... Wie fühlst du dich an diesem Ort?...

Bemerke auch, auf welche Weise diese Umgebung deine eigene innere Existenz widerspiegelt... (10 Sekunden)

Spüre wieder, wie dich dieser Ort heilen kann. Dies ist deine Heimat, zu der du immer zurückkehren kannst. Genieße noch ein paar Augenblicke den Frieden, den du hier erlebst...

Du kannst gleich das weise, alte Wesen treffen, das an diesem Ort lebt, das gleich erscheinen wird, um dich zu begrüßen... Dieses Wesen ist ein Freund, der dich vollständig wahrnimmt... der den Weg kennt, den du gegangen bist... der deine tiefsten Wünsche und Träume versteht...

Begrüße diesen alten Freund... Jetzt kommt dieser alte Freund näher heran... Er schaut dir eine Weile in die Augen und legt dir dann eine Hand auf die Stirn... Während du diese Berührung spürst, fallen dir Teile deiner Person ein, die du einfach vergessen hast... Fang einfach an, dich jetzt vollständiger zu erleben, schätze all die unterschiedlichen Teile deiner Existenz, dunkle und helle, weiche und raue, leichte und schwere... Gestatte dir selbst, die Liebe dieses alten Freundes anzunehmen... Spüre die Liebe, die dieser alte Freund ausstrahlt, spüre, wie sie in deinen Körper hineinströmt... spüre, wie sie sanft dein Herz berührt... Du darfst diese Liebe annehmen und wissen, dass diese Liebe ganz sicher ist... die Zärtlichkeit, der Respekt und die Zuneigung deines alten Freundes wird dich immer begleiten...

Während du diese Liebe annehmen kannst, lässt du alte Gefühle von

Liebe, Mitgefühl und Demut tief in dir wieder wach werden. Du kannst von dieser Liebe lernen, wie du deine ganz persönliche innere Weisheit erkennen und schätzen kannst...

Genieße das Empfinden dieser Liebe, solange das für dich gut ist... (15 Sekunden)

Kehre nun zusammen mit deinem alten Freund auf deinem Weg zurück. Dieser Freund kennt deinen Weg... Geht den Weg gemeinsam und bemerke alles, was du siehst, hörst und fühlst...

Nachdem ihr ein wenig zusammen gegangen seid, bringt dich dein alter Freund an einen neuen Ort, wo du etwas Wichtiges lernen wirst. Geht gemeinsam an diesen Ort... Lass dir Zeit, um diese neue Umgebung kennen zu lernen... Benutze deine ganze Aufmerksamkeit. Was kannst du hier sehen?... Was kannst du hier hören?... Wie fühlst du dich hier?... Bemerke die besondere Atmosphäre dieses Ortes.

Entspanne dich und verbringe so viel Zeit an diesem neuen Ort mit deinem alten Freund, wie für dich gut ist... (10 Sekunden)

Frage das weise Wesen, ob er oder sie dir etwas mitzuteilen hat. Öffne dich für die Antwort, wie immer sie kommt. Und wenn du das Gefühl hast, dass die Botschaft bei dir angekommen ist, dann kannst du selbst deinem alten Freund alles mitteilen, was du ausdrücken möchtest... (10 Sekunden)

Lass nun deinen Freund noch einmal seine Hand auf deine Stirn legen. Hol einmal tief Luft und erinnere dich an all die verschiedenen Teile, die gemeinsam deine Person bilden...

Spüre wieder, wie sehr du geliebt wirst...

Dann bitte dieses weise Wesen, dass es seine liebevolle Präsenz in dein Herz hineinbringt... Wenn dein alter Freund zustimmt, kannst du dir vorstellen, dass sich dein Herz für diese Präsenz öffnet. Atme tief und spüre, wie es sich anfühlt, wenn du dieses weise Wesen in deinem Herzen hast...

Du kannst diesen alten Freund bitten, jeden Tag das Licht in deinem Herzen anzuzünden, damit du dich immer daran erinnern kannst, dass die Liebe in deinem Herzen wohnt...

Ganz sanft kannst du mit deiner Aufmerksamkeit wieder zu deinem Atem gehen... Reite auf deinem Atem auf die höchsten Berge und hinab in die tiefsten Täler... Atme das Leben ein... Atme Liebe ein... Lass dein inneres Licht leuchten, während du dich mit jedem Atemzug selbst erneuerst...

Spüre, wie Licht und Liebe in deinem Körper zirkulieren. Spüre auch, wie jetzt Licht und Liebe von dir ausstrahlen…

Nun bemerke langsam wieder die physische Realität um dich herum… Höre sie und spüre sie… Sei dir klar, dass diese alltägliche Welt gleichzeitig existiert mit deiner inneren Welt. Du kannst dieses innere Licht zurückbringen in diese physische Welt…

Atme tief und gründlich. Bemerke, dass du von der Erde gehalten wirst. Senke deine Wurzeln in die Erde, damit Licht und Liebe in dir wachsen und gedeihen können… Vielleicht kannst du dich hier auf der Erde zu Hause fühlen…

Zur selben Zeit bemerkst du, dass dein alter Freund, der dich so gut kennt, mit dir zusammen zur Erde zurückkehrt, um dir Stärke und Unterstützung zu geben…

Atme tief und spüre, wie dein Atem durch den ganzen Körper geht…

Spüre, wie beim Einatmen frische Kraft in deinen Körper strömt… und dass du beim Ausatmen alle Ablenkungen aus dir hinausströmen lässt, so dass du wieder ganz gegenwärtig sein kannst… Beginne nun, langsam und in deinem persönlichen Rhythmus hierher zurückzukehren… Reck und streck dich ein wenig. Wenn du dich bereit fühlst, öffne sanft die Augen und fühle dich hier in der Gruppe wieder zu Hause, ganz erfrischt und wach.

Du kannst diesen Traum in deinem Bewusstsein verankern, indem du nachher in der Gruppe deine Bilder beschreibst, indem du sie aufschreibst oder ein Bild von ihnen malst. ▲

Für eine phantasievolle Gruppenarbeit

iskopress

Klaus W. Vopel
Unser Haus ist die Erde
Phantasiereisen durch die Natur
176 Seiten, Paperback
ISBN 978-3-89403-186-2

Klaus W. Vopel
Zwischen Himmel und Erde
Phantasiereisen für Sucher
213 Seiten, Paperback
ISBN 978-3-89403-076-6

Klaus W. Vopel
Höher als die Berge, tiefer als das Meer
Phantasiereisen für Neugierige
202 Seiten, Paperback
ISBN 978-3-89403-092-6

Klaus W. Vopel
Die 10-Minuten-Pause
Mini-Trancen gegen Stress
176 Seiten, Paperback
ISBN 978-3-89403-093-3

Für eine phantasievolle Gruppenarbeit

iskopress

Klaus W. Vopel
Vertrauen ist besser
Rituale und Zeremonien für
Gruppen und Teams
ISBN 978-3-89403-338-5
Paperback

Klaus W. Vopel
Improvisationen
80 Bausteine für dynamisches Lernen
96 Seiten, Paperback
ISBN 978-3-89403-337-8

Klaus W. Vopel
Das Leben lieben
Phantasiereisen, Visualisierungen
und Trancen
214 Seiten, Paperback
ISBN 978-3-89403-074-2

Für nähere Informationen fordern Sie bitte unser Gesamtverzeichnis an:

iskopress
Postfach 1263
21373 Salzhausen
Telefon 04172/7653
Fax 04172/6355
iskopress@iskopress.de
www.iskopress.de